GEOGRAFIA
DOS
INFIÉIS

Maurício
Nolasco

GEOGRAFIA DOS INFIÉIS

Prefácios
Luiz Galvão
Vovô do Ilê Aiyê
Sidney Rezende

Ibis Libris
Rio de Janeiro
2014

Copyright © *Maurício Nolasco*

Editora: *Thereza Christina Rocque da Motta*
Arte da capa e miolo: *Paulo Vermelho*

1ª edição em outubro de 2014.

Nolasco, Maurício, 1957–
Geografia dos infiéis / Maurício Nolasco. – 1. ed. – Rio de Janeiro: Ibis Libris, 2014.
336 p.: il.; 23 cm.

ISBN 978-85-7823-212-2

Impresso no Brasil.
2014

Todos os direitos reservados.

Email do autor: ibbcontato@gmail.com

Ibis Libris
Rua Raul Pompeia, 131 / 708
Copacabana | 22080-001 Rio de Janeiro | RJ
Tel. (21) 3546-1007

ibislibris.loja2.com.br
ibislibris@gmail.com

Associada à LIBRE.
www.libre.org.br

Sumário

PREFÁCIO I, por *Luiz Galvão* | 7

PREFÁCIO II, por *Vovô do Ilê Aiyê* | 11

PREFÁCIO III, *por Sidney Rezende* | 15

SOB O SOL DA RESTINGA | 21

PELOS MAIS ÁSPEROS CAMINHOS | 67

QUALQUER COISA POR ESCRITO | 101

GEOGRAFIA DOS INFIÉIS | 155

NADA ANTES DO FIM | 217

PREFÁCIO I

Maurício Nolasco, ao que me parece, está escrevendo pelo caminho certo, e afirmo isso com base no mais popular escritor brasileiro o baiano Jorge Amado que nos deu essa chave literária: "...*As histórias escritas que caem melhor no gosto popular são as baseadas em coisas acontecidas na real*". E, em *Geografia dos Infiéis,* a narrativa traz o menino Maurício aos quatro anos de idade gravando na memória algo verde para contar nos dias atuais e maduros do autor, retratos vivos dos seres humanos que se fizeram personagens e, pinçadas por Nolasco, presenteiam nossa leitura com obras-primas da realidade para serem estudadas nas universidades relacionadas com esse ângulo da admiração popular, da política, da filosofia, e que me faz lembrar semelhantes espelhos com sangue e respiração que os vi na minha infância em Juazeiro da Bahia.

Em *Geografia dos Infiéis,* esse momento alimentar histórico pelo que se pode estudar e espiritual pela oportunidade de sentirmos, destaco, em primeiro plano, a defesa da mulher e a espada de brinquedo do autor na guerra santa contra o machismo que confinou as rainhas da terra na cela da inferioridade, mas que o novo escritor mostra na labuta diária de Maria

Inocência, vivendo escravidão do antigo lar, usando o recurso do escondido ao desobedecer para ser fiel ao seu modo de buscar a Deus, menos careta que a burocrática e míope visão do seu marido João de Deus. E eu cá com meus botões fico por alguns segundos pensando quanto àquela brava e competente mulher tenha sido mutilada sem cortes e submetida a trabalhos braçais capazes de prejudicar órgãos fundamentais, e digo isso porque, segundo o médico naturalista Fernando Hoisel, a mulher não deve usar vassoura nem rodo que são trabalhos prejudiciais a órgãos que só elas têm, portanto varrer e usar as mãos para retirar água com o rodo são trabalhos para homem.

A maneira de como são contadas as histórias sexuais, em linguagem mais clara, chega a expor o autor perante o público mais requintado, e quando fala que passou a língua em recantos do corpo da mulher para excitá-la me retorna à minha juventude em Juazeiro da Bahia onde as moças casavam virgens e trepar, nós, os rapazes, o fazíamos apenas com as putas nos cabarés, e na cidade era público e comentado haver só dois chamados, na época *chuparinos*, os quais eram descriminados a ponto de quando bebiam uma cerveja ou refrigerante em um bar, a maioria das pessoas presentes esperava sua saída do espaço e se cotizava para pagar o copo, quebrá-lo e, em seguida, jogá-lo na lata do lixo. *Geografia os Infiéis* mexe numa casa de marimbondos sem máscaras e luvas, e corre o risco de estar falando, talvez, sem eco, porque esse assunto está em águas que nem os sexólogos tomam pé.

Considero importante o que diz sobre liberdade individual e coletiva, vividas pela juventude brasileira mais ousada em plena ditadura militar de 64. Foi uma resposta pacífica, porém, com altas doses de anarquismo e desrespeito para com as desrespeitosas e autoritárias regras antidemocráticas impostas pelo comando da ilegalidade naquele inesquecível período, onde os jovens conscientes das suas ações se faziam de alienados em prol da convivência amistosa e antagônica. Os anos 70 são destacados neste livro vistos como continuidade no qualitativo apresentado na cultura popular brasileira nessa atmosfera de autoritarismo.

Eu sempre elegi o Rio de Janeiro a minha terra predileta, antes até de conhecê-la, e quando a conheci o encanto cresceu, mesmo tendo convivido com um grau de violência até então desconhecido. Contudo afirmo ter sido *lite* comparado ao dos dias atuais, os quais estão relatados levando bolos da palmatória do autor.

Outro ponto alto do livro em jogo é o respeito a Glauber Rocha, o cineasta e o político. E quando Glauber foi crucificado pela burrice nacional, e a não ser a anistia recebida pósmorte, pouco se fez para que o grande brasileiro Glauber fosse reconhecido como o que viu na frente o retorno democrático do país, então Nolasco tocou no assunto e valeu o toque.

Embora anarquista que sempre fui não sou partidário do pensamento político no sentido de política eleitoral, governamental, coisa fundamental para a sobrevivência social de qualquer povo, mas aquém do sentido real da palavra política, que é também assunto comentado e estudado aqui e na vida do autor.

O jornalista político Maurício Nolasco deu um passo para que outros deem continuidade a esse papo necessário e que perdeu a virgindade. *Geografia dos Infiéis*, a meu ver, penetra na leitura nacional e até internacional. Tenho dito.

Luiz Galvão, poeta e escritor
(Ex-Novos Baianos)

PREFÁCIO II

Ser convidado a ler e prefaciar esse livro de Maurício Nolasco é mais uma oportunidade para fazer alguns comentários sobre muitas coisas que eu já venho pensando há bastante tempo.

Quando ele escreve "Há uma guerra velada no Brasil. Uma guerra que se mantém através do continuísmo no poder. Uma guerra de classes. Uma guerra ideológica. Uma guerra sustentada pela religiosidade do povo. Uma guerra que mata tanto quanto as guerras declaradas pelo mundo afora", eu penso nas guerras travadas no cotidiano da população negra, que acontecem a todo o momento, em todas as comunidades negras. É assim que o racismo funciona.

Já houve uma época em que as pessoas não tinham medo de mostrar seu racismo, a violência acontecia às claras, porém, hoje, há uma guerra escondida, onde o genocídio do povo negro continua. A prova disso é que ninguém diz que é racista, mas todo mundo conhece alguém que é.

A ideia preconceituosa de que o "negro sempre é vilão" faz com que haja uma matança de jovens negros em nossa sociedade. E além desse genocídio, há também o impedimento de empoderamento desses jovens. Há batalhas sutis que impedem o jovem de estudar: não há estruturas nas comunidades, falta o saneamento básico, falta transporte de qualidade. Tudo isso causa nesses jovens o desinteresse em se educar, em ir para a universidade. Tudo é feito estrategicamente, com a intenção de não dar oportunidade para que, no futuro, indivíduos negros assumam o poder.

Essas formas de eliminar e minar as forças da juventude negra já vêm acontecendo há muito tempo: antigamente eram os açoites, as chibatadas, as torturas e mutilações. Depois, as prisões sem julgamento, as execuções sumárias. Hoje, com os órgãos de direitos humanos fiscalizando mais em cima, é que as formas de eliminação estão mudando e isso não acontece mais com tanta frequência.

Quando Maurício relata aquele momento da crise diplomática entre o governo de Angola e o governo do Rio de Janeiro, causado pela publicação de uma matéria mentirosa dizendo que ex-combatentes da guerra de Angola estariam treinando traficantes com táticas de guerrilha na Favela da Maré, publicada pelo *Jornal do Brasil* e republicada em outros jornais e no *Jornal Nacional*, temos que ter a clareza de que, como diz uma música do Ilê Aiyê, "seja bantu, zulu, sudanês, ou tenha sangue negro na veia...", há uma extrema rejeição da população negra pela elite brasileira, seja ela de onde for.

Este fato só serviu para mostrar a incompetência do governo carioca em não conseguir lutar contra o tráfico de drogas, em não admitir que os grandes responsáveis pela organização do tráfico vivem no asfalto, na orla, na Zona Sul. Então, é muito mais fácil colocar a culpa nos outros, nesse caso, na comunidade angolana.

Com o conjunto de casos e relatos que este livro oferece para o leitor tecer suas próprias conjecturas, comecei a pensar como a mídia nacional e internacional não mostra a realidade do continente africano, só expõe as guerras, doenças, a fome e a natureza. Muitos canais de mídia tratam a África como um país e não como um continente com vários países e várias culturas. Não mostram o lado positivo, as cidades desenvolvidas, as mulheres no poder, na economia e sendo parte atuante da sociedade.

Quando fui ao Senegal, com a Band'Aiyê, paramos em Johanesburgo, na África do Sul, e os músicos da banda ficaram impressionados com o desenvolvimento daquele país, mas quando a mídia fala da África, só expõe a miséria ou as florestas, ou pior, retoma aquelas mesmas imagens absurdas que povoam a cabeça da maioria das pessoas, desde a época dos filmes de Tarzan.

Aqui no Brasil, quando as pessoas vêm um africano rico (ou mesmo um negro rico), pensam logo que é corrupto, ladrão, mas quando é um branco, não, é um empresário, um cidadão que paga seus impostos. Isso acontece porque, aqui, há uma invisibilidade do mundo negro.

Quando Maurício fala sobre a sua transformação após uma ida a um terreiro de candomblé, eu me lembro de como o Candomblé foi o grande alicerce do povo negro, o grande polo de resistência, lugar de aconselhamento, refúgio, busca de força espiritual. Hoje, a religião de matriz africana é muito mais resistente e forte aqui no Brasil do que na África. Toda a nossa luta vem depois do Candomblé. E se não fosse essa religião, eu não sei o que teria sido dos nossos antepassados aqui nesse país.

Finalizando, depois de todas as conjecturas que tive que fazer lendo este livro, tenho que dizer que é uma leitura que vale a pena, pois nele não há aquela ideia pronta. Este é um livro aberto, em que o autor fala das suas experiências positivas e negativas, fala dos seus desencontros, dos seus devaneios, das suas dúvidas. É um livro muito bom para refletir sobre a vida, principalmente para aquelas pessoas, como nós do Ilê Aiyê, e como o próprio autor, que vivem neste país cheio de conflitos sociais, lutando no dia a dia para criar políticas e ações compensatórias que atenuem essa desigualdade.

Antônio Carlos dos Santos, o Vovô
Presidente do Ilê Aiyê

PREFÁCIO III

Maurício Nolasco é uma inteligência incansável, sempre em movimento. Uma pessoa com esse perfil poderia, no passado, ser chamada de agitador cultural. Hoje em dia os papéis se modificaram com a multiplicação das plataformas digitais.

No mundo analógico dos *outsiders* ou no emaranhado da Web, o autor deste livro que está em suas mãos, encarou uma encrenca de gente grande: levar para o leitor um retrato original da 'geografia' de parte da cidade do Rio de Janeiro.

Isto não exclui temas planetários como a conservação da Amazônia, os tortuosos caminhos da ecologia brasileira ou as demandas que ficaram da Constituição de 1988.

O Brasil é tão importante que somos referência para o povo angolano e para o que um dia chamou-se de país do Terceiro Mundo. Tudo isto está no livro de Nolasco.

Informalmente o autor me escreveu que sua proposta era "fazer uma *geografia social* do Brasil, destinada à juventude universitária, e abordar os temas que interferem na realidade brasileira, mas não com um texto peculiar sobre o assunto. A solução foi a exploração de uma narrativa pessoal, escorregadia, confidenciosa e caótica, com certezas e incertezas sobre a realidade dos fatos". Um desafio e tanto.

Para quem valoriza a política, a poesia e reflexões sobre o comportamento, este livro entrará nos dedos deslizando como um par de luvas. Porém, não pense que essa reflexão seja de um conformista e, sim, daquele agitador pós-geração rebelde de 1968. É de um cidadão, escritor, intelectual, que teve coragem de partir para uma análise que vai além da apuração jornalística clássica que conhecemos.

Boa leitura.

Sidney Rezende,
jornalista (Globonews)

Para Aparecida, Camilo e Vitor

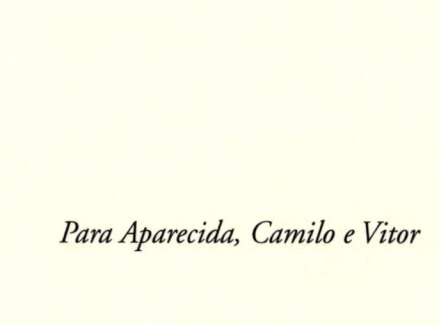

GEOGRAFIA
DOS
INFIÉIS

SOB O SOL DA RESTINGA

Havia na Baixada uma imensa lagoa com águas salobras. Os ventos constantes agitavam a restinga na planície do lugar. As dunas de areia ocupavam outros espaços em princípios de junho, tomavam formas estranhas e iam de encontro à vila dos pescadores.

A vida perdia o sentido na lua minguante. Os pescadores não se mobilizavam até a chegada da lua crescente. Viviam da mandioca, da banana e da criação de galinhas ao redor dos sapês próximos ao mangue.

Quando ali chegamos, o tempo não mais se alterou. Uma sensação de imobilidade estancava o crescimento das coisas vivas.

Antônio percebia intimamente essa sensação há décadas. Possuía o espírito voltado para a astúcia, para a vigília, para a premonição. Em suas longas caminhadas pela extensão da restinga, aprendera a prever as mudanças do tempo e as alterações de comportamento dos peixes na lagoa. Quando sentia o cheiro do vento, reconhecia logo as transformações que a natureza ia enviar.

Acordava com as galinhas. Conceição passava-lhe o café. Às cinco e meia, já se prestava ao ofício de fazer tarrafas. Horas a fio, ficava concentrado nessa atividade, todos os dias.

– Levantou tarde?
– Um pouco, por causa das férias.
– Encheu o pneu da bicicleta?
– Sim.
– Bom garoto! Bom menino!

O vento era frio nas manhãs de junho e carregava a salubridade do ar.

– Por toda a noite senti um cheiro forte de sal.

Nada respondi. Notei que Conceição depenava uma galinha em água fervida na beira da lagoa. As penas saíam com facilidade. Cuidadosamente, ela as embrulhou em duas folhas de jornal e jogou-as ao fogo. Desci da bicicleta e a encostei na bananeira mais alta. Logo após, sentei-me ao pé da jaqueira na qual Antônio esticava o nylon e, com uma agulha de madeira, traçava os nós para a confecção de uma rede. Eu adorava vê-lo fazer aqueles movimentos com rapidez e destreza.

– Vai à Lagoinha hoje?
– Não. Além de ser longe, está um pouco frio.
– É verdade. Lá só é bom em dias de calor.

A idade de Antônio era insabida. Devia ter uns oitenta anos quando o conheci. Mas o caboclo aparentava ser bem mais novo do que era. A pele escura escondia as rugas no rosto pequeno. As que possuía, saltavam-lhe em atalhos que vinham da testa repousar no queixo fino.

Antônio era respeitado na comunidade. Fincara raízes no lugar. As mãos calejadas eram rápidas no manuseio da agulha. As digitais foram quase gastas na enxada, derrubando mato, plantando mandioca, colhendo cachos de bananas nos imensos bananais da região. Esse meio de vida herdara dos tempos dos canaviais. Seu pai foi um escravo emancipado pela Ordem dos Beneditinos. Seu avô, vítima dos maus tratos numa fazenda na época da escravidão. Ele, uma espécie de meeiro que trabalhava sem contrato.

– Por volta de duzentos e vinte anos, essas terras estiveram em mãos dos monges do Mosteiro de São Bento, que as exploraram a proveito dos moldes tão do agrado daquela Ordem – dizia.

O Mosteiro de São Bento da Invocação da Nossa Senhora de Montserrat foi, durante um longo tempo, proprietário de todas aquelas terras, onde, além da cana-de-açúcar e da criação de gado, teve grande investimento o plantio da mandioca.

Por quase toda a sua existência, Antônio viveu nessas roças e delas tirou o seu sustento. Até que, numa tarde de verão, ao sair do sítio no qual trabalhava, durante uma terrível tempestade, a porteira do sítio se abriu antes mesmo que ele passasse por ela. Várias vezes, outras porteiras se abriram para que Antônio passasse sem que ninguém as tocasse.

Esses fatos geraram uma série de comentários no vilarejo. A partir deles, Antônio conseguiu a aposentadoria por volta dos setenta anos. As pessoas passaram e a consultá-lo sobre os males da cabeça e do espírito. Ele desenvolveu o poder da mística através das ervas que muito sabia manipular. O ofício de tarrafeiro adquiriu para "driblar a inércia", afirmava.

****

A Lagoinha era distante, ficava junto ao Poço do Pontal. Nas férias de verão, eu costumava ir todos os dias tomar banho nas suas águas salobras. Passava por um vasto terreno de areias brancas com vegetação rasteira e árvores de pequeno porte. Era uma sensação maravilhosa a solidão que aquele lugar imprimia.

Não se via uma alma viva. Ali, reuniam-se os campeiros da grande restinga, no tempo do Barão da Taquara, que percorriam o longo contorno da Pedra Branca, em direção aos morros da Boa Vista, Piabas e Santo Antônio da Bica, vindos da Taquara com o gado.

A Baixada inteira era servida por uma bacia de vários rios. A lagoa enorme parecia não ter fim. Eu conhecia cada acesso que dava em suas dunas. Alguns deles ninguém frequentava, nem mesmo os pescadores mais antigos. Companhia, ali, só das garças e dos passarinhos que construíam seus ninhos para reproduzirem-se em segurança.

A vila dos moradores espelhava sua simples decadência. Era formada por pequenos lotes ocupados pelo povo humilde. Grandes sítios margeavam a vila e se estendiam pela planície inteira. Aos pés das encostas, firmavam-se os maiores. Eu os explorava todo dia. Andava pela região numa monareta velha e vermelha e orgulhava-me de conhecê-los em seus múltiplos detalhes.

A fama de Antônio chegava a todos os cantos da planície. Muitas histórias foram-me contadas sobre os mistérios que rondava o seu espírito de rezador. Uma delas aconteceu num dia de finados.

O calor estava intenso. Antônio foi fazer um parto na subida da estrada que se seguia em direção à Igrejinha. Foram duas léguas de caminhada. O pai da criança chegou à sua casa lá pelas duas horas da tarde. O sol fervia na estrada.

– Pelo amor de Deus, salve meu filho, que, impertinente, não deseja nascer.

Antônio pôs-se a pegar calmamente os apetrechos para a missão: o cordão de Santo Antônio, um de São Bento, outro de São Gonçalo, a figa de madeira esculpida por um preto-velho que há muito havia morrido em seus braços, a renda branca colocada nos ombros nos momentos de oração, quatro latinhas de ervas, das quais ele jamais dizia os nomes, velas, fumo e um terço de prata que pertencera à sua avó.

Chegando ao local, examinou a grávida em pormenores. Os olhos da mulher permaneciam vivos. O corpo exaurido pela impertinência do parto mantinha-se tenso com medo da morte.

Antônio tranquilizou-a com um olhar enternecido. Preparou num vaso raso de bordas largas uma infusão de folhas. Deu-lhe de beber. E com um retalho de pano, umedeceu o corpo da gestante com a mesma porção. O parto foi longo e a reza exaustiva. Antônio ficou mais de três horas no quarto da gestante, acompanhado da parteira Rosalva, uma velha senhora conhecida também por seus dotes de caridade, e de Conceição, que o ajudava sempre.

A tarde carregou-se de nuvens negras e grossas que emitiam um silêncio tenso. Quando a criança nasceu, a tempestade desabou. O barulho da chuva tomou conta de todo o lugar.

A tromba d'água lavou os sapês. O cheiro da terra invadiu os casebres. As folhas das árvores respiravam. O aroma da natureza inundou a planície. E, aos poucos, a algazarra da molecada colocava a vida no seu devido lugar. Jogavam bola na lama, descalços, sujos e esquecidos no tempo.

Antônio olhou o quintal molhado, respirou fundo, percebeu as crianças brincando e sorriu. Agradeceu a Deus e retornou à lagoa com o sentimento do dever cumprido. Antes, ensinou ao pai da criança o preparo da beberagem. Recomendou deixá-la de molho por sete minutos, sete vezes ao dia, durante sete dias. À mulher, o mesmo banho de folhas, pelo mesmo período.

Disseram que naquela noite o caboclo rezou até o dia amanhecer. Logo cedo, porém, lá estava ele, no ofício de fazer tarrafas, como sempre. Recebeu várias visitas naquele dia. Meninos, velhos e mulheres queriam saudá-lo por ter salvado a vida da criança.

O primeiro a chegar foi o velho Ribeiro, o último proprietário da gleba antes de ser loteada. Ribeiro já ia para os seus noventa e seis anos. Sentou-se na cadeira de palha, especialmente trazida por Conceição.

Ribeiro mostrava-se ansioso. Antônio olhava com atenção os movimentos do outro.

— Você sabe que eu conheci seu pai e o vi menino.

— Lembro-me do senhor desde o primeiro dia de consciência.

— A gente vai ficando velho e desendurecendo o casco.

— A fruta só cai quando está madura.

Ribeiro riu e calou-se por alguns instantes. Depois, recomeçou a falar.

— Às vezes, tenho vergonha de estar vivo, andando por essas terras que um dia já foram minhas. Dei duro, por todas as partes, dando providências para não se desencaminharem seus bens, como para fazê-los rendosos e úteis por muitos anos.

Antônio ouvia o velho sem deixar de prestar atenção aos nós que dava na rede para terminá-la.

— Meu pai construiu a casa da fazenda. Eu abri valas, pastos e caminhos, sequei pântanos. Aquela casa foi edificada de pedra e cal com grandes portas e janelas de cantarias. Levantei o engenho de desmanchar mandioca, movido à água do rio. Forneci farinha, feijão, arroz e milho para muitos vizinhos. E hoje, estou aqui sentado ao seu lado, sem ofício, vendo-o trabalhar ainda com o gosto pela vida.

— O desafio mitiga a dor — respondeu Antônio.

— Não tenho mais tempo para filosofias — disse-lhe o velho.

— É só um modo de ver. Só isso. É um prazer que a vida dá, simplesmente — insistiu o caboclo.

— Depois de se ter passado por um revés, evita-se cair noutro.

— O verdadeiro amigo é o que diz verdades.

Concluída a conversa, Ribeiro levantou-se da cadeira apoiado em seu cajado. Olhou fundo nos olhos do caboclo e foi-se embora.

Antônio continuou no seu ofício e murmurou baixinho:

— É com a proximidade que se conhecem as angústias dos outros.

****

O velho Rocha parou a carroça em frente ao portão do sítio, onde eu me divertia olhando as cabras no curral do Zé Vicente, as tangerineiras e as laranjeiras carregadas, as mangueiras altas que sombreavam todo o ambiente da rua e o tapete roxo da terra pintada pelos jamelões.

– E você, moleque? Faça alguma coisa. Não vai ficar parado aí, leseira?

Levantei-me com rapidez, corri passando pelo caminho de pedra que dava acesso à frente da casa e, em linha reta, pela lateral, entrei pelos fundos na cozinha. Peguei o dinheiro do leite e os litros vazios para enchê-los.

O velho Rocha encheu-os um a um. Fechou a torneira da caçamba, subiu na carroça e açoitou o animal, agradecendo. A carroça saiu em disparada fazendo a curva no final da rua.

Rocha era um sujeitinho estranho, calado e sisudo. Grandes óculos molduravam-lhe os olhos azuis. Quando por aquelas paragens apareceu, veio emigrado de São Miguel do Rio Grande do Sul. Lecionava História na cidade pacata e nutria uma paixão especial pela poesia campeira.

Veio do sul foragido por um crime passional que havia cometido. Matou a mulher e o amante ao pegá-los no coito dentro da própria casa. Entrou em casa na hora errada. Viu os dois na cama. Pegou a espingarda e deu um só tiro. Atingiu os amantes na saída da porta do seu quarto.

O delegado da cidade o deteve por dois dias e duas noites. Na terceira madrugada, chamou-o a um canto da delegacia e disse-lhe que iria deixá-lo ir embora, afinal "cometera o crime em favor da própria honra, mas, que, no entanto, não queria vê-lo pelos quatro cantos do Rio Grande... etc., etc., nunca mais em sua vida, e que viajasse para bem longe... etc., etc., de onde ninguém pudesse ouvir falar da sua presença".

Assim fez José Monteiro da Rocha. Chegou ao Rio de Janeiro em abril de 1939. Esqueceu a História e a poesia. Resolveu trabalhar com a força do corpo. A princípio, fora carregador de malas. Logo em seguida, aprendiz de ferreiro. Também exercera a profissão de marceneiro, ocupação a qual pressupunha certo grau de habilidade que a ele fora transmitida por um tio durante a infância no sul. Só quando conseguiu receber umas economias acumuladas no tempo do magistério, apareceu na restinga e instalou-se no sítio comprado com essas economias e outras poupanças enviadas pela família.

Para comprar o sítio, Rocha pensou muito e esteve várias vezes na região. Decidiu-se pela aquisição, influenciado pelo plantio da banana. A bananeira era uma das plantas mais rentáveis das zonas tropicais do Brasil, porque fornecia alimento farto em retribuição a muito pouco trato.

Há tempos os bananais tinham-se expandido na zona rural do Rio de Janeiro. A pequena exigência da mão-de-obra e o consumo cada vez maior da banana foram as razões primordiais pelas quais o ex-professor de História decidiu-se em se estabelecer no imenso sítio ao pé da serra que dava acesso à grande lagoa de água doce no alto da montanha no final da estrada da Igrejinha.

O sítio prosperou. A rentabilidade do bananal permitiu novas diversificações. Plantou mandioca, alface, chicória. Estabeleceu um pomar com frutas de todas as espécies e adquiriu o gado que passou a produzir o leite por ele fornecido a quase todos os moradores do povoado.

O velho Rocha tinha a parcimônia dos judeus e a obstinação dos condenados. Juntou a fome com a vontade de comer. Trabalhava dia após dia e até aos domingos ocupava-se de um conserto na propriedade, ou das prestações de contas, do final do mês, à cambada que trabalhava com ele.

As qualidades do velho não o livravam do temperamento estranho e carrancudo. Escapulia do seu rosto uma sensação de inconformidade. Era um homem duro, sem perspectivas de agrados e de conversas sem função. Quando aparecia era a oportunidade que eu tinha de puxar conversa.

Na maioria das vezes, demonstrava-se avesso às minhas traquinices. Algumas, porém, eu subia em sua carroça e ia ajudá-lo na venda do leite. Era engraçado e eu me divertia. Fui amigo do velho Rocha por um longo tempo. Só escutei suas histórias depois de ter conquistado sua confiança.

No fundo, eu tinha medo dele. Mas era uma sensação agradável ter conversa com o velho assassino.

****

Tereza era a filha mais moça de Antônio. Mulata faceira com um par de olhos sempre em movimento. Antônio tinha seis filhos: Vera, a mais velha, Donana, a do meio, Rita, a intermediária entre Vera e Donana, Tereza, Jorginho e Maria.

Maria era linda, a penúltima de suas filhas. Tereza era casada com Jaci. Embora muito mocinha, já havia dado a Antônio três netos. Vera engrossava a família com mais duas crianças. Donana, Jorginho e Maria eram solteiros. Maria, como eu disse, era bastante bonita. Aos dezesseis anos, tinha as coxas retesadas, seios duros e a barriga rente aos vestidos de chita. Os cabelos negros cheiravam à rosa.

Maria me provocava um aperto no coração. Quando a via, minhas pernas tremiam. Meu rosto ficava quente e vermelho. Eu me consumia ao vê-la. Pensava nela todos os dias e sonhava com sua beleza todas as noites.

Um dia, Jaci foi mordido por uma jararaca. Sua perna teve que ser amputada. Fiquei assustado por quase toda a eternidade da minha infância.

As jararacas comiam as rãs nas tardes de tempestades. Subiam nas mangueiras, e as rãs, coitadas, caíam em suas presas chiando alto de dar dó. Até uma cabra do curral do Zé Vicente havia sido mordida. Um cavalo do velho Ribeiro teve que ser sacrificado. Agora... gente? Eu fiquei estupefato. Logo eu que andava descalço no mato a colher frutos de todos os tipos. Chocado, não saí de casa por uns dois meses seguidos.

Tereza entristeceu, ficou doente e faleceu em um ano. Jaci aprendeu a confeccionar tarrafas. Maria se desesperou, perdeu o tino e foi embora para não voltar. Depois de três anos ficamos sabendo de seu paradeiro. Tornara-se vadia em um rendez-vous barato na Zona do Mangue. Meu amor de infância me levaria à compreensão do que, até então, eu não entendia.

Antônio permaneceu ereto, sóbrio, com a superioridade que lhe era natural. Sofreu, é claro, com a perda das duas filhas. Entretanto, sabia que a vida preservava um destino e que o destino, muitas vezes, era obra do acaso.

****

O velho Ribeiro, como já mencionei, foi o último proprietário da gleba antes de ser loteada. Isso há muitos anos. Sempre arredio à vizinhança, reforçava sua personalidade de apartado. Vivia sozinho na imensa casa da antiga fazenda. O terreno do seu sítio era maior do que todos os outros e arrastava-se por dois quarteirões inteiros. Mas a casa em frangalhos não ostentava mais a suntuosidade dos velhos tempos. A vida pacata do velho ocupava a atenção da molecada que, acostumada a importuná-lo, todos os dias, mantinha acesa a sua vontade de viver, preocupando-se com os moleques a cada investida contra a sua tranquilidade.

No grande sítio, preservavam-se ainda algumas árvores centenárias. O velho jequitibá se percebia da estrada ao longe. A imbira com suas fibras enormes, os cedros, os jacarandás, o louro e a canela espalhavam-se pelo terreno. O araribá e a copaíba eram o orgulho do velho. Um dia, tive a oportunidade de ser apresentado a essas personalidades pelo próprio Ribeiro, que me levou a conhecer palmo a palmo do seu sítio, suspirando de alegria e felicidade. Falava com as árvores como se fossem pessoas de sua intimidade.

– Bom dia! O sol hoje vem aquecê-las com bastante carinho. Aproveitem o dia de hoje, porque é um dia muito especial. Estamos recebendo a visita de um ilustre menino.

As árvores pareciam entender. Saldavam-no com o ranger dos galhos ao vento.

– Zuuum!... Ziiiz!... Ronnn!...

As fruteiras espalhavam-se por toda a extensão do terreno. Havia de tudo: goiaba, abacate, manga, jambo, jabuticaba, jamelão, carambola, laranja, tangerina, limão, mamão, banana, cajá, sapoti, siriguela, tamarindo, fruta-pão, jaca-mole, abiu e outras tantas que eram alvo das invasões dos moleques ao sítio do velho Ribeiro.

Era uma guerra diária que ele travava e a sustentava como se fosse responsável por sua própria sobrevivência. Gritava palavrões, esbravejava, reclamava. E ria quando saía com a cartucheira de couro cru, provida de cartuchos de sal, que usava comumente a tiracolo. Espocava dois ou três tiros na direção da meninada com a espingarda velha que mantinha em bom funcionamento.

– Puta que o pariu, cambada! Ainda deixo um zarolho. Vocês vão ver... Diabos, malditos, maltrapilhos, sem-vergonhas.

****

Os avós paternos do velho Ribeiro chegaram ao Rio de Janeiro, em março de 1821, em meio aos acontecimentos que provocaram o final do reinado de D. João VI e ao terrível assalto aos cofres públicos realizado pela Corte com o seu retorno a Portugal.

O próprio rei havia carregado, em moedas e em barras de ouro, uma fortuna inestimável acumulada por toda a sociedade. Isso sem falar nas joias e nos diamantes depositados por particulares no Banco do Brasil.

O país inteiro se encontrava numa profunda depressão moral e financeira, quando Joaquim Pedro Ribeiro e Ana Francisca de Souza Ribeiro aportaram no Rio de Janeiro. Não se via, em circulação, nem o ouro, nem a prata, porque não havia. As transações comerciais suspenderam-se praticamente todas.

Várias casas foram à falência. Um clima de terror e pânico dominava a cidade. Essa época ficou marcada pela corrupção e o peculato, pela depravação moral sustentada pela escravidão e a ociosidade da Corte.

Como se não bastassem os assaltos ao ouro e aos diamantes das Minas Gerais, as falcatruas dos ministros eram encobertas pela administração que estava engolfada no caos que a tudo corrompia e desmoralizava.

Joaquim e Ana vieram ainda muito jovens do norte de Portugal, encorajados pelas migrações que foram resultado da crise de governabilidade causada pela vinda da família real. Por ironia, quando aqui chegaram, a Família Real retornara a Portugal e D. Pedro I havia sido aclamado solenemente Imperador do Brasil.

Vieram para cá, também, a convite do pai de Joaquim, Manuel Joaquim Ribeiro, que já conhecia o país e nele se estabelecera há mais de quarenta anos, como contratador de escravos, servindo aos grandes engenhos do litoral do Rio e às minas de ouro das Gerais.

Manuel Joaquim enriqueceu e guardava sua fortuna dentro de um baú que mantinha escondido no sótão da casa na qual vivia na Rua da Vala, no Centro do Rio. Manuel fizera várias vezes a rota dos tumbeiros entre o Rio de Janeiro, Luanda e o interior de Minas, passando alguns períodos em Portugal.

Numa dessas idas à terra natal, fizera um filho em uma camponesa. Anos mais tarde, chamaria o rapaz para o Brasil. Com a chegada de Joaquim, não passara dois anos, faleceu subitamente de uma crise de hipoglicemia. Joaquim herdou a fortuna do pai. Abriu uma Casa de Importação de artigos europeus: trajes e calçados. O negócio cresceu. Teve um casal de filhos com Dona Ana: Pedro Miguel e Ana Augusta. E também faleceu prematuramente de uma febre inexplicável.

Dona Ana assumiu os negócios, mesmo com os dois filhos pequenos para criar. Empregou um mulato alforriado que entendia de contabilidade e deu sorte no empreendimento. A experiência do mulato vinha da administração de uma fazenda em uma encosta fora da cidade. Esse mulato foi, durante muitos anos, seu parceiro de corpo e alma. Dona Ana conheceu o amor da carne a partir dessa oportunidade.

Quando Pedro Miguel completara a idade do entendimento das coisas, internou o menino na Ordem dos Beneditinos. A irmã Ana Augusta não teve a mesma sorte e morreria de broncopneumonia. Dona Ana jamais se perdoou pelo desaparecimento da filha. Pedro Miguel só a visitava no último fim de semana de cada mês. Fora educado com toda a rigidez e a disciplina pretendidas pela mãe ao entregá-lo aos monges.

Na época, as ordens religiosas eram as grandes difusoras da cultura europeia no Brasil. Foram marcadas pelo caráter preconceituoso que exerciam e continham em seus estatutos o mito da pureza do sangue, que se preservou por várias e várias décadas em nosso país. Incentivavam as discriminações, impondo planos de segregação aos negros, aos índios, aos judeus e aos cristãos novos.

Para Dona Ana, após o falecimento da filha, o catolicismo se transformou numa religião de cena. Comparecia às missas com regularidade, ia às procissões, dava esmolas, fazia doações à Igreja, só para ter o reconhecimento público da sua religiosidade e preservar o bom andamento da Casa de Importação.

No fundo, estava voltada para os negócios e o atrevimento do corpo que, a essa altura, era-lhe inevitável. Doava ao mulato qualquer forma de sexo, e as mais imprevisíveis. Foram muitos os disfarces e as fantasias despertadas pelo mulato, a ponto de Dona Ana se tornar uma mulher desprovida do sentimento de culpa. Para a elite carioca, que naqueles tempos vivia de uma implacável vigília, e sob a atenta observação do contato entre um homem e uma mulher não casados, ou de uma pessoa branca unida a uma pessoa de cor, salvara-se, mostrando-se pudica, em defesa da honra das famílias.

A elite do Rio de Janeiro era seu público na Casa de Importação. E com o seu sustento e o do seu filho não brincava. Frequentava as assembleias de família e as reuniões da Congregação. Com os padres, as carolas e os velhos ranzinzas jogadores de gamão, os maiores fofoqueiros do centro da cidade, compartilhava de opiniões moralistas. Forjava-se em duas vidas, mas não se incomodava com isto. Achava-se uma vitoriosa por ter investido no crescimento da Casa de Importação, modernizando suas instalações e tendo sempre a ousadia de expor na loja as melhores e as mais extravagantes novidades da moda vindas da Europa.

Com o decorrer dos anos, a Casa de Importação consolidara-se como um estabelecimento tradicional. Vendia-se de tudo: casimiras inglesas, cambraias de todos os tipos, linho liso e linho encorpado, musselinas, bugandys, popelinas de seda, chitas indianas, *lyon* escocês, cortes de cetins. Importava da França enxovais de casamento, chapéus belíssimos, moda para as crianças, capas de pele, luvas, perfumes, loções, rouges, adornos, vestidos de baile, meias e espartilhos, joias, sapatos e vários outros acessórios que deixavam encantadas as mulheres de bom gosto. O que não fosse de origem parisiense deixava de ter elegância. E Dona Ana sabia disso. Explorava essa tendência com a maior naturalidade. A França era moda na época no Brasil. A mulher que saísse sem uma luva francesa era considerada mal vestida. Os homens ostentavam amantes francesas, algumas vindas de Paris, outras das casas de programação que havia no Rio e em São Paulo.

À *Belle Époque* brasileira, Pedro Miguel já era homem formado. Havia voltado da Inglaterra de sua graduação em administração e economia. Preferia os costumes ingleses às vulgaridades francesas e mirava-se na sobriedade britânica. Casado e pai de uma menina e um menino, representava uma empresa europeia de exportação e importação.

Depois de muitos anos, resolveu adquirir uma gleba na belíssima restinga que havia conhecido no final do ano de sua formatura, através do Mosteiro de São Bento, próxima à Guaratiba. Conseguiu as terras, após a proclamação da República, do Banco de Crédito Móvel, que passou a ser o proprietário de toda a região. Mandou construir uma casa para a fazenda. Preferiu aos ex-escravos alforriados pela abolição. Introduziu o gado. Plantou mandioca. Explorou os imensos bananais. Fixou a família no lugar.

O filho de Miguel foi dar-se na restinga já homem feito. Ribeiro nunca mais saiu de lá. Perdera o pai no início do século. Sua mãe definhara com o desaparecimento de Pedro Miguel. A irmã casara-se com um empresário inglês, importador do café brasileiro, transferira-se para a Inglaterra e nunca mais dera notícias.

Ribeiro casou-se com a filha de um português proprietário de um armazém nas proximidades do Poço do Pontal. Ficara viúvo logo cedo, mas teve três filhos com a moça. Os filhos de Ribeiro não nutriram nenhum interesse em cultivar suas terras. Estudaram e fixaram residência na Zona Sul do Rio de Janeiro. Obrigaram o pai a lotear a gleba. A avó Dona Ana morreu aos noventa e nove anos, abandonada em um asilo para idosos no Catete. Todos os seus bens se desencaminharam em decorrência das constantes fraudes que o mulato havia lhe imputado durante anos.

Após a morte da esposa, Ribeiro nunca mais se uniu a outra mulher. Gozou do amor das caboclinhas que habitavam a região. Fez para mais de quinze filhos. Esquivava-se nos caminhos ao reconhecer algum. Vários, nem sabia que existiam. Debochava-se desses fatos e vivia sem se queixar da solidão e do abandono que lhe foram reservados.

Ouvi sua história durante o dia de minha visita ao seu sítio. O velho emocionou-se ao contá-la. Lacrimejou várias vezes. Sua memória e lucidez estavam intactas. Ao final, sorriu, com um ar de satisfação, acenando-me em despedida. Foi um dia fascinante. Ter escutado as revelações do velho Ribeiro, soou, para mim, como um grande acontecimento.

****

Acordei cedo. Peguei a monareta e fui pedalando até a vila que amanhecia devagar, calma e preguiçosa. Assustei-me ao encontrar Sabará, ou Sabá, ou "Nego Sabá", como o crioulo gostava de ser chamado. Ele estava na porta do armazém. Confortável. Espaçoso. Medonho. De riso farto. A boca escancarada de dentes ofensivos. Gestos frouxos e braços suntuosos. Duro e frio feito um defunto.

Passei como se não o tivesse visto. Mas era tarde demais, estava em cima do negro a me olhar. Tinha que passar por ele. Arrepiei-me todo. Só fiquei tranquilo após dobrar a rua que dava acesso ao internato. Eu o conhecia desde os tempos da escola, quando ele ainda estudava. Joguei bola com o negro presunçoso. Era bom de bola o crioulo.

Sabará aproximava-se da maior idade dessa última vez que o vi. Aos doze anos, já era um bicho assustador. Ferveu água e jogou na avó. A velha acamou-se e nunca mais saiu de casa. Aos treze, assaltou um ônibus na Taquara. Cortou o pulso do trocador. Aos quatorze, cometera uma série de delitos, pequenos furtos em residências e armazéns. Aos quinze, realizou seu primeiro estupro. Aos dezesseis, estuprou pela segunda vez, uma menina de Ipanema que passava as férias num sítio da região. Foi um escândalo. O negro sumiu por uns bons tempos. Disseram que havia ido para o barraco de um tio no Morro do Juramento.

Quando completou dezoito anos, voltou pior, mais bruto, mais violento. Pertencia a uma quadrilha que assaltava mansões na Tijuca e em Jacarepaguá. Gostava de estuprar suas vítimas.

Por essas bandas só aparecia para se esconder. Os irmãos o acobertavam. A família era pobre. Apinhava-se num casebre de sapê bem próximo ao rio em que pescávamos caraúna. A beira do rio era infestada de caraxixu, uma erva daninha chamada pelos caboclos de maria-pretinha, com pequenas flores claras e frutinhas pretas. Íamos ali também para fisgar tiziu no visgo de jaca.

Mas, voltando à família de Sabá, eram onze ao todo: o pai, a mãe, sete irmãos e a avó. O pai chamava-se Zé Teodoro. Gritávamos ao vê-lo passar: "Zé das Couve"!, porque plantava couve e vendia num carrinho de bilha que empurrava para todo canto. Negro alto. Pezão. Troncos largos. Mãos de onça. Dedos longos e unhas compridas. A mãe, cabocla-índia, fina como uma vara de cana. Bentinha dizia:

— Sabá é o diabo, o cão, o próprio demo.

A vó, Nitinha, pelava-se de medo do "cramunhão":

— Unhê! Longe de mim, peste.

Os irmãos? Só Jurandir, o motorista de ônibus, desejava distância. Os outros eram iguaizinhos ao negro, sem vergonhas e sem moral como ele. Dico, Betinho, Cosme, Damião, Tão e Preá encobriam-no montando acampamento na lagoa perto da boca do rio. Levavam feijão, carne seca, farinha e jabá. Não se esqueciam do limão galego que o bicho gostava de chupar.

Clarinha foi sua primeira vítima. Menina meiga, afoita, arrastou-a para o matagal que ficava à beira da estrada da Igrejinha. O crioulo fez a festa.

— Bocetinha apertada. Precisava vê. Os cabelinhos louros se arrepiaram todos. Ela gemeu de medo. Vou ficar profissional no assunto. Tava rezando quando arranquei o cabaço.

Disse isso a Tão, que punhetou e riu feito um cavalo:

— Também quero. Não guento mais comê cabra. A cabra do Biratã peida, Sabá, quando eu boto nela.

— Vai em frente, fio. Tu é macho? Segura as pontas depois — respondeu o crioulo.

Tão era macho para abusar dos animais, essas coisas. Mas para enfrentar homem, não aguentava um soco. Com cachaça dizia de tudo. Gritava. Esbravejava. Uma bela tarde, tomou rasteira de capoeira. Caiu sentado de bunda na poça d'água. Ficou de cara larga. Não mexeu mais com cabra safado nenhum.

Dico foi punguista por muito tempo em Madureira. Suas vítimas preferidas eram as velhinhas nas portas dos bancos. Foi preso. Seis meses de cadeia. Voltou igual a um pintinho. Só bulia com a molecada.

Betinho? Esse era frouxo por natureza. Mas safado de intenção. Aproveitava-se das meninas em ônibus cheio e orgulhava-se disso.

Cosme também não prestava. Apesar do nome, tinha medo de trabalho. Dormia tardes inteiras no mangueiral.

Preá não opinava. Tudo o que Sabá mandava, fazia. Mas não dava para o crime. Era lerdo, mentiroso e covarde.

Sabá sempre foi bicho solto. Na escola dava porrada à revelia. Não tinha medo de briga. Passou a andar armado logo cedo e a fazer besteira com o dinheiro que roubava. Bebia. Gastava tudo com as putas na Taquara e no Tanque. Mas não brincava em serviço. Na hora do assalto nas mansões deixava todo mundo aterrorizado e, se houvesse mulher, não deixava passar. Espancava os homens para humilhá-los. E ia embora gargalhando.

Havia um delegado osso duro de roer em Jacarepaguá. Sabá e outros estupraram a filha dele dez vezes, em seis meses seguidos. Um dia, o delegado prendeu um dos vagabundos. Mandou matar sem dó nem piedade. Pegou os outros, que também tiveram o mesmo fim. Sabá continuou solto. Ambicionava roubar banco:

– Coisa federal – comentava.

Passaram-se dois meses do dia em que o encontrei na porta do armazém. No seu primeiro assalto, foi metralhado na fuga. A notícia de sua morte chegou como uma recompensa para todos. Mas havia coisas mais importantes a fazer. Após dois dias, todo mundo esqueceu o ocorrido e nunca mais se ouvira falar do negro Sabá.

****

Doce como goiaba era a pessoa do Zé Vicente. Costumava comer banana com queijo, canela e café. De pão, não gostava. Café com leite, nem pensar. Aipim na manteiga com carne seca frita e cebola era seu prato predileto. Lambuzava-se com a feijoada que minha mãe fazia.

– Tem que ter farofa, Dona Aparecida, e muita couve, é claro.

O caboclo media um metro e noventa. Calçava quarenta e cinco. Andava só de sandália.

– Sapato, só em dia de festa. Assim mesmo com o cadarço frouxo.

Amava aos animais como se fosse gente. Cuidava dos bichos como se fossem seus próprios filhos. Suas cabras eram imaculadas. Viviam a salvo das sacanagens da molecada.

– Ai de quem bulir com as minhas cabras...

Às oito da noite, ia para a esquina, com o tabuleiro de damas, encontrar João Romão.

– Zé, o doutor Chico qué falar com 'ocê.

– Sobre o quê?

– Qué que 'ocê lhe faça um roçado.

– Num posso. Vivo ocupado. Arranja outro pro homem.

– Não. O hômi insiste que tem que ser 'ocê.

– Mas por quê?

– Diz que só confia na tua pessoa. Pode ser aos fim de semana, ele disse.

– Será que no mato dele tem ouro?

– Não. Não é isso. Diz que tem um curral também pra fazê.

– Pior ainda...

– Mas por quê, Zé? Eu ajudo 'ocê no trabaio.

– Nem pensar. Sabe que eu vivo só do sítio.

– Ele insiste.

– Huim, sô!? Qual a diferença entre eu e outro caboclo?

– Não é coisa de trabaio só, não!

– Então, o que é?

– É as muié dele lá que tão hospedada no sítio dele. E ele tem que se ausentar aos fim de semana. Ele qué pedir pra tomá conta. E o roçado é urgente e o curral também.

– Pode esquecer. Não me meto em coisa de mulher dos outros.

Habitualmente, Zé Vicente acordava às quatro da manhã. Passava o café. Fritava a banana com queijo e canela. Tomava mel na garrafa. Deixava o fiozinho de mel cair na boca. Pitava a palha. Quinze para as cinco, movia-se em direção ao curral. Levava umas três horas ordenhando as tetas das cabras. Engarrafava o material que colhia nos baldes de alumínio. Em seguida, ia para a cozinha produzir queijo. Nessa hora, João Romão chegava para ajudá-lo na tarefa. Era perito na produção. Havia ainda a contribuição de Matusalém, o velho mouco que não fugia dia nenhum do serviço. Seu nome era Demétrius, mas o chamavam de Matusalém, porque, além de ser velho o bastante para isso, não ouvia nada. E era engraçado ter assunto com o velho que a tudo respondia errado.

– Já tomou café?
– Eu vim a pé, sim, sinhô!
– Perguntei se você comeu?
– Eu não bebo, Seu Zé. O sinhô sabe disso.

Zé e Romão não se importavam com as asneiras do velho Matusalém. A surdez de Matusalém divertia-lhes no trabalho. Quando o relógio marcava oito horas e o despertador tocava, Zé deixava João Romão e Matusalém no encargo da produção. Encaminhava-se até o galinheiro. Dava de comer às galinhas. Trocava-lhes a água. Limpava as porcarias. Recolhia os ovos.

– Cadê minhas bichinhas? Aproveitem o milho. Está fresquinho.

O mesmo fazia com as codornas, com os preás e a criação de porquinhos-da-índia. Para esses, já havia cortado o capim-gordura na tarde anterior.

Depois ia até o jardim. Aguava as plantas. Podava-lhes os galhos. Visitava cada pezinho de flor. Conversava com as flores, bem baixinho, sem deixar ninguém escutar. As margaridas sorriam-lhe alegremente. Ele as acariciava.

– Muito bem, meninas, tão alegres, tão belas. O que vão fazer hoje?

Ele o respondia por elas:
– Respirar e observar.

Falava com as rosas:
– E vocês, donas rosas? Acordaram de bom humor?
– O que não nos falta é humor.
– Assim é que se diz... – sussurrava.

Estudava português com minha mãe. Melhorou o vocabulário e a gramática. Em ortografia era péssimo. Exercitava com os bichos e as plantas a fala bonita que adquirira com as aulas de português.

A parte da tarde, Zé reservava para a plantação e o pomar. Ia até a baixa do terreno, onde passava o riacho e as grandes árvores umedeciam a terra com suas sombras. Inspecionava o mandiocal e a plantação de inhame. Colhia os inhames. Guardava os talos. Gostava de comê-los no jantar.

No pomar, capinava o terreno deixando-o todo limpinho. Perseguia as formigas. Fazia um enxerto ou outro nas mudas de laranjeira. Plantava as mudas. Colocava num cesto as frutas maduras. Cortava os cachos de bananas com o facão amolado. No fim do dia, sentava à sombra da mangueira frondosa que nas tardes de tempestade abrigavam as jararacas à procura das rãs. Pitava a palha vendo o sol se pôr.

João Romão e Matusalém apareciam sempre à tardinha, ao crepúsculo.

– Vão-se embora. À noite, venham jogar damas.

Iam-se os dois. Romão para o início da estrada da Igrejinha. Matusalém atravessava o riacho, pegava a trilha que subia até o pé do morro verde do capim gordura e entrava no casebre. Retornavam as oito em ponto.

– Vou ficá maluco só de pensar de vê as muié que o doutor Chico tem lá no sítio dele – disse Romão com os olhos arregalados.

– Êta, hômi!... Vá tomar providências.

– Diz que é uma loira, a irmã e uma acompanhante.

– E eu com isso, hômi de Deus?

– Ô, Zé! De um estalo, bem que cê podia ir lá fazê o curral dele.

– Tá maluco? Vá descansar o espírito.

Matusalém ria-se de nada. E nada entendia. Ou pensava-se que ele não entendia nada, pois nada escutava. Lia nos lábios dos dois o que ambos diziam. Reconhecia que havia uma pendenga.

— Se você continuar falando besteira, te mando pra casa e não precisa voltar para fazer queijo.

— Aqui nessa roça muié da cidade dá sonho, Zé.

— Larga a mão, presta atenção no jogo.

Zé avançou a metade do tabuleiro, fez dama por duas vezes. Matusalém riu à farta.

— Tá rindo de quê, véio surdo?

— Sou surdo, mas não sou mudo.

— Se você perder, Matusalém entra no seu lugar. Só assim cê para de me encher a cabeça.

Romão perdeu a partida. Matusalém aproveitou-se.

— O que arde, nós é que provocamos.

Romão respondeu:

— Vá se catar, seu véio trouxa!

****

Do alto da estrada da Igrejinha, bem perto da entrada da reserva, onde começava a trilha que ia dar no lago, lá em cima, na extremidade da serra, os maiores bananais da antiga gleba se apinhavam nas encostas enormes como a imensidão.

A Lagoinha e a estrada da Igrejinha foram lugares primorosos que alimentaram minha imaginação na infância. Sem falar no grande lago, lá em cima da serra, cercado pela mata fechada, na qual se agrupavam macacos, insetos variadíssimos, borboletas coloridas, cobras, pacas, lagartos, cutias, tatus e outros seres viventes, os mais insipientes e estranhos.

No lago de água doce, eu só ia em oportunidades raras. Até a boca da reserva dava para chegar de bicicleta, empurrando na ladeira para retornar sem por freios na descida embalada. Era a maior diversão.

Reinava nesse lugar uma amplidão com a natureza ornada de suas peculiaridades. Meus pensamentos brotavam e tinham abrigo certo nas copas das árvores majestosas, nas plantinhas pequenas e rasteiras, nas flores coloridas, nos sanhaços-azuis, nas sabiás-laranjeiras, nos canarinhos soltos. Tudo me animava e me enchia de pureza e ilusão.

As jabuticabeiras, os cajueiros, as pitangueiras com suas frutas vermelhas, os fartos jambeiros que cresciam sem qualquer cuidado, os ingás com suas folhas tensas, os jenipapeiros, os buritizeiros e as sapucaias ocupavam toda a estrada, em plena convivência com a imprevisão do tempo que a imensidão da terra inspirava.

Os arames farpados, entre as bananeiras nas encostas vistas ao longe, não distinguiam os limites de uma propriedade à outra. A olho nu, as terras ao redor da estrada, parecia uma extensão ilimitada dos bananais. Quatro ou cinco sítios compunham o tamanho do lugar. Lá do alto, avistava-se a campina em toda a sua plenitude, alargada com a presença do espelho d'água da imensa lagoa que refletia os raios de sol e a atmosfera da luz do dia, envolvida no ambiente natural que a cercava: as dunas de areia, os pequenos arbustos, as garças e os urubus ao céu.

Poucas pessoas da vila frequentavam a serrinha. Quase nenhum morador se prestava a essa aventura. Viviam no limite do burburinho do comércio na praça, dos afazeres domésticos e de suas minúsculas obrigações.

****

Este é um Brasil que se faz com Joões. Como eu não intenciono construir o Brasil, restrinjo-me somente a fabular, sem critérios, a mentir, talvez, sobre os sete Joões que residiam na vila: João Congo, João Barbeiro, João do Mato, João Doido, João Mole, João de Deus e João Romão.

Se mentir é para melhor garantir a definição de suas verdadeiras personalidades, logrando expurgar o vazio de suas vidas sem conteúdo. Na boca do povo, não possuíam sobrenomes. Agregava-se ao nome o apelido e todos sabiam de qual João se tratava.

Começo por João Congo. Negro belfudo, nariz achatado, de olhos grandes. Um dia, recebeu a notícia de que havia ganhado uma bolada no jogo do bicho. Era pouca coisa de fato, mas para João Congo, uma pequena fortuna. Dava para viver por mais de seis meses.

Com aquela quantia, questionava mudar de vida. Deixaria a roça. Economizaria o dinheiro. Arranjaria um emprego mais confortável e decente na Taquara ou, quem sabe, em Madureira.

Para João Congo, Madureira era uma espécie de cidade grande.

– A cidade de Madureira! – exclamava sonhando.

Só havia ido lá, uma única vez, no carnaval de 1959. O negro conheceu o morro do Império Serrano, levado por João Barbeiro que tinha família no lugar. Sentiu-se em casa. Por isso, mencionava arrumar trabalho em Madureira e, um dia, comprar um barraco no morro.

– Virar gente da cidade. Porque gente da roça é bicho.

Do sítio despediu-se com solenidade. Se precisasse, voltava. Mas dessa vez, ia em frente, com fé em Deus, enfiar a cara no mundo. Concentrou suas esperanças nos classificados dos jornais. Levantava-se cedo. Escanhoava-se com a navalha afiada. Acima dos beiços, mantinha o bigodinho fino, estilo filete inglês. Metia-se em uma sobrecasaca comprada há dez anos na Rua do Ouvidor. Também fora ao centro da cidade uma única vez. Colocava uma gravata preta sobre a camisa branca de algodão. Orgulhoso, sapatos lustrados, calça passada a ferro de carvão, saía feito gente de verdade.

Depois de sessenta e cinco dias, com uma persistência dos diabos, conseguiu uma vaga de condutor de bonde na Companhia Ferro-Carril de Jacarepaguá. O contratador lhe perguntou:

– Sabe dirigir bonde?

– Não! Mas eu aprendo.

O Praça Barão da Taquara era o número 88 e ia até o Méier, após subir a ponte de Cascadura. A princípio, tudo corria bem. Mas, após dois anos, perdera a oportunidade por causa da desativação dos bondes em Jacarepaguá.

João Congo não se abalou. Havia se libertado dos grilhões da lavoura, trabalho esse que não desejava suportar nunca mais. Não obstante, a carteira de trabalho assinada tornou-se uma herança valiosa deixada por "um tal Dr. Getúlio Vargas".

– O ex-presidente do Brasil que morreu pela liberdade e os direitos do povo.

Madureira ficou só nos sonhos. Conseguiu outro trabalho na Taquara, o de despachante de ônibus. Construiu uma casa de alvenaria. Não se mudou da vila. Entretanto, transformou-se em trabalhador respeitado: carteira assinada, férias e décimo terceiro salário.

– A enxada, nunca mais.

****

Sujeito sério era João Barbeiro. Exímio com a navalha. Jogava capoeira com arte. Filho de escravo dançador de caxambu. Neto de índia tamoio. Cresceu ouvindo rezas e ladainhas. A família espalhava-se por toda a parte: do Mangue ao Estácio, na Saúde, na Serrinha. Negro civilizado e inteligente. Não precisou da lavoura para o sustento. Fugiu cedo da obrigação. No centro do Rio, foi engraxate. Fazia biscates nos bares e restaurantes. Vendeu jornais. Aprendeu a ler com as notícias. Conheceu a malandragem logo cedo. Respeitavam-no pela compleição atlética e a coragem que possuía. Fumou maconha. Era bamba no samba. Na mocidade, frequentou a Lapa. Colecionava amigos malandros, artistas, vedetes e jornalistas.

As putas eram-lhe todas atenciosas. Rosetava. Fustigava a plebeidade com cinismo. No Mangue, as donas de rendez-vous davam-lhe abrigo nas noites de chuva. Não era negro de abuso. Uma vez, açoitou um policial. Deu pernada no chué. Puxou cadeia e arrefeceu. Fez de tudo na vida. Foi garçom, copeiro, marceneiro, telegrafista. Mas era com a navalha que possuía a maior habilidade. Resolveu usá-la de profissão. Tornou-se barbeiro em salão de importância. Empresários, políticos, médicos, advogados e homens das letras faziam com ele barba, cabelo e bigode. Até o governador havia cortado o cabelo com João Barbeiro. Cansou da vida na cidade. Retornou à restinga e abriu a barbearia. Passou a fazer barba e cabelo de gente humilde. Sabia viver com a tranquilidade. João Barbeiro contava histórias de arrepiar. O sobejo conquistou a arte da sabedoria.

****

Diziam-se coisas estranhas a respeito de João do Mato e João Mole. Que eram primos-irmãos e que tinham caras de poucos amigos. Que mal eram vistos, coisa rara aparecerem na praça ou no armazém. Que eram autossuficientes, porque só comiam o que plantavam. Viviam num sítio abandonado já quase no alto da estrada da Igrejinha. O proprietário do sítio jamais aparecia. E eles nada produziam além do sustento. Alimentavam-se de raízes de cará, batata-doce e inhame. Manducavam folhas e frutas. Construíram uma choupana armada de madeira, com teto coberto de folhas e caniços de bambu. Havia um imenso bambuzal nesse terreno. A molecada invadia para fazer pipa. Às vezes, avistavam João do Mato e João Mole. Mas eles não resistiam, não reclamavam de nada.

A casa do sítio foi deixada ao abandono. Nas árvores grandes, ao redor, permitiram que nascessem cactos e cipós, que cingiam os galhos, serpenteando-lhes os troncos, sugando-lhes a seiva. Os cipós cobriam-nas com suas grinaldas, que afrontavam a luz do sol.

O sítio era todo sombrio e o rio passava entre suas terras, ambiente propício para os morcegos que infestavam os escombros da casa. Os morcegos deixavam as árvores ocas, dando-lhes mais um aspecto assustador. À noite, percorriam as margens do rio em busca de suas presas. Chupavam o sangue dos animais. Iam pousar sobre os lombos dos bois e dos burros, enfraquecendo-os, causando-lhes chagas purulentas, aonde iam também pousar os mosquitos e insetos de ferrão.

Diziam que João do Mato e João Mole foram ferrados pelos morcegos. O sapateiro Aurélio uma vez garantiu que, examinando os pés de João Mole, havia percebido uma sangria em seu tornozelo. Tinha uma ferida um pouco menor que a de uma sanguessuga e ainda vertia sangue.

O fato é que alguns animais passaram a desaparecer em noites de lua cheia: porcos, galinhas, patos, gansos, gatos e cachorros. Os vestígios de sangue, de penas e de pelos ficavam espalhados pelos quintais.

A partir de então, João do Mato e João Mole ganharam a fama de se transformarem em lobisomens.

****

Desde pequeno, João Doido só fazia besteira. Comia terra, titica de galinha, pedaço de pano velho, chupava tampinha de garrafa. Na adolescência, andava horas sem parar, sempre sozinho, na hesitação. Aos meninos, falava coisas sem sentido, em desacordo com o caráter natural da normalidade em que viviam.

– O sol? É uma teimosia e obstinação de Deus.

Os meninos mangavam dele e gritavam:

– João é doido! João é maluco! – repetiam sem parar.

— E vocês, seus porquinhos? Correm por essas terras sem nem ao menos merecerem essa fonte de vida. Ignorantes, vagabundos, animais sem futuro, amigos do diabo. Grandes imbecis são vocês.

João Doido assim respondia-lhes e ia-se embora com os olhos grandes sem piscar. Quantas vezes João Doido amanhecia trepado no último galho da mangueira que fazia sombra no largo do armazém.

Do alto da mangueira, gritava:

— Liberdade! Liberdade! Cristo deu isto aos homens. E vocês nada sabem. São o Judas dos dias de hoje.

Alguém dizia:

— Ele está fora de si. É maluco, o coitado.

— Maluco é a puta que o pariu! Está entendendo? Vivo arrebatado por uma paixão que vocês desconhecem. A paixão de viver. Ensinam-me a viver, seus descarados, seus pulhas, seus canalhas! Vocês sabem o que é o amor? Não sabem. Não pensam a respeito. Não vivem um só instante fora da realidade. Eu não trabalho, porque não preciso. Sou livre. Como frutas e bebo a água do rio, assim como os passarinhos. O abismo é insondável, meus caros! Larguem essa vida nojenta cheia de lágrimas e sofrimento. Maluco é a puta que o pariu! – finalizava.

O mais engraçado, se há graça na indigência, é que a mangueira ficava ao lado da sapataria do velho Aurélio e o papagaio de Dona Odila repetia, num eco oficioso, o final do discurso de João Doido:

— ...maluco é a puta que o pariu!

A essa altura, a praça estava cheia e todos riam.

— Sou conduzido além da órbita dos planetas. Respeito a sensibilidade humana. Se sou doente, estou doente de tudo. Mas, doentes são vocês que perderam o jeito de amar. Não enxergam nada fora da realidade, seus macabros, imbecis, estúpidos e ineptos...

— ...imbecis, estúpidos e ineptos!... — esganiçava-se o papagaio em apoio a João Doido.

Risos fartos em pleno largo do armazém. João Doido se calou. Todos queriam continuar a vê-lo falar sandices e o papagaio a repeti-las.

— Os momentos de reflexão, precisamos desenterrá-los dentro de nós. Não há presente, passado ou futuro. O que há de haver adiante é o túmulo, de onde nenhum de nós escapará. Por isso, vivam com coragem e libertem-se do imenso vazio que é o medo e a paralisia!

— ...o medo e a paralisia...

Muitos risos, gargalhadas, agora, a algazarra estava formada. João Barbeiro, sensibilizado com a penúria de João Doido, resolveu acabar com a representação. Fez com que todos fossem embora para suas casas cuidar de seus afazeres.

Sem o público, João Doido permaneceu imóvel como um lagarto, frustrado, em cima da mangueira. Não pronunciou nenhuma palavra mais. No fundo, gostava de fazer cena. Depois de uma hora, desceu da árvore e foi andar pela campina, tomar banho nas águas quentes da lagoa, sob o sol da restinga.

****

Aos domingos, ao despertar da alvorada, João de Deus levantava-se para pôr de pé a família e dirigiam-se todos ao culto da Igreja Batista, mas não sem antes passá-los por uma grave inspeção. Em seguida, o pobre estouvado punha-se dentro do único terno que possuía ofertado ao negro pelo filho do proprietário do sítio o qual cuidava com uma atenção especial de suas plantações.

Maria Inocência, sua digníssima esposa, por sua vez, era católica, devota de Santa Luzia. A mulher ganhava mais que o marido lavando e passando para fora, realizando trabalhos braçais, vivendo a escravidão do lar e da labuta miserável, incansável e sem fim.

Mesmo assim, a lavadeira não tinha voz ativa dentro da própria casa. Depois de convertido, João de Deus obrigava-a a ir ao culto com assiduidade, na companhia dos sete filhos, todos vestidos a caráter, saias e calças engomadas, cabelos esticados e presos, instruídos e dignos do credo do pai.

O austero protestante sentia-se fiel diante do pastor na presença da família e depositava o dízimo da Igreja com indulgência e bonomia.

Os filhos achavam o culto uma maçada. Maria Inocência profanava o cerimonial levando escondido, dentro da blusa, o terço de Santa Luzia. Chegava em casa na fadiga. E não compreendia por que o marido tirava o alimento dos seus para dá-lo à Igreja.

João de Deus, na hora do almoço, diante da Bíblia, ainda encontrava forças para repassar as palavras do pastor. Arguia a todos. Só assim é que, depois, podiam almoçar. O escorreito intransigente livrava-os da purgação.

Detestavam os domingos. Para João de Deus era o seu dia de glória.

****

João Romão subia a colina às escondidas todo fim de semana e feriados. Não participava a ninguém das incursões que fazia na mata. Tinha um apreço febril pela caça, embora fosse proibida na reserva. Gostava de carne de macaco. Ora, vejam só! O pobre gatuno era comedor de macaco. Entrava pela porteira da reserva bem cedinho, cumprimentava o guarda de plantão e saía no final do dia por caminhos que só ele conhecia, carregando sua presa num saco de estopa.

Todas as pessoas têm seus segredos. Este era o segredo mais agudo de João Romão. Envergonhava-se dele, mas não conseguia se livrar do vício. Sabia que sua conduta corrompia os sentimentos mais humanos. Imaginem! Comer macaco, nos dias de hoje, roubando-os da reserva florestal. Subitamente, um ímpeto subia-lhe à cabeça. Esquecia-se de tudo. O comedor de macaco percebia o animal em cima de uma árvore. Espreitava-o com sagacidade. Adivinhava o lado em que o macaco poderia lhe escapar. E quando o bicho pulava de uma árvore a outra, acertava-o com uma pedrada.

Tiro quase sempre certeiro dado com uma atiradeira envernizada e de bom calibre. O bicho caía zonzo. João Romão corria e dava-lhe uma paulada na cabeça. Estava feito. Não voltava atrás. Chegava em casa, tirava-lhe o couro e salgava a carne do animal. Abria uma fenda no fundo do quintal e embrulhava o bicho temperado em duas folhas de bananeira. Cobria-o de terra. E acendia uma fogueira. Quando a fogueira apagava, servia-se da carne assada com farinha de mandioca, cachaça e pimenta. Fazia isso com outros animais menos estranhos ao paladar. Comia paca, cutia, tatu e galinhas roubadas. Preferia a caça de macaco, pois roubar galinhas dava-se na vista e sua reputação não poderia ser manchada, afinal trabalhava na produção de queijo do Zé Vicente, o caboclo mais honrado e respeitado da região.

João Romão era meio doido. Corpulento feito um animal. Parecia uma anta. Tinha as formas maciças e um focinho alongado de anta. Deram-lhe o apelido de João Romão justamente por causa do seu tamanho. A princípio, era João Homão. Depois o "R" foi se associando mais facilmente à vogal. Ficou João Romão mesmo. Durante a semana, passava-se por trabalhador, assistente do Zé Vicente, aos sábados e domingos, desaparecia. Ninguém sabia do seu paradeiro. Escafedia-se na mata. Tinha desprezo pela comunidade. O coitado, além de comedor de macaco, era vil, abjeto e vergonhoso.

Muito tempo depois, foi descoberto por Matusalém que lhe havia feito uma visita de surpresa. Estava deflorando um macaco quando o velho chegou ao anoitecer.

Matusalém perguntou:

– Pra que isso?

– Pra comê – respondeu João.

Desta feita, Matusalém entendeu a resposta apesar de surdo que era.

– Cê come macaco?

– Num tá vendo, véio? Vou comê, sim, sinhô!

Matusalém entrou na choupana de João Romão e desvendou-lhe o segredo. Os couros que João guardava estavam fixados na parede, os cascos de tatus, também, e várias penas de papagaio.

Uma semana antes, desaparecera o papagaio da casa do velho Aurélio. Dona Odila quase morreu de desgosto. Perguntou por toda a vila sobre o bicho de estimação.

– Essas pena são do papagaio de Dona Odila? Cê comeu o papagaio da véia?

O outro fez cara de pau, fingiu que não entendeu, mas assumiu a responsabilidade depois:

– Comi, sim, sinhô! – afirmou, rasteiro. – Aquele papagaio caduco, descompassado de moral... Só falava palavrão, o desbocado... o mal educado.

– Ahn! Mas que tipo de hômi é 'ocê? Comedor de macaco! E o que é pior, de papagaio, também. E papagaio dos outro. Um bichinho que fala! Mas que vexame, João Romão!

– Olha aqui, seu véio surdo, se meta com sua vida. Comigo o buraco é mais embaixo. Pensa que eu num sei que tu bole com a cabra que o Zé ti deu? Já vi ocê furnicando a bicha, seu véio safado.

Matusalém ficou sem ação. João Romão não dispôs de nem mais um argumento. O velho foi embora decepcionado com a falta de solidariedade do amigo. Nunca mais tocaram no assunto. O segredo de ambos permaneceria inviolável.

****

Numa dessas manhãs mornas de outono, encontraram-se na barbearia o velho Rocha, Zé Vicente, Aurélio e o velho Ribeiro. Acontecimento pouco frequente aquele.

De imediato iniciaram conversa.

– Bem que você podia, Zé Vicente, me auxiliar na instrução de se criar cabras. Pouco entendo do assunto. Estou pensando em ter algumas lá em cima. Sei que as suas são muito bem cuidadas e rentáveis por sinal – Rocha procurou saber do caboclo.

– Posso lhe fazer uma visita. Será um prazer.

– O tratamento que o Zé dá às cabras é de primeira. Sou seu vizinho e sou testemunha. Dá gosto de ver – intrometeu-se o velho Ribeiro, puxando conversa.

– E o senhor, Seu Ribeiro? Apesar da idade, deveria contratar uns caboclos e dar ordem ao sítio – sugeriu-lhe Rocha.

– Não tenho mais tempo para a produção, nem terra suficiente, muito menos vontade. Já vi de tudo nessa vida. Todas essas revoluções que aí estão, para mim, não são novidade. E para o tempo, não há remédio, meu caro! Se eu não tivesse decidido parar, hoje vocês não estariam aqui, não é verdade? O mundo mudou, meu amigo! Prefiro ter minhas fruteiras ao vento, alguma madeira preservada e andar por aí sem pensar em nada.

– Por falar em revolução, os jornais indicam que estamos num beco sem saída – interrompeu Aurélio.

– Ora, depois dessa, eles vão em frente. Não param mais. Isso vai durar anos. Vocês vão ver – comentou o velho.

— Como? — perguntou Zé Vicente.

— A necessidade deles de mudança é para atender um mercado privilegiado e, visto por um aspecto mais amplo, por causa das condições externas. Essas são as causas da situação que está aí. Isso vai durar, meus caros! Ouçam o que lhes digo.

— Quer dizer que, em sua opinião, eleições nem pensar? — pressurou Aurélio.

— Tão cedo? Não acredito. Além do que, a última que tivemos foi uma catástrofe. Aquele maluco lá de São Paulo estava apoiado nas forças mais conservadoras do país. Só o povo é que não vê isso. Prometeu o que não podia cumprir. Demagogia! E o povo acredita. Com a renúncia, travou-se uma batalha para que o país não saísse da legalidade. Agora que deram o golpe, eles vão em frente. Podem acreditar.

— É verdade! Jango só assumiu para que se cumprisse a Constituição — afirmou João Barbeiro.

João Barbeiro atendia Rocha no fundo do salão, seu assistente espumava a cara encorpada de Zé Vicente ao centro. Ribeiro e Aurélio estavam sentados à espera, dando uma espiadela nos jornais do dia. Aurélio impressionara-se com a determinação de Ribeiro ao garantir que a revolução ia longe.

— Jango estava comunizado! — gritou Rocha.

— E apoiado pelo PC — replicou Aurélio.

— Na Rússia, eles não admitem que se formem outros partidos. Por que nós devemos aceitar que os comunistas se estabeleçam à vontade? — ponderou João Barbeiro.

— Quantas revoluções já houve nesse país? — Ribeiro perguntou a todos.

— Desde a Proclamação da República, uma porção delas — respondeu o ex- professor de História.

— E elas continuam aí de pé — afirmou o velho. — O Império se perpetuou com o caudilhismo republicano.

Ribeiro prosseguia com o jornal em punho, coçou a cabeça e concluiu o raciocínio.

– Para se derrubar um governo, só há duas possibilidades: um golpe ou uma revolução. Numa revolução verte-se sangue – acrescentou, pausadamente. – E, no Brasil, meus caros, não se cortam cabeças – concluiu.

– Justiça seja feita ao senhor Juscelino. Nessas últimas décadas, foi o único que entrou e saiu dentro da lei – considerou Aurélio.

– É o que eu digo, meus amigos! Não há revoluções neste país. Veja a Revolução de 30. Não se tratava de uma transformação social. Um grande golpe mediador, isto sim! No fundo, não passou de uma mudança de poder, mantendo as mesmas estruturas vindas da Velha República.

– Trouxe algumas conquistas fundamentais, seu Ribeiro! A justiça eleitoral, o voto secreto, o voto das mulheres, a previdência social, a sindicali... – tentou argumentar João Barbeiro.

– ...Alguma coisa se fez, mas em pequenas proporções – disse o velho, interrompendo o barbeiro. – A de 32, por exemplo, foi apenas uma insurreição em São Paulo, alastrada para outros poucos estados, por causa da impopularidade da Revolução de 30, antecipando a idealização da Constituinte.

– Também já não se tinha condições para dar continuidade àquela ditadura – refutou o negro.

– É verdade! Porém, Getúlio se beneficiou com aquilo. Em 45, foi permitida a discussão. Por trás das cortinas, no entanto, estavam criando o ambiente para a permanência de Getúlio. Você sabe, João! Você era jovem e sentiu na carne.

– Eu lia os jornais todos os dias.

– Ora, meus caros, ouçam o que eu lhes digo. Aguentem firmem, porque o golpe que está aí veio para ficar.

– Quer dizer que um estado democrático no Brasil não veremos jamais? – Zé perguntou arregalando os olhos.

– Vocês, talvez... Eu é que não tenho mais tempo para isso.

– E o que o senhor acha dos militares que aí estão? – indagou Aurélio.

– Não acho os militares reacionários, não! Não é isso que eu estou dizendo. Não se vê um movimento consistente na História do Brasil sem a participação dos militares. Mas a liberdade de opinião, de expressão e de voto, essa é que devemos lamentar.

– E a democracia...?

– ...A democracia é coisa do futuro. Esperem e verão. Como eu disse, não é para mim, não estarei mais aqui.

– O grande problema é esse mercado privilegiado que o senhor se referiu. Com a economia e a estrutura social que temos, a mercadoria torna-se um instrumento de subjugação das massas – deferiu Rocha.

– É isso! Não é uma relação sadia. Ora, amigos, o produto é resultado do trabalho. E o trabalho no Brasil é financiado à custa de uma mão de obra barata e sem capacitação. O produto volta ao mercado para essa mão de obra em troca do dinheiro que ela não tem para pagar. Por isso, cria-se um mercado para alguns e não para todos. A mercadoria aí é a face oculta da dominação, a dinâmica da exploração do homem pelo capital, dissimulada de uma forma igualitária, dentro de uma sociedade que é inteiramente desigual. O que se dará num futuro próximo será a construção de uma sociedade violenta, sangrenta e imoral.

Ribeiro se emocionou. Suas palavras ficaram tangíveis como uma premonição de enormes dificuldades. Zé Vicente apequenou-se com a conversa. Tímido, não disse mais nada. Entendia mesmo era de cabras. Mas dava cunho ao que o velho Ribeiro dizia. Era um absurdo esse tal de "mercado privilegiado" e essa "exploração do homem pelo capital", pensou com a respiração ofegante.

Concluída a barba e o cabelo, pediu licença e partiu. Rocha agradeceu, cumprimentou a todos e pegou o rumo em direção ao seu sítio no alto da estrada da Igrejinha. Aurélio e Ribeiro sentaram nas cadeiras da barbearia.

Ficaram todos em silêncio: o sapateiro, o velho, o barbeiro e o assistente. Só a navalha de João Barbeiro produzia um ruído rítmico e contínuo com sua prática refinada, amolando-a para fazer as barbas do velho.

****

Numa manhã de sexta-feira, Antônio e eu estávamos sentados debaixo do jenipapeiro que ficava a cem metros de sua choupana. Entre uma mangueira muito antiga e uma jaqueira enorme, destacava-se o jenipapeiro que Antônio considerava ser uma árvore sagrada. Um cheiro doce de jaca perfumava o ar.

Estávamos acomodados em uma pedra escura coberta em parte por uma vegetação rente e viscosa. Eu percebia o movimento dos camaleões sobre a pedra. Se nos distraíamos na conversa, os camaleões agitavam-se, freneticamente, de um lado para outro. Se ficássemos em silêncio, observando-os, postavam-se feito estátua. Só os papinhos se mexiam num movimento de pulsação. Eu desejava sair da pedra, mas algo me prendia. Não sei dizer se os camaleões, ou se a tranquilidade que Antônio transmitia.

Enquanto Antônio falava, ficava pensando que poderia ser um daqueles camaleões, preso aos limites da pedra, e a pedra, por sua vez, nos limites do terreno inteiro, e a mangueira, a jaqueira, o jenipapeiro e todas as outras árvores, nos limites de toda a restinga.

Era um pensamento muito estranho o meu. E ele me incomodava. Antônio percebeu minha inquietação e me revelou a normalidade daquela sensação esquisita.

– Todos nós nos sentimos presos aos limites do corpo. Há sempre outro ser maior ou menor do que nós mesmos para aguçar nossas diferenças e nossas semelhanças. Somos iguais e diferentes. Temos dois olhos, eu e você. Os meus são pretos, os seus são claros. Mas ambos enxergam fisicamente as mesmas coisas. A maior visão, no entanto, é a visão interior. E é sob essa ótica que devemos olhar as coisas. Nem todos percebem as coisas como elas são. Você pode adquirir o dom da visão interior, se quiser. Quando o vi a primeira vez, chegando aqui de bicicleta para contemplar a lagoa, notei essa abertura em sua aura. Percebi na sua energia o dom da percepção, do esmiuçamento, que só a sensibilidade interior pode oferecer. Mas você vai sofrer muito para desenvolver essa capacidade.

– Você está me assustando.

– Não se assuste. É muito jovem para isso. Viva com simplicidade e pronto. Nada poderá incomodá-lo.

Antônio continuou dizendo as coisas que queria a meu respeito. Suas palavras continham um ar de descoberta e mistério, ao mesmo tempo. Não dei muita importância a elas, no entanto. Ele percebeu o incômodo que me causava e desanuviou. De súbito, mudou de assunto. Começou a falar de si mesmo e de um passado que lhe causava o impacto digno de ser o homem agradável que era, delicado no trato e aprazível nas palavras.

– Vou lhe dizer uma coisa que não digo a ninguém. Esse jenipapeiro é sagrado. Foi plantado por minha avó no tempo da escravidão, como todas essas árvores. Aqui se deu muitas funções no passado, rezas e ladainhas a São Roque, São Brás, Santa Bárbara, Santo Antônio, São Jorge, São Jerônimo, São Bento, Nossa Senhora do Rosário, que Deus nos aproxime, Nossa Senhora da Conceição. Este lugar é abençoado. E você está sendo abençoado por toda essa força do passado, aqui e agora.

Olhando para Antônio, notei que sua voz se tornara mais grave. Eu não disse nada a ele. Fiquei estático como os camaleões. Recostei-me na pedra, de modo incômodo. Ele, ao perceber meu desconforto, mesmo assim prosseguiu.

Minha respiração estava ofegante. Meu peito começou a pulsar como os papinhos dos camaleões.

– Os castigos no engenho que havia aqui eram cobertos de malvadeza e perversidade. Acorrentavam-se os escravos rebeldes obrigando-os a seguir o trote dos cavalos. Forçavam dois ou três negros, de chicote em punho, a açoitarem os rebeldes, sangrando-lhes o corpo, até sucumbir. Havia um tronco em que colocavam os negros presos pelo pescoço sob o suplício da sede e da fome. Mantinham uma moringa de água bem próximo para lhes aguçar a vontade. Em seguida, soltavam-lhes em cima as abelhas, não sem antes se esquecerem de colocar açúcar em suas cabeças. Há melancolia, portanto, neste lugar, onde podemos sentir o vento que sopra do mar e o murmúrio das águas na lagoa, carregados da impureza da escravidão do passado. Depois, essas terras foram parar nas mãos dos monges do Mosteiro de São Bento que praticaram uma escravidão mais branda, com menos sofrimentos, menos comprometida com toda essa perversidade, mas que não apagou o peso do cativeiro, nem os pensamentos de liberdade dos negros. Trabalhavam brutalmente na lavoura, mas lutavam pela liberdade a cada instante. Preferiam desesperadamente a morte ao cativeiro. Digo-lhe essas coisas para despertar sua consciência. A liberdade da alma, por mais presa que se encontre, está inserida na consciência de cada um. Assim como nossos olhos são iguais e diferentes, cada pessoa possui uma consciência diferenciada pelo comportamento. Por isso, não há cativeiro que possa aprisionar-nos se não desejarmos permanecer presos. Há vida em tudo. E eu posso senti-la a cada instante. A cada pequeno movimento deste mundo, vejo a vida pulsar intensamente. Seja no velho jenipapeiro em que louvo meus antepassados, seja na formiga que passeia em seus galhos.

Quando conheci Antônio, eu era um menino de quase seis anos, e vinha de uma mudança brusca, sedento de novidades e espaço. Concentrava-me, nas horas disponíveis, na exploração minuciosa do que aquele lugar podia me oferecer de vivacidade, com seus sons, expressões, cores e cheiros diferentes. Tudo me despertava uma curiosidade que ia sempre ao encontro do desconhecido. Uma avalanche de novas informações, de enigmas, narrativas, cumprimentos e saudações, de cantigas e brincadeiras, desmoronou rápida e abruptamente sobre minha cabeça. E tudo numa linguagem contaminada de referências com as quais eu jamais tivera contato.

Naquela sexta-feira, Antônio demonstrou-se mais afeito à conversa do que o normal. Sempre era amável e atencioso, mas falava muito pouco. Por isso, estranhei seu comportamento. Antônio contou-me muitas histórias sobre a escravidão e a exploração das plantações de cana, de mandioca, de banana, dos relatos sobre a organização dos negros em busca da liberdade, paixões, rancores e muitos outros detalhes. As histórias dos rituais dos escravos geravam-me um conflito, mas que, no entanto, me comoviam decididamente.

– O conflito é natural. Todos nós vivemos entre o caos e o mundo, entre a ordem e a desordem, entre as ideias e a prática. Resta saber como manipular o fluxo dos pensamentos, como amansá-los, como educá-los, na verdade. Tudo é uma questão de educação. E você, como eu disse, terá um longo caminho pela frente.

Eu não entendia exatamente o que Antônio queria me dizer. Não prestava muita atenção nas coisas que me falava. Ele sabia disso. Falava, na verdade, para si mesmo. Mas, no fundo, eu também sabia que minha mente registrava tudo no inconsciente. Quando ficava sozinho, percebia intimamente as raízes do que ele me dizia. Só que morria de medo de me fixar nelas. Por isso, tratava aquelas conversas como meras histórias e me divertia com elas.

Antônio revelou-me que desde criança via vultos e, às vezes, imagens nítidas do sofrimento dos escravos sendo açoitados. Pediam-lhe ajuda para curar suas feridas. E por esse impulso casual, passou a manipular as ervas medicinais que conheceu profundamente com o tempo.

Durante quase toda a manhã, falara-me de coisas com as quais nunca havia me confrontado: morte, luto, trabalho e sacrifício. Revelava o sentimento do Homem na Terra, onde lhe cabia recriar a vida e abandonar a ideia de que o aquém e o além subsistem separadamente, alimentando o ideal de plenitude para restaurar o equilíbrio da alma e afastar de si o fatalismo da própria morte. Fiquei profundamente sensibilizado, porém não lhe fiz nenhuma pergunta, apenas ouvia com atenção. Perguntava-me por que ele me dizia aquelas coisas inesperadas.

Inesperada também foi sua atitude de me fazer entrar em sua casa. Antes, pegou-me pela mão fazendo com que déssemos uma volta em torno de sua choupana, me apresentando cada uma das árvores plantadas ali há vários anos, e cada uma das pedras também ali há tempos enraizadas.

Para ele, as pedras e as árvores próximas ao mangue, no terreno que se estendia da lagoa até a beira da estrada, pertenciam à realidade sagrada, uma realidade que não se resume somente ao mundo da visão física, mas que está intrinsecamente ligada ao mundo imaterial, porque nelas está contida a vida ancestral que nos relaciona ao passado, e também ao futuro, pois, no tempo, as árvores e as pedras manifestam-se de forma sagrada no íntimo das pessoas. Antônio dizia que os ancestrais habitavam as pedras e as árvores, por isso deviam ser objeto de preservação, adoração e respeito.

Depois entramos na casa, uma choupana rústica, sustentada por grandes estacas de imbaúba, envernizadas e ladeadas com ripas de bambu, presas a uma grossa crosta de barro e um acabamento amarelo trabalhado por uma massa de argila fina, decorada pelo próprio Antônio, com desenhos da roça, santos católicos e deuses africanos. O ambiente era agradabilíssimo, confortável e úmido.

Não fazia calor. O teto era baixo, de sapê bem trançado, e não permitia a penetração da chuva e do sol, beirava a linha branca e irregular das dunas de areia na lagoa e as pedras alinhadas a um esverdinhado cais de onde os pescadores amarravam seus botes. Dentro da casa, um altar feito de mármore suspenso por um tronco rígido de peroba com várias fotos e pequenas esculturas de madeira e barro de vários santos: São Lázaro, São Sebastião, as várias Nossas Senhoras, da Conceição, do Rosário, da Glória, Santa Bárbara, Santa Luzia, São Pedro, Santo Antônio, São Miguel, São Jerônimo, São Geraldo, incluindo imagens de Iemanjá, Xangô, Obatalá, da escrava Anastácia, de Oiá, de preto-velhos e caboclos, de exus e pombas-gira e, ao centro, no alto, a imagem de Jesus Cristo mostrando as chagas de suas mãos com o coração aberto.

Antônio rezou em voz baixa mencionando palavras de amor e carinho em atenção à minha presença. Fiquei emocionado com todas as suas palavras. Estava atordoado, sem entender, mas recebi suas saudações com felicidade. Depois, chamou-me até a cozinha. Havia uma pomba branca presa numa gaiola em cima da mesa.

Pediu-me que retirasse a pomba e a libertasse bem junto à pedra em que estávamos sentados há pouco, debaixo do jenipapeiro. Fez questão de me dizer que aquele pequeno ritual marcaria minha vida e que aquela saudação iria significar, em determinado momento, um retorno e uma ruptura com meu passado ancestral, no sentido de uma busca contínua de liberdade, à qual só eu poderia entender quando esse momento chegasse.

– Os rituais são importantes, porque neles está contida toda uma simbologia mágica de evocação, representando a realidade.

A essa altura, eu não reagia a mais nada. Não conseguia responder ao que estava acontecendo. Deixei que o fluxo dos acontecimentos seguisse seu próprio curso, e relaxei, permitindo que Antônio me proporcionasse aquela experiência que, de fato, jamais esqueci.

Ele se expressava com muita naturalidade. Argumentava que tudo que fazemos cria certas impressões mentais, que produzem resíduos interiores e que, mais tarde, esses resíduos geram resultados, positivos ou negativos, dependendo das nossas ações.

– Quando fazemos algo positivo, as impressões positivas são automaticamente deixadas na mente. Elas produzem disposições positivas e saudáveis em nós, de modo que nossas experiências no futuro também sejam assim. O funcionamento dessa causa e efeito pode não ser imediatamente aparente. No entanto, esse fluxo de consciência se transfere para o nosso interior e vai surgindo definitivamente, devido ao nosso próprio impulso interno, bem como os estímulos externos, os quais se perpetuam em nós através do tempo.

Antônio queria me dizer como era importante desenvolver atitudes positivas e saudáveis, se o que fazemos está associado ao tipo de pessoa que somos e aos tipos de atitudes que temos. Afirmava que não podemos separar essas coisas, porque estão intimamente relacionadas. Se tivermos pensamentos negativos, nos tornaremos pessoas negativas e, se nos tornarmos pessoas negativas, teremos atitudes negativas. Se nos entregarmos aos pensamentos agressivos e abrigarmos ressentimento ou amargura, em relação aos outros, nos converteremos em pessoas agressivas e amarguradas.

Quando nos entregamos a pensamentos negativos, eles acabam se transformando em ações, de modo que passamos a expressá-los. Se um discernimento de nós mesmos ou de nossas mentes simplesmente prestar atenção no que fazemos, não nos tornará pessoas significativamente melhores. Por isso, devemos estar mais atentos às nossas intenções do que ao nosso comportamento.

Foram estas, mais ou menos, as suas afirmações. Se bem que, com o tempo, lembrar exatamente de suas palavras é praticamente impossível. Mas aquele dia, para mim, foi tão importante que, como ele mesmo disse, iria ter um significado especial em minha vida, como de fato teve. Lembro-me do melhor do que aconteceu. Depois da longa conversa que tivemos e do reconhecimento das pedras e das árvores, o melhor foi o almoço que me ofereceu: peixe frito com purê de aipim. Esta, sim, foi uma grande surpresa.

PELOS MAIS ÁSPEROS CAMINHOS

Comecei a pensar que estava livre do imenso abismo que me desatinava. Mas isso não era de todo a verdade. Afinal, nem sei se o que existia era vício e um sentimento de negação frente às circunstâncias do mundo, ou se uma distância aterradora alimentava a desordem que movia toda a minha vida.

Desde pequeno, uma enorme sensação de clandestinidade me imobilizava completamente. Parecia que o meu destino não haveria de se cumprir, e que a confusão que conspirava contra minha cabeça não tinha começo nem fim. Deixei que as coisas tomassem um rumo bastante perigoso de onde o limite da incúria não mais escutasse o sopro da razão.

Da desordem fantástica de que se constituía minha vida, criei uma obsessão capaz de preservar a certeza de que somente o amor próprio conhece a evidência. E o que sofri para isso? Ardia em meu peito uma tortura sem chamas, como se eu quisesse afogar toda a melancolia que envolvia o lado obscuro da existência humana.

Às vezes, eu pensava que as privações por que passava me levariam à salvação e libertariam meus fantasmas. Cada gesto, cada planta, cada gente, cada bicho, cada fio d'água que brotava dos folgados grãos de areia na restinga tornar-se-iam partes inseparáveis do meu futuro infame. Da restinga ensolarada, extraí uma perplexidade abominável. A decadência estava ali, encarnada no gentio, em todas as suas dimensões. A impressão que eu tenho é que quisera instalar-se também dentro de mim.

De pele acobreada e cabelos lisos escorridos, aqueles homenzinhos e mulherzinhas, de cujos filhos me tornei companheiro na escola primária, influenciariam por todo o tempo a formação do meu temperamento oclusivo. A moral pequeno-burguesa que alimentava minha infância sofreria uma transformação irracional que vinha, ou parecia vir, do mais fundo do meu íntimo.

Daquela gente herdei o ar traiçoeiro e desconfiado que habita minha alma. Foram anos de revelações implacáveis que fizeram desabar uma forma de vida tão simplesmente nebulosa e bravia, que eu jamais poderia imaginar que existisse. O que acontece é que a realidade se antecipara diante dos meus olhos, como se fizesse questão de se dissimular através de uma força perdida no seu esquecimento mais profundo, que nada teria sido mais esdrúxulo de ser vivido e absorvido.

O caboclismo penetrara em meu sangue, impenitentemente, como a aparência da debilidade causada pela ação de um vírus invisível. Estava contaminado para sempre. Era a mais pura expressão do destino naquilo que há de mais natural, a substância viva que impressiona pela força bruta e oferece a evidência de toda uma vida. Minha trajetória foi marcada por uma voracidade banal, que se misturava à decadência da cidade, sem que, eu, ao menos, percebesse isso desde o início.

O Rio de Janeiro começa logo cedo em minha vida. A Avenida Atlântica me faz lembrar as imagens da primeira infância. Uma das lembranças mais remotas que tenho foi ter me perdido na praia de Copacabana. Recordo-me que a sensação de abandono causou-me um impacto impensável. Ao terem me reencontrado, no entanto, e ao atravessar a Atlântica, na multidão, lembro-me bem da impressão de que o ouro da luz do sol, ao bater nas vidraças dos apartamentos, me fez transigir da ansiedade de ter-me perdido.

Alguns dias após, aconteceu-me outro fato memorável. Encontrava-me numa barbearia de paredes brancas azulejadas. A sensação era a mais inconveniente possível. Os homens falavam besteiras que soavam como uma mera falta de civilidade. Saí dali com a cabeça raspada e um tufo de cabelo acima da testa, envergonhado com a imagem que me impuseram. Tive o desprezo de não ter o poder de decisão do que fazer da minha própria aparência.

Minha juventude foi marcada por uma ligação ritual com o fato de viver sem súplicas. A arduidade pela qual me fez assumir esse modo de perceber as coisas criou a possibilidade de constituir um enigma composto de clareza e desatino. E me deu a capacidade de suportar as maiores dificuldades. Passei muito tempo para entender isso. Sofri. Posterguei. Negligenciei. Caminhei pelos mais ásperos caminhos. Completei o ciclo da imolação que perseguem de perto os poetas e os marginais. Os valores morais pareciam-me insuficientes.

Por isso, fui me dividindo em pequenos pedaços. E fui, aos poucos, me reduzindo a pó, até me sentir totalmente fragmentado, desmaterializado, despossuído de qualquer ideologia. Destruí a estrutura do mundo que me cercava. Foram anos de desprendimento da força criadora que permaneceria alimentada pelo paradoxo entre o sonho e a realidade. Entre a incompatibilidade e a vontade de realizar alguma coisa. Eu me perguntava. "Realizar o quê? Fazer o quê e aonde? O que fazer da minha vida? Num país onde tudo é movido pelo tom sinistro da imutabilidade. Onde as coisas acontecem e nada muda. Nada se transforma. Onde as estruturas mais arcaicas se mantêm no poder, mesmo sob o forte impacto dos acontecimentos mundiais. Que lugar seria o meu? Não havia um lugar de onde eu tivesse vindo. Não havia um referencial para mim. Nem tradição, nem História".

Dedicar-me ao que estava acontecendo em minha volta e viver o esquecimento como resultado da mais absoluta falta de identidade era tudo que me restava. Eu não teria o que perder. Precisava indicar o caminho, fosse qual fosse. Assim, tornei-me quase um primitivo. E não me deixei lutar contra isso. Ao contrário, possuído por um sentimento de paixão que me conduzia a uma experimentação indômita, vivia à beira da aventura, sem ter aonde ir e sem deixar de caminhar por isso. Meu caminho era praticamente inatingível. Derrotar a passividade passou a ser uma patologia.

Desejava parar o mundo e converter esse momento mágico no instante exclusivo da minha própria transformação. Clamava por uma linguagem da inversão dos valores que me imobilizavam, da recriação transformadora da realidade que me humilhava. Minha vida foi uma convulsão de acontecimentos imprevistos, uma exposição contínua ao perigo, ao fato, à fuga, ao risco.

Viajava pelas circunstâncias da aventura como quem glorifica o poder da fé. Ou o poder de uma alma voltada para a tentativa de incluir a realidade dentro de uma vida sem espírito. Rogava por uma linguagem pela qual eu pudesse transmitir o que sentia, uma linguagem movida por uma torrente de impressões. A linguagem da disponibilidade para o mistério, para o oculto, para a fantasia, para o inconsciente, ou para o que eu chamo de beleza desataviada.

Procurava a liberdade na carne e na alma. Deste modo, iniciei uma fuga desesperada pelos bairros da cidade, sem saber onde essa fuga poderia me levar. Perseguia o direito inalienável à subversão de um comportamento ligado à organização social, política, moral e filosófica que caracterizava um tempo impiedoso que me amordaçava. Abri uma fenda no mundo. Afundei-me no mundo. Caí fora no mundo. Levado, agitado e sugado por uma perplexidade assombrosa.

De repente, me lancei no mundo subterrâneo que as ruas proporcionavam. Os amigos hipócritas me definiam como um marginal vagabundo. Desconfiavam de mim. Duvidavam da minha integridade. Com o tempo, viram-me ainda pior. É que eu já sabia da doença que abrangia a sociedade brasileira e não podia me tornar um ingênuo qualquer. O imobilismo era geral. Enquanto eles estavam à beira do servilismo e o sistema apodrecia em nome de suas maiores imposturas.

Era testemunha de uma realidade irreparável. A miséria generalizava-se. E eu estava lá: um espectro peregrino das calçadas, que corria diferentes partes da cidade, irredutível e persistente, mas desarticulado da sua capacidade mobilizadora. Contudo, com uma vontade enorme de viver todas as coisas, os resultados mais irrisórios. Sentia-me imbuído de um sentimento de preservação pessoal voltado para uma liberdade decisiva. Purgava minha inércia como quem sobrepõe o suicídio contra a própria existência.

Tive com clareza pela primeira vez essa sensação quando soube do enlouquecimento súbito de um amigo chamado Marcos Rabelo. O mais curioso é que ninguém nos comunicou da loucura que o surpreendeu. E ele passou a frequentar a escola com um jeito esquisito de dizer as coisas, contido por uma profunda irreflexão. Até aí tudo bem, nós alimentávamos o prazer da manipulação das palavras. O problema é que as coisas sem nexo que ele falava, ou fazia, eram movidas por um olhar carregado de uma expressão sem nenhum conteúdo, como se não estivesse presente entre nós.

Por volta do mês de agosto, já aparecia com os olhos intumescidos pelo efeito dos psicotrópicos que lhe eram receitados. Marcos Rabelo emagreceu, definhou, quase desapareceu. Fiquei consternado com a sua enfermidade, embora tenha compreendido que o meu pudor poderia prejudicá-lo ainda mais. As pessoas faziam sarcasmo da sua situação, por ignorância e preconceito. E, pouco a pouco, foram excluíram-no do relacionamento da escola.

De minha parte, comecei a tratá-lo de uma maneira grotesca, na frente de todos, o que, a propósito, me eximiu de qualquer cumplicidade que eu pudesse vir a ter com a estupidez que pairava sobre a cabeça da maioria dos professores e alunos do colégio onde estudávamos. Dali por diante, procurei considerá-lo são e a participar do seu diálogo com desprezo pelas construções lógicas do pensamento. Passei a acompanhá-lo todos os dias, talvez porque eu não acreditasse na sua loucura.

Talvez não compreendesse o fato de que ele, tão jovem, pudesse perder a razão. Hoje, tenho a convicção de que a loucura de Marcos Rabelo foi resultado do vazio que o consumia, da sua falta de informação, da inércia que impregnava o Brasil. Sua loucura foi uma reação contrária à realidade que o violentava. Só que aquela loucura se converteu no maior dos desesperos. Foi muito além do que ele próprio poderia suportar.

O louco, no fundo, é um desesperado inocente. E ele até que cumpria o papel quixotesco que representava. Havia desespero igualmente em mim. Contudo, com uma única e cruel diferença. Em meu desespero, habitava um estoicismo ávido de ignomínia pela ingenuidade. Disso, não abri mão nunca. Jamais!

****

Dentro da violência descontrolada daqueles dias, comecei a me afastar do mundinho medíocre que preservava minha integridade moral e cívica. Por essa ocasião, conheci muitas personagens estranhas e carismáticas: malandros, trabalhadores, prostitutas, alcoviteiros, jogadores, bandidos, assaltantes, traficantes, viciados, artistas, hippies, punks, estelionatários, escritores, passistas e macumbeiros. Cada qual com a sua faceta irrisória da verdade do mundo.

Toda experiência que eu tive nas ruas por volta dos meus quinze anos me valeu para compreender que a verdade é construída por cada pessoa em particular. O que eu quero dizer é que cada um é quem sabe de si e compreende a verdade conforme suas próprias conveniências. No entanto, eu acreditava em uma verdade absoluta e tentava segui-la obstinadamente, que era a verdade de não se ter verdade alguma. A única verdade que eu pressentia era o fato de a gente existir e de não haver sentido algum nisso.

A sensação de controlar minha existência no mundo e fazer valer o que eu queria fazer nesse mundo era aceitar o fato de que, simplesmente, eu era uma pessoa que estava a caminho do fim. A visão clara da irreajustabilidade do fim me levou a ter coragem, a pretensão e a iniciativa necessárias para lutar por uma liberdade básica, que era a de ter originalidade, predominantemente, nem que fosse de uma forma trágica ou indissolúvel.

Minha luta era meramente individual. Não tinha nada a ver com a luta das pessoas. Sair do ostracismo o qual me encontrava era uma tarefa praticamente impossível. Não há relato que possa descrever a angústia que me acompanhava. Uma aflição pavorosa espalhava-se por todos os meus poros, pelos meus gestos, cingia a epiderme. Marcava a evocação da injúria que emergia da escuridão com toda a aclamação da incógnita.

Minha heresia era da região do submundo. O paraíso eu havia encontrado nas ruas e na poesia. E por que eu? Por que eu haveria de cometer o sacrifício de imprimir uma individualização merecedora de fé a uma vida supérflua e sem nexo? Nem hoje, passada a experiência transitória, consigo atinar, porque me dei assim tão repentinamente para o mundo. No fundo, eu não tive escolha. Tornei-me prisioneiro de uma busca incalculável, incapaz de uma reação objetiva, mas contrária à grande violência que se estampava diante dos meus olhos.

Deixei-me vagar por um afastamento perigoso, tais as precipitações dos meus pensamentos e a precariedade da minha vida. E quanto mais eu me afundava no pântano das distorções criadas por um processo de fragmentação voluntária, menos sentia vontade de encontrar o caminho de volta, e prosseguia, sem olhar para trás, sempre me mantendo consciente de que não sucumbiria a qualquer ordem social. Tomei a consciência o vício de explorar meus limites, somado a todas as inquietações transbordadas de clandestinidade.

Havia dois eus dentro de mim. O que não ultrapassava as fronteiras da superficialidade e o outro que eu pretendia me tornar. O primeiro não era responsável por nenhuma reação participativa. Mantinha-se no limite da minha própria existência e acontecia no vazio que habitava meu coração. Este meu eu patético aniquilava tudo que eu queria ser e não conseguia.

O outro era um ser que eu não era. Aliás, estava longe de ser. Era a própria essência de uma transformação contrária à sua racionalidade. Precisava percorrer um longo caminho para alcançar este meu eu desumano que não tinha sequer piedade de si mesmo, porque era bárbaro e cruel, pungente e indecifrável. Não era gente. Era um projeto distante que, até então, eu não conhecia. Via-o brotar no ato heroico de uma epopeia que se manifestava através de uma força adormecida. A realidade conspirava contra este ser selvagem, que nascia, pouco a pouco, a cada instante dos meus dias.

****

As nuvens dissipavam-se rapidamente com o vento e formavam figuras geométricas no céu. Um cheiro forte de chuva e asfalto copulava da rua inteira. A chuva cedia espaço ao sol abrasador do início da tarde. Do pátio da escola, ouvia-se o apito da fábrica tocar, enquanto os operários retornavam ao trabalho reclamando do calor que persistia durante todo o mês de março.

Um silêncio contínuo tomou conta do lugar. Apenas uns gritinhos de insatisfação das primeiras crianças que chegavam à escola interrompiam o sossego que se criara com o momento mágico do final da chuva. Na beira das calçadas, a água corria em direção aos bueiros. Pequenas gotas de chuva ainda caíam do céu que azulava espaçosamente. Um ar quente e abafado subia do chão lavado pelo temporal. E as crianças enfileiraram-se ao pé da bandeira para cantar o Hino Nacional.

Sentei-me na última mesa do bar que ficava em frente à escola e, do fundo do estabelecimento, comecei a observar tudo que acontecia lá fora. Percebi que estava completamente sem generosidade. Minhas veias pulsavam dentro da pele branca e suada.

Levantei-me e fui à porta do bar. Olhei de um lado a outro da rua e retornei ao mesmo lugar. Fiz esse movimento três vezes. O suor escorria-me pela testa. Quanto mais inquieto eu ficava, mais minha testa suava. Puxei do bolso da calça o maço de cigarros. Encaminhei-me novamente até a porta do bar. Desta feita, fui à calçada, tirei um cigarro e o acendi.

O calor estava insuportável. Parecia que tudo ia pegar fogo. Virei-me para a escola e olhei as crianças com indiferença. Imaginei-me fora do bairro, fora da cidade, fora do país. Naquele momento, percebi que a vadiagem havia se tornado o hábito de uma devoção incalculável.

Todas as tardes, eu ia até o bar gastar minhas preciosas horas de culto ao vazio. No entanto, essa tarde foi diferente. Uma aflição maior apertou-me o coração. Eu queria tomar uma decisão. Mas uma sensação de insubstancialidade muito grande dominou meus pensamentos.

Um menino e uma negra atravessaram a rua de mãos dadas. Uma adolescente de cabelos na cintura entrou no bar, pediu uma Coca-Cola e sentou-se na primeira mesa, junto ao balcão, com o olhar nas crianças que entravam para a escola.

Foram os mais longos instantes de toda minha vida. Mil coisas se passaram em minha cabeça naquele momento. A beleza da adolescente me fez lembrar uma infância que eu mal havia esquecido. Deu-me angústia e excitação vê-la sentada de pernas cruzadas, olhando as crianças, admirando-as.

Ao sair, percorri o passeio lá fora, traguei o cigarro e arrisquei conversar com os malandros. Os malandros, desconfiados, não me deram a menor atenção.

****

Da sacada do sobrado, entre a cadeira de balanço e uma mesa de vidro, Maximiliano podia me ver encostado à parede do bar. Ao franzir a testa, no entanto, como era de seu costume, deixou-se levar, muito provavelmente, por pensamentos e recordações sobre a sua própria vida.

Eu o via me espreitando ao longe. Mas não o cumprimentei. Sequer acenamos um para o outro. Maximiliano causava-me as mais estranhas sensações. Falava muito sobre vários assuntos, com expressões e gestos faustuosos. Tinha um aspecto generoso, uma cara larga e vermelha e um par de sobrancelhas que sustentava os olhos bem abertos. Às vezes, sua cara ficava demasiadamente suspensa. E quando falava, suas palavras soavam como uma grande anunciação.

A cidade vivia o momento de um vazio absoluto, de um fosso interminável. O bairro era a minha única válvula de escape, a esperança com a qual eu podia preservar a adolescência. O velho Max sabia que o que mais me incomodava e o que mais me convencia era a beleza oculta daquele lugar perdido na cidade e o sentimento de violação do caos que, aos poucos, percebíamos existir naqueles anos sem governo e sem futuro.

Max tinha o talento voltado para a excentricidade. Preocupava-se em usar as palavras sem ter o escrúpulo de lidar com elas. Ficávamos paralisados ao ouvi-lo falar. Fazia comentários sobre a Guerra Fria, a Revolução Espanhola, sobre Picasso e Salvador Dalí, sobre Truffaut, Buñuel e Godard. Declamava poemas de Pablo Neruda e García Lorca. Referia-se à História da Humanidade e do cinema. Apesar da idade, gostava de algumas drogas, além da bebida. Seu rosto cansado demonstrava o aspecto da sua natureza viciosa.

Passei a frequentar o bairro do Jacaré levado por um amigo, de nome Elias. Foi lá que eu conheci o velho Max. Éramos completamente diferentes, um do outro, eu e Elias. Entretanto, nossas diferenças nos completavam.

Vivemos momentos mágicos de insurgência no Jacaré. Elias era rebelde o suficiente para ficar fora de casa vários dias. Dormia ao relento quase todas as noites na varanda das casas da rua onde morava. Distanciava-se da rigidez moral imposta pelo Sr. Edvaldo Nascimento, pastor presbiteriano e funcionário exemplar da Companhia Estrada de Ferro D. Pedro II, seu pai, em última análise.

O pastor era inflexível. Na Igreja Presbiteriana, pertencia à corporação dos mais consagrados presbíteros e não aceitava ouvir falar em hierarquia superior à de sua congregação, quanto mais permitir comportamento "*hippie*" em um de seus filhos. Vivia a vida pacata de maquinista dos trens da Central, coroada pelos momentos de glória a serviço da palavra do Bom Deus e do Nosso Senhor Jesus Cristo.

Ao contrário do pai, Elias era uma cobra venenosa. Às vezes, áspero, quase sempre escorregadio. Seu rosto me fazia lembrar o de Bob Dylan, com a mesma beleza insubordinada. Dentro do trem, ele me olhava com uma frieza carregada de especulação. Era o reflexo do seu comportamento impulsivo. De modo que ele se tornara um amigo fiel, melhor que a companhia dos amigos solícitos.

– O mundo está morrendo – disse-me sem princípios.
– Pode-se dizer que sim – completei, enfaticamente.
– Os jornais estão falando em abertura.
– Estou pouco me lixando.
– Você se orgulha disso?
– Não! Não tenho ódio. É disso que me orgulho.
– Há algo pré-histórico na História do Brasil.
– Por isso não terei medo de ir de encontro ao óbvio.

Nossa juventude estava completamente descompromissada com o futuro do Brasil, numa época em que a inoperância de todos os setores da sociedade emergia de um mar de indefinição e autoritarismo. Pensando naqueles anos de ditadura, uma sensação de inércia ocupa meu corpo inteiro. Lembro-me do encontro da rapaziada no alto do morro, no terreno baldio, onde jogávamos bola, sempre aos finais das tardes, em torno das mesmíssimas coisas: futebol, cerveja, jogo, mulheres, alguns psicotrópicos, pequenos furtos, *rock'n'roll* e literatura.

Aquilo era a luz no fim do túnel. Eu me esquivava das responsabilidades mais simples. Mas era ali que eu conseguia pensar. Mesmo estando jogado dentro do maior de todos os buracos, era ali que eu conseguia me encontrar.

Ao contrário de Elias, seu irmão, Elói, não se conflitava com a moral do bom pastor. Era o que poderíamos chamar de "o filho bem comportado". O cabelo cortado e o resto do corpo suficientemente asseado davam-lhe sempre o aspecto polido que não levantava suspeita nenhuma sobre a sua intenção de manter-se no emprego de técnico da Companhia Telefônica do Estado do Rio de Janeiro. E tudo por uma cama bem quentinha e as panelas da cozinha da casa do venerável pastor. Todavia, Elói era o mais malandro de todos nós. Nossa malandragem era fichinha em relação ao seu comportamento verdadeiramente insidioso. Era uma forma de viver o cotidiano, de repudiar a realidade, a intolerância e o padecimento de ter que suportar a injustiça, a hipocrisia, a idiotice, o ridículo, a mentira, a política e o imponderável.

Elói, não! Valia-se da constatação de ainda existir uma passividade entre nós. Graças a ele, a malandragem assumia o seu verdadeiro sentido. Por vezes, aparecia em uma moto. Outras, em um carro qualquer com mulheres bem vestidas. Roubava carros e motos só para se divertir por uma noite. Depois os abandonava em qualquer lugar. Distribuía chicletes e cigarros para mostrar sua superioridade. Oferecia bebidas e outras drogas. E nós não perguntávamos nada sobre o que ele fazia.

No fundo, nossa redenção era a renúncia diária da desigualdade imposta pelo sistema. Era como se estivéssemos dentro de um mesmo saco de gatos, presos, asfixiados, jovens, marginalizados, conduzidos, abandonados e perdidos a toda sorte, nos becos, nos bares, nas sinucas, nas bocas de fumo, com a vingança pessoal da ociosidade contra o poder da ditadura e do capitalismo.

Fazíamos longas caminhadas pelas ruínas do bairro. Ficávamos horas dentro das fábricas abandonadas, das estações de trens, que podíamos entrar com a maior facilidade sem pagar a passagem. Atravessávamos os becos, os buracos, os trilhos, os arames farpados, as praças e os quarteirões, construções inteiras, pelos escombros, entre o lixo acumulado, entre os gatos e os ratos, entre os cães e o nada. Apenas o cenário.

Havia em Tite o exemplo congênito da desconstrução da nossa juventude. A marca do crime o assombrava. Não suportava ficar uma semana sem praticar um delito mais grave do que a nossa simples omissão. Tinha os movimentos das mãos ágeis. Fazia desaparecer qualquer objeto sem que percebêssemos, sempre. Era um cleptomaníaco degenerado já aos dezessete anos, o que impedia que decifrássemos suas ações.

Em minhas lembranças, vejo Tite mais terno, mais menino, mais distraído. Usava o cabelo rente ao pescoço e uma franja sobre as sobrancelhas. Pouco falava. Sofria de anartria psicológica, provavelmente. Ou, penso, hoje, rindo, ao me lembrar de sua personalidade improvável, que sofria de algum transtorno cromossomial agudo que dividia todo o núcleo celular da sua constituição física. Enfim, era um ladrão compulsivo. Contudo, gostávamos da sua presença e o recebíamos sempre com carinho.

Numa tarde de inverno, estávamos eu, ele, Elias e Lorena, sentados na mesa do bar, em frente ao largo da escola, quando Tite se levantou da cadeira e, simplesmente dirigiu-se ao balcão. Pegou a caixa registradora e saiu correndo, rápido e desembaraçado. Entrou num carro na esquina e sumiu.

O dono do bar começou a gritar:

– Pega! Pega!

Mas ninguém foi atrás de Tite. O velho virou-se para nós e disse:

– É amigo de vocês!

– Mas não temos nada a ver com isso – respondeu Elias, sorrindo.

Lorena caiu na gargalhada.

Elias exclamou:

– É louco!

– Onde ele mora? – perguntou o dono do bar.

– Não somos dedo-duro – disse-lhe Lorena. – De mais a mais, não somos culpados. Ele é assim mesmo. É doido!

– Ora, poupe-me a falsidade! – respondeu o velho. – Isso não vai ficar assim, não! Eu pego esse malandro.

Tite havia construído um barraco na encosta do morro no terreno baldio onde jogávamos bola. Em pouco tempo, mais dois ou três barracos apareceram por lá. Lembro-me que havia ido à sua casa três dias depois de ele ter roubado a caixa registradora do bar. Aparecemos à noite, eu e Elias. O barraco de Tite era todo decorado com colagens de modelos e atrizes nuas. Escutamos rádio. Bebemos vodka e cerveja. Conversamos, pela primeira vez.

– Sou marginal. Estou decidido a não viver uma vida normal. Não tenho a mesma sorte sua – disse-me isso olhando no fundo dos meus olhos.

Não respondi. Acendi um cigarro. Recostei-me na parede junto a uma foto de Nicole Puzzi. Levantei-me, calmamente. Abri a porta do barraco e pude ver o céu pontilhado de estrelas. Pedi licença e fui embora.

Naquela noite percebi que o tempo tinha um valor descomunal, apesar de estar aprisionado a ele como o seu refém mais insurgente. Percebi que o mundo não é feito de gente. O tempo parou, enquanto eu descia a ladeira do morro e me encaminhava para a avenida principal para tratar de dar o fora daquele lugar. Percebi que o mundo não é feito de olhos. Vaguei pelas ruas do subúrbio por algumas horas.

Percebi que o mundo não tem coração. É feito de escombros permanentes. A verdade se apresentou tão cristalina que jamais esqueci aquele momento. Percebi que o único investimento possível era mesmo a liberdade.

Não sei se sabia alguma coisa. Não sei se entendia a forma pela qual a realidade se apresentava diante dos meus olhos e pela qual eu me opunha com toda força contrária à sua brutalidade. Eu sabia que não era nada com as coisas que pensava. Mas, naquele instante, percebi que a minha vida seria assim: um diálogo sem fim. Passei por todas as esquinas do bairro, indo perambular na linha do trem. Sabia que jamais me afastaria da esperança de que um dia o destino preenchesse o futuro e me fizesse emergir da sujeira toda que eu testemunhava.

Quando voltei ao bairro, depois de uns quinze dias, fiquei sabendo que o dono do bar mandara invadir o barraco de Tite e que deram oito tiros nele enquanto dormia. Mesmo assim, o malandro não morreu. Ficou internado vários meses no Hospital Salgado Filho. Ao sair, entrou para o tráfico. Anos mais tarde, voltei até lá por curiosidade nostálgica, sem que ninguém percebesse minha presença. A encosta do morro, no alto da ladeira do campinho de futebol havia se tornado uma enorme favela. Fiquei assustado.

Lembrei-me, então, do dia em que fomos assistir *Juventude transviada*, de Nicholas Ray, com James Dean e Sal Mineo: o tema irrecuperável da nossa juventude delinqüente, sem moral, sem objetivos políticos, sem religião, sem filosofia. Tite passou toda a projeção escarrando na tela à média distância na primeira fila da sala do cinema. Foi engraçado, porque ninguém ousou fazer qualquer reclamação, embora a sala estivesse cheia. O cuspe de Tite fazia uma curva ascendente sobre a luz do projetor e parecia cair dentro da cena. Tite cuspiu o tempo inteiro na cara de James Dean.

Outro acontecimento que não me sai da cabeça ocorreu numa madrugada de verão. Entramos num carro preto, dirigido por Elói: eu, Elias, Lorena, Desidério e Tite. Andamos quilômetros pelas avenidas. Passamos no centro do Méier até chegar a Quintino. Elói parou o carro num posto de gasolina para abastecer. Mas foi só um pretexto. Elói e Tite saltaram do carro e renderam os frentistas, cada um com uma pistola. Assaltaram o posto em menos de três minutos. Saímos em alta velocidade. De retorno ao Méier, pedi para parar o carro. Desci e me despedi. Riram-se todos. Lorena estava histérica. Pôs-se a berrar com a cabeça para fora da janela.

– Quero ficar!

O carro sumiu em frações de segundos.

****

Lorena tinha uns quinze para dezesseis anos quando eu a conheci. Morria de atração por aquela morena de cabelos lisos, trançados em estilo *hippie*. Às vezes, usava o cabelo tipo Maria-Chiquinha. Eu notava o vão branquinho de sua nuca e ficava logo excitado. Ela namorava Desidério, que era um cara dócil ao extremo com os amigos. Desidério era bom de briga. Por isso, não me atrevia assediá-la, embora nossos olhares se entrelaçassem todas as vezes que nos encontrávamos.

Despedi-me do Jacaré, quando fui à sua casa sem avisá-la. Bati a campainha do sobrado ao lado do clube onde íamos dançar aos sábados à noite. Ela atendeu o interfone com uma voz de sono. Assim que me viu, fui logo dizendo que queria conversar com ela sem que ninguém estivesse por perto. Lorena disse simplesmente que sim. Andamos até o final da rua da fábrica de biscoitos. Havia um galpão abandonado no fim da rua. Ajudei-a pacientemente a pular o muro. Quando ela pulou, passei as mãos leves sobre suas nádegas, bem devagar. Pulei o muro em dois tempos. Caminhamos de mãos dadas até o canto direito do galpão, de onde não dava para sermos vistos.

Ela disse cinicamente:

– Do que se trata?

Interrompi sua fala e seus gestos altivos. Coloquei dois dedos em seus lábios. Puxei-a pelo quadril até encostá-la entre as pernas. Lorena sentiu minha excitação e mordeu fortemente meus dedos. Pus a mão esquerda dentro da saia massageando a bundinha lisa. Soltou um gritinho e perguntou:

– O que você quer comigo?

Eu respondi:

– Nada.

– Nada não vale. Vamos fazer isso direito. Mas fale tudo que tiver dentro da sua cabecinha fértil.

Beijei suavemente seu rosto durante algum tempo. Coloquei minha língua em sua orelha e mordi o brinquinho de ouro, dizendo-lhe ao pé do ouvido:

– Vou fazer com você o que eu sempre quis. Vou comer você, nesse lugar imundo, assim, do jeito que você quer ser: tarada e louquinha, não é?

– É...

– Você quer ser louquinha, meu bem?
– Quero! – exclamou baixinho.

Lorena era uma menina de extrema beleza. Por um longo tempo, fiquei imaginando a mulher encantadora que deve ter-se tornado. Tinha os pelos volumosos e um delicioso clitóris espetado para fora. Olhos esverdeados, a boca impávida, sobrancelhas grossas, lábios firmes e rosados. Disse-me que me amava desde o primeiro dia em que me viu e que ninguém nunca havia tocado nela daquele jeito tão sórdido e carinhoso, ao mesmo tempo.

Gritou:
– Me come!

E eu respondi, sarcasticamente:
– Não!
– Me come, por favor! Quero ser toda sua, aqui mesmo.

De repente, ela abriu o vestido e subiu com uma devoção impecável. Deu para perceber o quanto estava molhada. Soquei-a, ininterruptamente, de costas, de lado, de frente, de quatro, até sentirmos o prazer e cairmos no chão, esgotados. Eu tocava meus dedos em cada uma de suas partes íntimas e conferia cada gesto do seu corpo como se fosse a última expressão de amor no universo inteiro. Beijamo-nos várias vezes. Depois a levei até sua casa e decidi nunca mais ir àquele lugar.

****

Quando assisti ao filme *O cão andaluz,* de Luiz Buñuel e Salvador Dalí, o impacto foi tão forte que me definiu. Nada abalou minha sensibilidade mais do que aquele filme. A imagem da pupila cortada por uma gilete era a metáfora da desconstrução de uma sociedade obsoleta, a visão da normalidade cortada pelas impressões mais profundas do ser. Eu já ia ao cinema com frequência no Estúdio Paissandu, no antigo Veneza e em cineclubes espalhados pela cidade. O centro das discussões era a *Nouvelle Vague* e o Cinema Novo. O contato com a obra de Godard também teve um impacto estrondoso em minha vida.

O que me impressionava em Buñuel e Godard era a motivação da descoberta de uma nova ordem, diante de um mundo que estava impiedosamente se globalizando. Durante esse período, assisti toda a obra de Chaplin em um cinema na Tijuca. Eu entrava na primeira sessão e saía na última. Esquecia as aulas. Amo Charles Chaplin. Detestava as aulas.

Quando li o livro *Poesia Experiência*, de Mário Faustino, foi o rompimento definitivo com a normalidade. Havia assistido a *Terra em Transe* e não tinha percebido que parte dos diálogos era do livro de Faustino. Tempos depois, ao rever o filme, percebi. *Poesia Experiência* foi a porta aberta, o elo transmissor para a absorção de um mundo caótico que se apresentava com a contemporaneidade.

Vadiei pelas ruas durante todo esse período. Não posso dizer que tenha morado na rua. Mas, por toda a minha adolescência e em boa parte da fase adulta de minha vida, fui coagido a estar nas ruas mais da metade das horas úteis de cada dia e noites inteiras. Foi uma barra pesada viver o final dos anos 70. Mas suportei com uma admirável resistência.

Minha vida era o acúmulo de uma série de encontros imprevistos. Jamais esquecerei aqueles dias cinzentos movidos somente por uma miserável sensação de estar vivo. Esquivava-me da realidade áspera daquele momento da História do Brasil. Eu precisava da aventura como quem precisa de um copo d'água para matar a sede. Meu interior era do tamanho de um oceano que irrompia o continente adentro provocando uma devastação incalculável. Estava envolvido num jogo maldito e perigoso. E sabia que a hora do retorno poderia me faltar no momento em que eu mais precisasse.

A necessidade de romper com o estado de coisas que me imobilizava foi resultado de uma exigência da minha própria imaginação. Emergiu de um determinado momento que eu não me lembro mais exatamente qual foi. Mas foi a partir desse instante que eu me tornei inseparável dessa exigência e fiquei fascinado por ela.

Na verdade, sempre me opus à sua negação dentro de mim. Refiro-me àquilo que um homem tende a ser, ainda que sob a intervenção da ditadura e da falta de liberdade. As raízes do autoritarismo no Brasil vinham de outros momentos despóticos que influenciaram as gerações passadas à força do ódio e da violência. Romper com o resultado dessa arbitrariedade era o meu maior objetivo.

A violência no Brasil está marcando a luta das classes menos favorecidas por seus direitos e pela terra. As raízes dessa violência estão na estrutura econômica, social e agrária do país, da qual uma minoria detém milhões de hectares de terra e a maioria não a tem sequer para plantar o que comer. Uma minoria tem acesso pago à educação de qualidade e a maioria nem termina o curso primário ou secundário. Há uma luta explícita pelo espaço político e cultural por parte de milhões de brasileiros, cuja história está alçada na posse da terra e em melhores condições de trabalho e acesso aos meios de produção e educação.

A escravidão determinou a formação da sociedade brasileira. Suas raízes ficaram presentes sobre a realidade do Brasil e expressam o desejo de que todos caminhem no sentido da reflexão de uma reparação consistente. Os povos indígenas, os trabalhadores rurais e a maioria dos negros em nosso país estão percorrendo o caminho de simples coadjuvantes na sociedade. Vivemos num ambiente minado pela violência e pela discriminação, o que reflete uma realidade subordinada às relações perversas de segregação em suas mais diferenciadas dimensões.

O caminho brasileiro é a reforma agrária e da educação. Enquanto não houver uma revolução no Brasil com o sentido de educar seu povo e lhe dar terra para plantar, não haverá desenvolvimento, liberdade ou justiça social.

Por isso, tornei-me um autodidata. Chorava lágrimas de crocodilo para chegar a uma inflada conclusão. Mergulhei no vazio impessoal do mundo, sem qualquer espécie de pudor que viesse sobrar da situação. Procurei afastar a intolerância com uma vigília disciplinada como quem usa uma droga esperando o efeito eterno da alucinação. Vivi uma vida intensa, mesmo dentro da mais ignóbil monotonia, porque havia a poesia e todas as coisas. Precisava extrair do mundo um sentimento de puro otimismo. Expurgava esse sentimento a cada dia, a cada hora, a cada instante. Era como se fosse minha cachaça, meu ópio, minha religião.

****

Por falar em religião, devo dizer que eu nunca me senti um crente. Consegui me livrar do culto a Deus, logo aos seis anos. Se Deus existia ou não, isso não tinha a menor importância. E eu decidi não fazer a primeira comunhão, por isso mesmo. Conto esse fato por ter sido a primeira grande decisão da minha vida.

Em compensação, as passagens bíblicas eram-me contadas por minha mãe, na hora que se fazia o jantar. Elas me fascinavam porque eu desfrutava de um passado irresgatável e nelas estavam contidos todos os estigmas da sociedade moderna: o poder, a ética, a crueldade e a possibilidade de reestruturação da consciência.

Não tinha uma visão clara dessa imagem na época. Era muito pequeno para isso. Mas lembro-me muito bem de que o que mais me interessava era o aspecto ativista da história de Jesus. Mais tarde, eu viria absorver ainda mais o fato de viver afastado de qualquer princípio religioso. E, por incrível que pareça, meu melhor amigo veio se converter a Hare Khrisna.

Ricardo Karam era um sujeito que possuía um talento especial para a música. No ano de 1978, nos refugiávamos, em São Paulo, da inércia que corrompia o Rio de Janeiro. Só Deus sabe o que esse período nos causou. Vivíamos de universidade em universidade. Descolávamos de tudo um pouco: dinheiro, sexo, abrigo, cigarros, comida e bebidas... Em troca, só oferecíamos a manifestação do irracional sobre o positivismo que caracterizava a ideologia dominante no Brasil. Passei a sentir, mais intensamente, os efeitos da ditadura, a partir desta fase. Vivíamos exilados em nosso próprio país sem termos ao menos cometido um crime político.

São Paulo foi a universidade da sobrevivência. Moramos em vários pontos da cidade. Um lugar de que não me esqueço foi um quarto alugado de uma pensão que ficava no meio da Avenida São João. Só cabia uma beliche. Quando acordávamos, ficávamos sentados com os pés encostados na porta. O dono era um alemão severo, com o rosto comprido e carrancudo. Criava uma jaguatirica amarrada a um ferro na sala.

No primeiro dia, tivemos uma reunião na qual o alemão expôs as regras que deveríamos adotar para morar em sua pensão: "Não falar". "Não ligar o rádio". "Não levar mulheres para o quarto". "Não receber visitas durante a noite". "Não ficar transitando pela pensão durante o dia". Eu não prestei a menor atenção em qualquer uma das suas palavras. Olhava para a jaguatirica que me olhava, reciprocamente, passando a língua bem devagar pelos bigodes.

Na manhã seguinte, acordei e fui ao banheiro. Havia uma fila tão grande que eu tive que esperar a fila se dissipar. Percebi que havíamos alugado um quarto só para as nossas mochilas. No outro dia, entrei para uma academia de biodança convidado por um grupo de meninas da FAAP. Depois de uma semana, saí de lá com três namoradas. Passei a dormir cada noite, na casa de cada uma delas. Salvei-me do banheiro imundo da pensão da Avenida São João.

Nesta época, só me alimentava de livros. Com toda a inacessibilidade da minha geração, podia ter-me tornado um ladrão. Mas a única coisa que roubei em toda a vida foi livro. Roubava os livros que queria ler das principais livrarias de São Paulo. Confesso que não tinha dinheiro para comprá-los e ficar sem eles era inadmissível. Roubei muitos livros. E não me arrependo disso. Li todos. Suguei-os. Explorei-os. Roubá-los foi uma superação. Não tenho a menor vergonha de fazer uma afirmação como esta. Os livros salvaram-me a vida. Foram íntimos, amigos, companheiros. O estímulo para compreender os livros roubados era ainda maior do que os lidos em bibliotecas. Mas só roubei os especiais, aqueles os quais realmente desejava possuir: Pessoa, Sartre, Whitman, Joyce, Lorca, Faulkner, Graciliano, Guimarães Rosa. Usei o tempo útil e vago da juventude em bibliotecas e em campos de futebol. Lia por fome de ocupação. Jogava bola por uma obstinação orgânica, quase irreparável.

O final dos anos 70 foi um período muito difícil de ser superado. Quem sabe, tenha sido por esse motivo que o meu amigo não suportou a barra e refugiou-se num templo Hare Khrisna, próximo à Avenida Paulista e, em Pindamonhangaba, depois, numa fazenda. O mais curioso é que, na Hora H, para se despedir da vida mundana, talvez, ele se aproximou de uma ninfeta que eu namorava. E eu nem sequer me aborreci por isso.

A conversão dele se deu como uma regra de um jogo, enfaticamente. Mas ele não teve a coragem de assumir a decisão na minha frente. Esperou que eu viajasse para o Rio, num fim de semana, e quando voltei, lá estava ele de cabeça raspada, orgulhoso de si, com um cotoquinho de cabelo no alto da cabeça, espocando um remorso esnobe por ter comido minha garota, e ainda por cima, cantando japa. Pedi a ele que refletisse um pouco sobre a sua decisão. Mas foi inútil. O cara teve a coragem de perder um ano e meio de sua vida com a interação amorosa com o Ser Supremo.

Chegou um momento em que me senti completamente aviltado. Essa sensação, eu sabia, era fruto das maiores anomalias que eu havia dolorosamente estocado com o tempo. Estava imobilizado. Destituído de uma vida útil. Sentia-me um inválido. No entanto, o fato de aceitar viver com a consciência de que caminhamos irredutivelmente para o desaparecimento do nosso corpo, sem o amparo de Deus e da imortalidade, não permitindo que a vida passe imune a essa fatalidade natural, foi uma grande vitória que me afastou definitivamente do conceito de preservação da eternidade.

O meu maior empreendimento era a liberdade.

Por ela, sim, valia a pena viver. Lutar para não me deixar escravizar e desafiar, com todas as forças do meu ser, o mistério da imaginação, essa era a minha razão de viver.

****

De São Paulo me afastei amargamente e sem querer. Eu estava jogando uma pelada, a convite do Gatto Félix, com os Novos Baianos, no campo da USP, quando nos chegou a notícia da morte de Glauber Rocha.

Na verdade, havia acertado com o Gatto minha participação na pelada para conhecer Luiz Galvão de perto, o poeta do grupo, e entender qual era a dele, o seu jeito de poeta, etc. Percebi que, embora não conhecesse João Gilberto e, por isso, não poderia dizer ao certo, tinha a impressão de que Galvão se tornara um pouco parecido com o genial Joãozinho, no seu temperamento de ser a maior estrela da música popular brasileira. Mesmo diante da tragédia do Glauber, apesar da perplexidade que permanecera em Galvão, ficaram expostas, ali, naquela tarde, a bossa e a pulsação de Juazeiro, imortalizadas no violão de João Gilberto e nas letras do poeta.

O jogo foi zero a zero. A bola não entrou. Ficamos chocados com a morte do Glauber. De noite, fui para o Teatro Bexiga e um amigo me ofereceu uma viagem inesquecível que acabou me levando ao Rio, completamente emocionado com a morte do cineasta. De manhãzinha, fui ao seu enterro, participar de longe, com o meu anonimato, da representação da decadência brasileira.

Dei um abraço afetuoso em Darcy Ribeiro. Disse-lhe algumas palavras e percebi que infelizmente um tempo havia acabado com o desaparecimento do artista, que o Brasil caminhava na direção da sua absoluta falta de criatividade construtiva. Mais tarde, o Brasil ia se tornar o país de uma abertura confusa e amplamente controladora.

A abertura brasileira para a democracia, certamente, ainda, não se completou, porque não estamos definidos institucionalmente. Depois da frustração das eleições indiretas, um fio de esperança veio com a Constituição de 88. A Constituição promulgada em 5 de outubro de 1988, após dezenove meses de trabalho entre os constituintes, refletiu as contradições e os avanços da sociedade civil e do Estado brasileiro, pós-transição democrática.

Mas os grandes temas não foram resolvidos pelo voto. Ficaram para ser definidos pelas leis complementares. Neste sentido, a elaboração da Constituição estava apenas começando. E era evidente a necessidade da população brasileira de se manter mobilizada para reforçar sua organização.

Ficou claro em 1988 que, na história da formação dos partidos brasileiros, sempre houve um processo de apropriação das ideologias de esquerda. Essa apropriação se deve ao fato de que, no Brasil, a ação política se desenrola sob a prática das alianças de alguns setores da esquerda com outros setores do Poder. Eu analisava esse processo sob o ponto de vista da dominação.

Esse país tem uma tradição de dominação pela elite do capital desde sua descoberta. Nunca tivemos a oportunidade de organizar o país politicamente. Isso não vinha sendo feito através da História do Brasil, até o momento em que descobrimos a televisão, que é o maior meio de comunicação social descoberto pelo homem. Mas que funciona, de tal forma, a serviço do capital e do imperialismo. Ou seja, das forças hegemônicas que dominam o Brasil.

Por tudo isso, se tornou muito difícil, ou quase impossível, conseguir organizar partidos políticos autênticos pelos quais sejam representadas efetivamente as classes mais empobrecidas da nossa sociedade. Em primeiro lugar, porque as práticas dos golpes militares e da intervenção do Estado, com a ditadura, não permitiram que se organizasse o país institucionalmente.

Não só por esse lado tem funcionado a arbitrariedade, a organização do poder do Estado e do poder imperialista, mas, também, através de uma campanha muito forte e muito bem organizada e de um pacote cultural muito bem elaborado nos meios de comunicação, principalmente, a televisão, que levou à descredencialização do processo político e democrático em parceria com os políticos de carreira.

O objetivo desse pacote é o adestramento da população brasileira economicamente ativa a um tipo de comportamento social consumista, que acaba tornando os indivíduos instruídos simbolicamente dentro de um comportamento moral, ideológico, religioso e politicamente medíocre.

****

Quando voltei a São Paulo, sem ter onde me hospedar, fui para o alojamento de um conhecido na USP, em um dos prédios condenados pela Defesa Civil. Estava dormindo atrás de um biombo, quando escutei o camarada sendo comido por outro cara. Fiquei imobilizado. Aos poucos, fui catando minhas coisas. Antes, porém, de bater a porta, tropecei e caí no chão. Os dois ficaram parados, grudados ainda um no outro, sem se mexer. Fui direto para a rodoviária. Peguei o ônibus para o Rio de Janeiro. E nunca mais voltei a São Paulo naquelas condições.

Quando cheguei ao Rio, resolvi dar um tempo numa praia e, em quatro dias, havia alugado uma casinha na Praia Grande, em Arraial do Cabo. Morei quase um ano na Praia Grande. Vivia na praia, lendo livros, vadiando. Andava pela areia e nas trilhas dos matos. Levava uma vida pacata, da casinha para a praia, da praia para a casinha. Não ia nem mesmo ao arraial. Mal percebia a movimentação das pessoas.

Até que um dia essa rotina se irrompeu. Uma menina com o rosto aflorado pelo erotismo adolescente entrou no meu cotidiano como se fosse uma visão irreconhecível. A graça infantil de Regina levou-me à redescoberta de todas as coisas. Tive que me reinventar de novo, já que eu estava quase me transformando em planta, por não falar com ninguém.

Avistei-a sentada na proa de um barco ancorado na Praia dos Anjos. Os olhos transmitiam uma beleza desassociada da realidade do mundo. Seu corpo era sólido como uma árvore, uma visão tão jovem e agradável, que eu resolvi dar um mergulho e ir nadando até o barco, pensando, minuciosamente, no que ia dizer àquela criança que absorvia a totalidade do tempo.

Aproximei-me e fiquei boiando diante dos seus olhos. Depois, pedi para sentar na proa, ao seu lado. Ela consentiu sem fazer resistência. Percebi que não desaparecera nenhuma impressão vegetal que antes havia me possuído. Sentei-me no barco. E não lhe disse nada. Acho que foi essa falta de expectativa que a impressionou.

– Você é daqui?

– Não.

— De onde é?

— Do Rio de Janeiro.

— Eu já o vi por aí.

— É? Mas, como? Se eu ainda não havia percebido a sua beleza de planta – perguntei sorrindo.

— Beleza de planta!? – ela exclamou também perguntando com um gesto no rosto próprio de quem iria me dizer alguma coisa que indicasse o desafio de aceitar minha pequena provocação.

— Você é louco? Ou o que é?

— Não sou louco.

— O que é então?

— Sinceramente, não devo dizer.

Ela riu com uma imparcialidade que me fez ignorar a vida que eu estava levando. Aquela beleza carregada de planetas e astros tão distantes, de estrelas cadentes que passamos a observá-las, juntos, nas noites quentes do arraial, durante os meses que nos amamos, depois da tarde que nos encontramos pela primeira vez, hei-la, na solidez da Praia dos Anjos, na cabine dos barcos, no crepúsculo das tardes, nos escombros, nos matagais, nos casebres, nas sombras das árvores, onde, em todos esses lugares, nos divertíamos sem que ninguém suspeitasse do nosso amor vegetal. Falávamos por grunhidos e interjeiçõezinhas sem sentido, uns gritinhos híbridos, entre os beijos e os abraços que dávamos sem parar, sem ter a mínima noção do tempo.

Resolvi voltar para a cidade depois de ter se esgotado a experiência vegetal do amor de Regina. E fui morar numa colônia em plena Copacabana, na Rua Barata Ribeiro. Antes, havia alugado um quartinho no apartamento de uma velha senhora na Praia de Botafogo. Meu destino tomava uma forma de grandes proporções.

Entrava de mansinho no quarto do apartamento de Botafogo ou no da Barata Ribeiro, sempre com uma garota disposta a me dar o bastante, ao ponto de emitir os sons mais esquisitos. Fui expulso dos dois lugares sem nenhuma hipótese de conciliação. Tudo gritava e reverberava o eco da minha energia obscena.

Para manter minha liberdade, sobrevivia da forma mais informal. Vendia biquínis para mulheres casadas e separadas, e suas filhas adolescentes. Aluguei um apartamento no Jardim Botânico com meu amigo Bolão, que era percussionista da Outra Banda da Terra.

O dia começava e eu ia logo cedo à luta que me mantinha como um sobrevivente morador do Jardim Botânico. Só não suportava mais viver daquela maneira. Carregava mochilas cheias de biquínis e peças íntimas: meias finas, espartilhos, sutiãs, shortinhos e calcinhas.

Era bisonho. Mas era divertido. Acontecia-me de tudo. Incentivava a vaidade feminina e ainda assumia o papel apaziguador de suas menores contradições. Minha preocupação era dar continuidade a tudo o que eu esperava de mim mesmo e não me deixar possuir pela futilidade.

As mulheres promoviam encontros para ver as novidades, chá, biscoitos, café, Coca-Cola. Pulavam da cadeira. Riam e se abriam facilmente. Conversavam sobre suas intimidades na minha frente.

Quando iam embora, havia sempre alguma que dava um jeito de ficar a sós comigo e insinuar uma conversa mais íntima. Eu não me importava com o comportamento de nenhuma delas. No fundo, o que elas queriam era sexo, carinho e compreensão. Permitiam insinuações espontâneas, abraços apertados e beijinhos próximos aos lábios. Eu deixava que tudo acontecesse da maneira mais natural. Foram várias as situações. Não fazia o menor esforço.

Uma vez, conheci uma fotógrafa e ofereci-lhe os biquínis. Ela chamou-me à sua casa. De repente tirou a calcinha e o vestido. Experimentou o primeiro modelo na minha frente. A adrenalina subiu-me à espinha num arrepio delicioso. Não me constrangi. Deixei sua manifestação tomar uma forma clara e definida. A fotógrafa não se conteve. Mudou o biquíni de novo e me perguntou:

– O que acha?

– Bonito – respondi.

– O que é bonito? O biquíni ou o meu bumbum? – virou-se, mostrando-me a bunda dura e lisa.

Investi na fotógrafa com toda a insuficiência da minha situação. Ela me amou com uma fúria rudimentar. Depois, deixou desabar o corpo no tapete da sala. Disse-me, então:

– Bata a porta ao sair.

****

Todo o meu drama resumia-se na necessidade de escrever. Precisava escrever como quem precisa desesperadamente de um copo d'água. Toda ação tem uma reação. E, assim, a humanidade ia se expandindo à deriva. Eu vivia isolado, rebuscando anotações, familiarizando-me com a ação primordial da minha vida.

Optei por libertar um grito que vinha de dentro das profundezas da minha própria desestrutura. Confiei que era o que eu devia fazer. Libertar-me do engano, da inércia e do exagero, sem me importar se um dia alguém viria a ler o que escrevo. O mais importante era o aspecto misterioso da natureza das palavras e a impressão oculta sobre a peculiaridade das pessoas.

Apesar da arrogância da política, da poluição do planeta e da devastação da natureza, eu amava a vida, sem qualquer preconceito, simplesmente pelo fato extraordinário de viver. E só com amor é que valia a pena sentir o quanto ainda estava vivo, apesar da desmoralização.

Toda a desordem da sociedade brasileira, inserida no contexto de guerras e devastações mundiais, não me abalava. Resistia à ordem do estado, da política, da religião, da História do Brasil repleta de escravidão, de ódios, de mentiras, saques, sangue e corrupção.

Sentia a humanidade em toda a sua existência. O jornaleiro, o padeiro, o engraxate, o taxista, a balconista, a puta, a menina da escola, o bombeiro, o maconheiro e o malandro eram as personagens que mais me interessavam.

Seguia minha própria dialética, contida de rebeldia e carinho. A sensação que me detinha era usufruir da Terra um sentimento permanente de paixão. Meu projeto era extrair da realidade tudo o que eu percebia, e prosseguir intacto, sem lamentações.

Vivia despido das meias verdades do mundo, das fachadas dos prédios da Zona Sul, das meninas nas academias, dos Hell's Angels, dos pitbulls da histeria, do Hip Hop, dos Sem Terra, dos partidos políticos, da Igreja Católica, da inveja, da Federação das Indústrias, da Rede Globo, da Folha de São Paulo, do Palácio do Planalto, da Avenida Paulista, dos shoppings centers, das campanhas de publicidade, das rádios de funk, de rock e de todos os pagodes, da MTV, dos casamentos reais, da Democracia Planetária, da América Inglesa, da Europa castrada, da Praia de Ipanema, do Leblon, da moda e do Cristo Redentor.

****

Depois, investi numa imparcialidade tola. Afastei-me da Zona Sul do Rio de Janeiro, e fui morar, com meus amigos, em um pequeno sítio, no morro da Caixa D'Água, em Jacarepaguá. Na verdade era uma casa do tempo da República, com um terreno não muito grande, mas cheio de matos e de árvores. Havíamos criado uma banda e montamos nessa casa um estúdio. Ricardo Karam, Otávio Requião, que era baterista do Trio

Elétrico da Bahia, o tecladista Eduardo Borghetti, filho de um diretor da Rede Globo, um guitarrista supertalentoso de nome Armandinho, indicado pelo Bolão, e um contrabaixista do Engenho Novo chamado Jorginho.

O nosso segredo não era a simples aceitação. Interrompemos nossas vidas como a conhecíamos, na tentativa de vivê-las sob a mediação de uma alternativa conjunta. Mas foi impossível. O grupo se apresentou em vários espaços no Rio, e em São Paulo. E acabou com as conversões, à Renovação Carismática, de Eduardo e Armandinho. Cheguei a ir a um desses retiros espirituais, no Alto da Boa Vista, no carnaval de 83, para amenizar a força da iniciativa dos dois. E foi tudo muito engraçado.

Estava cansado de ser jovem. Joguei fora minha vida como se a garantia de uma desintegração total fosse completa. O destino me levava para onde eu não sabia seguir. Só as tardes continuavam ensolaradas no contorno daquela atmosfera estéril. Porém, uma lua havia de tão branca no céu que iluminava os caprichos todos dos meus sonhos e me alimentava de uma energia tão positiva, que, apesar da rebeldia, a lua prosseguia e ia mergulhar no infinito da sua imprevisão, reduzindo a incerteza que me deixava ainda mais consciente. Eu já sabia que uma mentira poderia controlar milhões de pessoas e que, quando vivemos com verdade, tudo é muito verdadeiro também.

Ricardo omitiu-se do fato que o movia: a música. Refugiou-se num casamento com a filha de um fazendeiro em Santa Catarina. Anos mais tarde, reencontrei-o uma vez no metrô. O que aconteceu conosco foi um fato muito estranho. No tempo da nossa juventude, não havia metrô. Talvez, por isso, ficamos calados, paralisados com o ruído da máquina. Quando a porta do vagão se abriu, despedimo-nos, discretamente, sem darmos importância aos dez anos de convivência.

Depois soube da morte de Otávio. Ele havia se suicidado. Deixou uma carta justificando sua decisão de retirar-se do mundo. Fiquei sabendo, tempos depois, quando estive em Salvador, ao procurá-lo no hotel que pertencia à sua família, na Avenida Sete de Setembro. Fiquei profundamente triste ao saber que ele metera uma bala na cabeça.

Desci a Sete de Setembro, palmo a palmo, a pé, em direção ao Porto da Barra, quase imóvel, admirando o sol, que iluminava milimetricamente a Baía de Todos os Santos. Mas já havia um sinal dentro de mim, uma camada protetora, uma espécie de armadura, uma tranqüilidade quase ritualizada, contrária às confusões que me inabilitavam no passado.

Descontei o meu sentimento de piedade em uma morena que conheci no Porto da Barra. Levei-a ao quarto do hotel onde estava hospedado. Trepei horas seguidas, possuído por um ódio superior, o ódio dos místicos, até demover o sentimento que a notícia da morte de Otávio me trouxera. Fiquei extenuado e dormi. Quando acordei, fui ao Pelourinho me esquecer de tudo.

****

A reconstrução da minha personalidade foi penosa. Quando penso nisso, penso também em Antônio, o velho caboclo que me iniciara na arte de possuir um sentimento profundo de consciência. Embora desacreditasse da causalidade exposta por ele, porque desejava viver o mundo dependendo da minha própria racionalidade, não aceitando essa fatalidade psíquica, oculta e misteriosa, no fundo, era assim, mesmo, que eu pressentia como as coisas aconteciam, e me decepcionava por isso, desarticulado do poder da liberdade, diante de uma realidade toda estampada.

Sentia-me refém da engrenagem universal, caótica e inflexível, sem qualquer sentido, e demarquei a qualidade dos meus pensamentos a partir de uma vontade absurda de me possuir completamente por uma energia libertadora que a cada dia recebe o ar que eu respiro.

QUALQUER COISA POR ESCRITO

Do fundo do terreno, atrás das árvores, eu o observava tecendo o *nylon* como uma aranha. Podia sentir sua respiração ao longe. A interrupção de todos os ruídos fazia do silêncio uma ação secular. E a pressão interior que o silêncio provocava era maior que a pressão atmosférica do início da tarde. Um cheiro doce de manga e o ar fresco das sombras das árvores possuíam-me de um espaço imaginário que eu não conhecia.

Lembro-me dos dias que passei à espera de me aproximar por não ter a coragem de abordar Antônio na sua forma mais insolvente. Sua quietude de anfíbio me inquietava involuntariamente. A demonstração da sua força interior dava-lhe formas variadas e era o fator mais perene da sua sobriedade de anfíbio.

Antônio via-me com os ouvidos e escutava-me com os olhos. Ficava mergulhado no silêncio, quase sem respirar. E quando ria, ria um rizinho calado e sem gestos, pois assumia a aparência das aranhas, das lesmas, dos camaleões e das rãs.

Eu já o tinha visto algumas vezes. Mas só quando as frutas caíram das árvores, no outono e choveu, um cheiro úmido de terra, misturado ao cheiro das folhas, das frutas e da água da chuva na lagoa, imprimiu a propriedade do nosso primeiro encontro.

Hoje, ao recordá-lo, sentado na cadeira do meu quarto, escrevendo sobre a hipótese de ter sido aquela chuva de outono a causa de todos os meus pensamentos, sinto surgir da minha consciência a mesma sensação gloriosa daquele momento.

****

Recostado na cadeira de vime exposta dentro da loja do atacado que fizera dele personagem lendária no bairro de Palmeiras em Ponte Nova, Teófilo Couto pensava que a cidade da sua infância não era a mesma dos dias atuais. Para dar acesso e modernidade ao bairro, a construção das principais ruas contrastava-se com as irregularidades das ruelas centenárias do centro da cidade.

Removeram-se árvores, abriram-se ruas largas, edificaram casas de comércios que abasteceriam toda a região. Por essa época, as fronteiras do município não ultrapassavam os limites do ribeirão Vau-açu e a ampliação do seu perímetro urbano já era uma necessidade de muitos anos. O passado tornara-se para Teófilo a memória do suor dos pioneiros.

Em 1851, tinha apenas oito anos, quando o pai e a mãe morreram, quase simultaneamente. O pai, em março. Dormiu e não acordou mais. Em julho, fora a vez da mãe, que parou de comer e definhou como um passarinho preso na gaiola.

Teófilo lembrou-se do seu primeiro ofício. Os homens que trabalhavam na ferraria da cidade uma vez o avistaram quase na entrada da loja olhando para eles. Chovia descompassadamente. Permaneceu parado na chuva. Parecia um garoto abandonado, apesar da altivez que demonstrou. Tinha o chapéu molhado, os sapatos furados e sujos de lama, a calça frouxa e uma blusa larga que lhe cobria os punhos.

Como se não estivesse alimentando nenhuma expectativa e não tivesse a prova da sua intenção de pedir emprego, ergueu o braço direito num gesto nobre e espaçado e disse-lhes com o ar de responsabilidade:

– Quero falar com o dono!

– Não está e nem sei se demora – respondeu-lhe um dos homens com o sorriso seco no canto da boca e um tom de deboche ao piscar os olhos.

– Vai entrar garoto? Ou vai ficar aí na chuva? – perguntou o homem ao perceber que Teófilo era apenas uma criança.

Entrou de mansinho e meio envergonhado sentou-se no chão ao lado de uma pilha de ferro que estava estocada no canto esquerdo junto à porta da ferraria. O homem que o respondeu não mais o tratou com indiferença. Ofereceu-lhe um copo de café com pão e manteiga e um pedaço de queijo.

Teófilo recolheu-se ainda mais para tomar o café e comer o pão e o queijo. Enquanto comia, os homens concentraram-se de novo no trabalho de serrar ferros e empilhá-los organizadamente. Depois de alguns instantes, o dono da ferraria chegou, entrando no salão onde os homens trabalhavam. Assustou-se com a presença do menino.

– Quem é esse garoto?

– Não sabemos. Apareceu procurando o senhor.

– Que deseja? – perguntou-lhe o dono.

– Trabalho.

– Que sabe fazer?

– Nada. Mas eu aprendo qualquer coisa.

– Vai começar com a limpeza.

Ao alvorecer da década de 1860, e já no fim da adolescência, Teófilo resolvera dar rumo ao próprio destino. Naqueles tempos de enormes dificuldades, o trabalho assumia o caráter de uma grande aventura. A busca do sustento e, sobretudo, da afirmação pessoal, dependia da ousadia e de um empreendimento mais do que sobrenatural.

Pensando nos desígnios dessa aventura, decidiu-se por não renunciar às suas esperanças. Sabia das tradições que definiam a Província de Minas Gerais e do favorecimento que a região tinha para implantar o crescimento econômico e industrial, devido às condições naturais de fertilidade do seu solo e das riquezas que pudessem ainda ser extraídas dele, apesar da decadência que o final do ciclo do ouro trouxera, há muitos anos, e da fragilidade do seu povo humilde.

Encorajado pela força que lhe brotava da alma, incorporou-se a uma expedição comercial vinda do Rio de Janeiro. E para lá se debandou, permanecendo na capital por três anos, quando retornou como supervisor da caravana de um atacadista inglês, que vendia e distribuía seus produtos em várias cidades e aldeias do interior da Província.

Era trabalho de muita responsabilidade o de supervisionar o adentramento das caravanas do tal atacadista. Elas alcançavam o interior de Minas Gerais sob o efeito das mais amplas adversidades: São João Del Rei, Queluz, Santa Maria de Baependi, Campanha, Tamanduá, Barbacena, Ouro Preto, Mariana, São Carlos do Jacuí, Sabará, Pitangui, Paracatu, Diamantina, Caeté e, finalmente, Ponte Nova, sua terra natal.

Quarenta anos se passaram e com o lucro dessas caravanas assentou-se definitivamente em Palmeiras. Construiu o prédio do atacado e a casa residencial nos fundos. Constituiu família com Ambrosina, mulher de fibra e auspiciosa, e teve com ela sete filhos: Mário, José de Alencar, Otaviano, Guiomar, que se dizia poetisa, Estela, Soni e Vivi.

Havia em Palmeiras, desde os tempos da antiga fazenda, cujas terras foram incorporadas à municipalidade de Ponte Nova, um homem forte e de aparência bizarra, instruído na arte da selaria. Joaquim Guedes Boaventura era o que se podia considerar um homem de raras ambições.

Fabricava e vendia selas. Orgulhava-se do ofício de artesão. Afirmava-se com altivez em cima do seu cavalo ao sair pelas ruas e pelos campos cavalgando em disparada. Vestia-se com elegância e sustentava uma obsessiva retidão moral, cuja palavra valia bem mais do que qualquer acordo assinado. Escondia sua personalidade atrás das longas barbas no rosto cerimonioso de novo cristão.

Para Minas Gerais convergiram milhares de cristãos-novos perseguidos pela Igreja, nos tempos remotos das explorações auríferas e das pedras preciosas, formando e influenciando, assim, a sociedade mineira. Em Ponte Nova, algumas sesmarias foram concedidas com o fluxo daqueles que abandonavam Mariana e Ouro Preto por causa do esgotamento do ouro.

Várias fazendas foram construídas à base da lavoura e do gado absorvendo os garimpeiros que deixavam as regiões onde o ouro se escasseava. Pequenos povoados foram então se formando com a presença de comerciantes, ferreiros, carpinteiros, tropeiros, alfaiates, seleiros e outros trabalhadores que vinham suprir as necessidades do arraial.

O pai de Joaquim chegou por aquelas paragens, justo nos tempos mais remotos, imbuído pela aventura da extração do ouro e perseguido como integrante de uma raça prostituída e infectada da presença do sangue judeu.

Joaquim tinha por esposa Carolina Isabel que fez de parir, a partir do ano de 1871, dezenove filhos: Arthur, Antônio, José, Maria, Nhanhá, Bia, Cecília, Hortência, Hormezinda, Dolores, Olímpia, Sotim, Adelaide, Cira, Quiminha, Isabel, Ana e dois outros, dos quais não me recordo os nomes agora, compunham sua fileira interminável de filhos.

Joaquim e Teófilo não se conheciam. Às vezes, encontravam-se nas ruas e cumprimentavam-se com cordialidade por causa da formalidade decorrente dos bons costumes e da formação dos homens da região. Por vezes, um aceno. Outras, tiravam-se os chapéus. Mas era raro falarem, um para o outro, um "bom dia", uma "boa tarde", uma "boa noite".

Numa manhã de inverno, na qual chovia uma chuvinha fina e constante, o Sr. Boaventura entrou pela primeira vez na loja de Teófilo Couto. Tragava um cigarro de palha, enfiado em suas longas botas. O chapéu de feltro era de seu uso habitual. Trajava uma calça preta, um paletó bem passado e uma camisa de casimira abotoada até o pescoço. Conheceram-se finalmente. Teófilo percebeu a necessidade de quebrar a formalidade que existia entre os dois e que supunha o ar sombrio de toda uma época. Dirigiu-se ao Sr. Boaventura com um sorriso agradável.

– Bom dia! Fique à vontade. O que o senhor precisar podemos entregar em sua casa.

– É muita gentileza de sua parte. Mas, hoje, desejo pouca coisa. Podemos pensar, mais tarde, em abrir uma conta, caso fosse possível.

– Mas, como não? Será um prazer atendê-lo. Estamos aqui para servi-lo.

A partir desta data ficaram amigos.

Quis o destino que Hortência se casasse com um ferreiro muito simples de nome Sebastião, mas que, no entanto, tinha dentro de si uma dignidade refinada. E que Hormezinda, ainda muito jovem, conhecesse o filho mais velho de Teófilo Couto, José de Alencar, e dele se esposasse.

A obra involuntária do destino resolveu considerar que a união desses dois casamentos pudesse reservar outra união, entre o filho mais moço de Hortência e Sebastião e a filha mais velha de José de Alencar e Hormenzida: meus pais.

Quis o destino que as minhas duas avós fossem irmãs e que se comportassem por toda a vida como duas desconhecidas, mergulhadas nas diferenças pouco comentadas em família.

Meu avô Sebastião Nolasco, o ferreiro, era surdo. O coitado foi atropelado pelo trem. Não escutou o apito da locomotiva que o estraçalhou em segundos. Dele não tenho outras histórias, senão esta da sua morte.

No início de 1924, Joaquim desaparecera desse mundo e Carolina, aos setenta e cinco anos, parecia a mesma do passado, com a mesma vitalidade exposta. Só que um pouco mais desbocada e desinibida. Gostava de emitir palavrões como palavras normais. Teófilo morrera, em 1935, sem remorsos e arrependimentos, feliz da superação que impôs à indignidade da sua infância pobre.

José de Alencar, meu avô materno, o tal filho de Teófilo, segundo minha mãe, era o único homem despojado da família. Generoso com os mais humildes, embora não fosse suficientemente rico, chegava em casa, às vezes, somente com as roupas de baixo, porque doava o paletó, a calça, a camisa e as botas aos mais pobres para cobrirem-se do frio. E ria-se dos comentários voluntariosos de Hormezinda, sempre contrários àquelas excentricidades dele.

Vivia no distrito de Vau-açu e possuía uma pequena fazenda fora da cidade e uma farmácia na praça do distrito, da qual se utilizava para dar remédios a quem pedisse e comprovasse a necessidade. José de Alencar morreu prematuramente, vítima de um enfarto em 1931, aos quarenta e um anos. Eu o tenho em alta conta, muito em função das histórias que minha mãe me contava a seu respeito.

Carolina Isabel, a Dindinha, como era chamada por todos, gostava de comer o "cu" da galinha, na hora do almoço, conforme ela mesma se referia e gargalhava da vergonha estampada na cara dos seus, junto à mesa. Tenho um apego simbólico por Dindinha em decorrência de um fato que nos aconteceu, a mim e a ela, embora já estivesse morta há quatro anos antes do meu nascimento.

Quando nasci, numa noite em que eu estava dormindo no meu berço, minha mãe havia saído com meu irmão, deixando-me sob os cuidados de minhas duas irmãs. Morávamos numa pequena casa no bairro de Floresta, em Belo Horizonte. Elas escutaram um barulho estranho nos fundos da cozinha e correram para a casa do vizinho pela porta da frente.

Quando lá chegaram, contaram o fato, apavoradas. Lembraram, então, que haviam me deixado dormindo em meu quarto. Os vizinhos foram imediatamente até nossa casa e constataram que a porta do quarto estava trancada. Retornaram com uma ferramenta para arrombá-la e assustaram-se com o fato de que a porta estava completamente aberta.

Minha mãe, ao voltar com meu irmão, dispersou o alvoroço. Pediu, entretanto, ao filho do vizinho que fosse dormir em nossa casa, para nos fazer companhia, já que meu pai estava viajando. Na madrugada, minha mãe e minha irmã mais velha escutaram a voz de Dindinha sussurrando...

– Aparecida... Aparecida...

Minha irmã pulou da cama assustada e minha mãe tentou acalmá-la.

De manhã, bem cedo, quando minha mãe foi até o portão, uma vizinha abordou-a dizendo que ela deveria estar feliz com a presença da sogra em visita à sua casa. Minha mãe relutou e disse-lhe que não havia ninguém nos visitando. A vizinha afirmou ter visto uma senhora esbelta de coque e de vestido longo, saindo pelo portão na mesma hora em que ocorreu o fato na noite anterior.

Minha mãe sempre nos contava essa história emocionada afirmando que as características citadas pela vizinha eram mesmo as de Dindinha.

Acho essa história tão bonita que eu não me privo da simbologia que ela contém.

Quis o destino que eu me vinculasse ao espírito aventureiro de uma gente sem destino, com falsos atestados de gênese, para quem religião alguma cabia dentro da sua natureza libertária.

****

Por volta da segunda semana depois da qual tudo havia me acontecido, e norteado de tudo, do caos e do abismo que me desarticulavam, decidi aguçar cada vez mais profundamente minha consciência.

Resolvi retomar a vida por mim mesmo, sozinho. A reconstrução da minha personalidade me custaria bem mais do que a imaginação. Aprofundar, conhecer, saber, isentar, compelir e abolir de mim mesmo a memória de todos os fatos que haviam me nocauteado era a meta a seguir para depois renascer.

Tinha que me esquivar do desastre que havia me abatido, da locomotiva que, no excesso monstruoso de seu peso, passara por cima do meu corpo, sem a menor piedade.

Resolvi voltar para a faculdade e arranjar um emprego. Tinha que estancar a febre e afastar os ruídos intermináveis que me prendiam ao vazio, vencer meus limites e distanciar-me das fronteiras que cercavam as barras da minha prisão. Tinha que ir em frente. Tinha que prosseguir. E assim o fiz.

Precisava cumprir um período na faculdade para me formar e tentar um emprego. Na terceira semana, escutei no pátio da universidade, o comentário de um rapaz que dizia que a revista de uma ONG estava precisando de um redator. Criada no período da ditadura militar e subsidiada por capital inglês, essa ONG era mal vista por todos os setores da intelectualidade. Mas eu estava precisando de dinheiro, e fui até lá saber quais eram as condições de trabalho, pouco me importando com qualquer ideologia.

O editor me expôs que o seu problema era que as personalidades não se prestavam a conceder depoimentos à revista por causa da falta de comprometimento que a instituição tinha com a evolução do processo democrático brasileiro. Entretanto, apesar do fator negativo, ele me garantiu também total isenção na publicação das matérias. Convenci o editor que eu seria a pessoa ideal para a tarefa, e comecei a trabalhar.

Minha primeira incumbência foi cobrir a conclusão dos trabalhos da Constituição de 1988. Já nesta edição, coloquei mais de treze personalidades de expressão para comentar os grandes temas em torno do processo da Constituinte. Ao analisar seu texto e as entrevistas que realizei, percebi que, no mínimo, a nova Constituição brasileira não possuía um traço ideológico claro, definido e moderno, porque ainda servia-se de um caráter notadamente estatizante, no que esse conceito tem de positivo e negativo.

Intuía que a nova Constituição, do modo pelo qual estava sendo apresentada à sociedade, não era nada mais do que a representação do fim do período que começou em 1964.

O movimento de 64 estabeleceu o primado do arbítrio de um grupo restrito de militares, com o apoio dos setores mais conservadores, sob o conjunto da sociedade. Grupo esse que passou, durante todo o período da ditadura, a definir o que era o Estado, como ele se organizava e o que a sociedade podia fazer ou não fazer dentro dele. Esse grande período de tutela teve vários nomes. Primeiro foi Revolução de Março. Depois passou a se chamar Sistema.

Incorporou-se uma doutrina denominada Doutrina de Segurança Nacional. Depois, ainda, essa doutrina entrou em crise. E a partir do governo do General Geisel, tivemos o processo que se chamou Transição Lenta, Gradual e Segura, que foi o reconhecimento da parte desse grupo de que não era mais possível governar o Brasil moderno sob a forma de uma administração centralizadora e divorciada do conjunto da sociedade.

Aí, nasceu um processo de transição mais ainda permanentemente tutelado. Media-se a velocidade e o tempo, o que era e o que não era possível realizar, sob a ótica constante da dominação. E, às vezes, havia, até mesmo, certa regressão. Até que o Brasil chegou à crise final do governo Figueiredo, quando a ditadura entrou num colapso de legitimidade fortíssimo e produziu a expressão Transição Democrática.

A Transição Democrática ainda passou a ser chamada de Nova República. E a Nova República viveu as ambiguidades dessa transição porque, pretendendo abrir espaço à modernidade, na verdade, estava presa a todas as práticas de atuação da Velha República. De forma, que o único processo, evidentemente novo, que se inaugurava no Brasil era a Constituição.

A Constituição restabeleceria o primado das leis e da institucionalidade sobre a força e a coerção. No momento em que promulgamos a Constituição e os Poderes da República se restabeleceram, e no que o Congresso recuperou sua plenitude, é que conseguimos determinar o final do Golpe de 64, abrindo uma nova etapa na história brasileira. Só que não houve uma reforma no sistema político e institucional.

Se analisarmos a História do Brasil, perceberemos que o autoritarismo e a ditadura sempre se afirmaram sob uma forte centralização do Poder do Estado dentro do regime presidencialista. De alguma maneira, presidencialismo e autoritarismo no Brasil sempre foram irmãos de sangue. Se não se mudar o sistema político brasileiro, fortalecendo os partidos, ou se não se jogar a responsabilidade do Poder do Estado no Parlamento, certamente, não será aquele o caminho brasileiro para a democracia. E a classe política impediu que o processo de democratização evoluísse para a responsabilidade parlamentar no momento da conclusão dos trabalhos da Constituição.

É claro que a Constituição incorporou visões progressistas, mas adotou outras drasticamente conservadoras. Protegeu e incentivou as corporações, indo determinantemente contra as próprias tendências mundiais de abertura dos mercados. Criou inúmeras inibições ao ingresso de recursos externos, num momento importantíssimo para a economia brasileira, bastante carente de investimento. O resultado foi dramático com a entrada de Fernando Collor de Mello na tentativa autoritária da abertura econômica e, ainda, mais tarde, com a de Fernando Henrique Cardoso no processo das privatizações, sem representar as necessidades das classes mais pobres, inclusive das próprias classes produtivas, principalmente a industrial.

Hoje, assistimos à sucessão de governos presidencialistas administrando o país sob a tutela escandalosa das Medidas Provisórias, provocando grandes contradições entre os poderes da República.

****

Sou um homem marginal, brasileiro, dos tempos modernos, que vive no Rio de Janeiro, ironicamente chamada de Cidade Maravilhosa, por causa de suas florestas e do mar que banha seu litoral, com lindas mulheres passeando pelas ruas, mas que, à segunda vista, se reconhece uma população cercada pelo escárnio de uma barbárie assustadora.

Queria me desprender do desafio de morar nessa cidade, aceitá-la na cumplicidade da sua miséria, mover-me na direção do peso da sua normalidade. Devia perceber que o Rio cresce como a infecção da AIDS no interior do seu corpo. E que só a nativdade poderá me inserir no estado do seu abandono.

De certa forma, o maior inimigo da liberdade é o poder. O poder econômico, o poder do governo, o poder das armas. Mas sempre com o Homem manobrando a opressão. A natureza não oprime. Os animais não oprimem. O Homem é, no fundo, o maior inimigo dos direitos do homem.

Não sou e nunca fui marxista. Não sofri a ilusão do marxismo na idade própria e consegui ultrapassar, logo cedo, esse mito, chegando ao que eu chamo de "anarquia expandida" pela libertação individual e psíquica. Mas as lutas de classes, que resultam da maneira como a sociedade dos séculos XIX e XX se organizaram, são fatores indiscutíveis que não se podem negar e com os quais se têm que contar, discutir e transacionar.

O primeiro Estado autoritário que o Brasil sofreu e o mais duro foi o de 1937, com a Polaca do ditador Getúlio Vargas. Não foram os governos militares que entregaram uma brasileira à Gestapo, para ser assassinada nos fornos crematórios da Alemanha. Acho importante ressaltar isso.

Creio que a condição econômica da América do Sul favorece essa formação de ditadores e de governos presidencialistas autoritários. É um fenômeno arcaico, que vem assim como um dinossauro, mas, ao qual, a gente sempre se submeteu. Estamos sempre arriscados à presença de uma figura obsoleta e ditatorial, mesmo que sob a égide presidencialista, companheira de Rosas, de Solano Lopes, de Gomes, de Pinochet e daqueles que mataram Somoza, do nosso prezado paraguaio Stroessner e do atual Chávez.

É uma peculiaridade das civilizações não realizadas e de uma estrutura social que ainda está em formação, apesar dos 500 e poucos anos de história de uma entidade geográfica que ainda não completou um ciclo social. De forma que não é um fenômeno somente brasileiro. É um fenômeno peculiar à América Latina e a certos povos da África, da Ásia e, até mesmo, da Europa. Não sei como se pode falar em direitos humanos diante da extrema miséria à qual vivemos.

Que direito pode reclamar ou usufruir alguém que vive da mão para a boca? Alguém que não come o suficiente, que não tem o que vestir, que não se trata, que não educa a si e a seus filhos? Creio que os direitos humanos estão muito diretamente implicados a uma condição social, aos recursos, à assistência e à proporcionalidade de bens, de alimentos, saúde, vida, moradia e educação. Moradia, alimento, educação e saúde são os quatro fatores fundamentais para a dignidade humana. Sem isso não há sentido discutir absolutamente nada, porque são os direitos primordiais que separam o Homem do animal irracional.

****

Criei uma perspectiva de viajar para a Amazônia e conhecer de perto o sistema de ocupação da região. Falei com vários pesquisadores que conheciam profundamente a estrutura de penetração incentivada pelo poder público, a exemplo do professor Orlando Valverde que me recebia, muito gentilmente, em seu apartamento no Leme, varando as noites até as madrugadas, em conversas organizadas, entre mapas e análises das ações dos governos.

Consegui o apoio do empresário João Augusto Fortes para a obtenção de todas as passagens aéreas que eu quisesse dispor. A revista topou publicar as matérias. E eu fui para lá, durante o período que precedeu a campanha presidencial de 1989.

Naquela época, havia uma discussão muito forte sobre as questões ecológicas e a ocupação da Amazônia estava em xeque. Discutia-se o que se chamava de "Internacionalização da Amazônia" e este assunto tornara-se a bandeira do movimento ecológico brasileiro. Conheci Chico Mendes no Rio de Janeiro, trazido pelo pessoal do Partido Verde. Logo em seguida ao seu retorno foi assassinado de maneira brutal. Chico Mendes sabia que iria morrer. E pediu para as autoridades que não o deixassem morrer. Transformou-se num símbolo, no herói nacional pela preservação da Amazônia.

Entrevistei o ecologista José Lutzenberger, ganhador do Prêmio Nobel Alternativo de Ecologia, em 1988 – "The Right Livelihood Award". Esta pauta teria sido uma sugestão do Cláudio Savaget, da Rede Globo, que acabara de entrevistá-lo para o Fantástico, e me passara o contato para que eu pudesse fazer com ele uma matéria mais detalhada. Lutzenberger não dispensou suas críticas pesadas ao processo pelo o qual as autoridades brasileiras estavam conduzindo a devastação na Amazônia.

Quando vim de Porto Alegre com a entrevista do Lutz, tentei dar a ela uma repercussão nacional, justamente na semana da comemoração do Dia Internacional do Meio Ambiente. Telefonei para a redação da revista *IstoÉ* e ofereci a matéria ao seu editor, Maurício Dias.

O cara me disse logo:

– Vem aqui agora.

Eu fui até lá... E a decepção? O sujeito ia lendo a entrevista, contorcendo a cara toda, com o nariz quase escorrendo. Ao final, me disse:

– Não posso publicar uma coisa dessas.

Eu perguntei a ele:

– Por quê?

Ele me respondeu:

– Porque simplesmente não posso publicar.

E eu retruquei:

– Acaso você esperava um tratado da biodiversidade da Amazônia sobre os vários tipos de plantinhas e borboletas?

Peguei os papéis e fui embora.

Sobre os presidenciáveis, quase todos não possuíam uma visão clara e objetiva dos problemas da região. Como se Amazônia fosse outro país, tão longe e distante dos problemas relacionados da pauta do eixo Centro-Sul do Brasil, problemas pelos os quais debruçavam suas maiores preocupações, porque, estes, sim, eram o foco principal da campanha que iria iniciar-se e davam votos.

Finalmente, peguei o avião para Cuiabá, no intuito de ir da capital do Mato Grosso ao extremo norte do Estado, na fronteira com o Amazonas, para uma cidadezinha chamada Juruena, que era, praticamente, a última fronteira agrícola do Brasil.

Numa região de um milhão de hectares, no noroeste do Estado, mais precisamente nos municípios de Juruena e Cotriguaçu, se repetia, com todas as suas falhas e equívocos, o mesmo processo de colonização que vinha permitindo o aumento da devastação da Floresta Amazônica.

O Mato Grosso tinha naquela época 90% dos seus projetos de colonização da iniciativa privada. A maior característica desse tipo de colonização é a privatização dos lucros e a socialização das despesas de infraestrutura. As terras foram concedidas pelo Governo Federal e o Estado criava a infraestrutura viária para a chegada do projeto, enquanto que a empresa colonizadora vendia os terrenos para os migrantes.

A estratégia da colonização agrícola na Amazônia, tanto oficial quanto privada, era a de incorporar a agricultura de mercado a uma série de áreas que estavam à margem da economia. Com o cultivo da soja, a região do cerrado do Mato Grosso representava uma das maiores concentrações fundiárias do Brasil.

Essa geografia se estendia até os limites do município de Campos Novo. Daí por diante, iniciava-se Juruena, a partir da margem do rio do mesmo nome que, juntamente com os municípios vizinhos, deveria criar condições de sustentar todo o Estado em alimentos, com a produção de frutas e verduras.

A colonização estava sendo praticada pelas famílias que saíam do Rio Grande do Sul, Santa Catarina, Paraná e São Paulo e chegavam ao ponto extremo do processo migratório brasileiro. Era uma região altamente viável, se não fosse a desestabilização da agricultura de pequeno e médio porte. O colono médio da região possuía uma área de cinquenta hectares, produzia por volta de cento e cinquenta sacas de arroz ou milho, tinha umas cem galinhas, seis ou sete porcos e umas duas vaquinhas para o seu sustento.

Devido à febre do mogno, da cerejeira e de outras madeiras de lei, o grande interesse pela aquisição das terras passou a ficar por conta das madeireiras. Sabia-se que nessa parte do Mato Grosso, se concentrava a última reserva de mogno do Planeta. Daí, o interesse por parte dos madeireiros. Por outro lado, o garimpo desestimulou os produtores rurais que abandonaram as roças na ilusão de tentar a sorte na extração do ouro e de diamantes. Com os garimpeiros vieram a prostituição e as pessoas de todas as sortes. Roubo, saque, morte, assassínio e o desespero ameaçavam as famílias do Sul que lá estavam. Era uma terra sem lei. E um clima de violência pairava no ar.

Cheguei a Juruena nas altas horas da madrugada de uma quinta-feira. Não conseguindo o voo pretendido de Cuiabá, tive que pegar um ônibus para chegar na data marcada. A viagem foi a pior possível por causa dos buracos na estrada. Dormi num hotel tão infestado de baratas que tive que me enrolar no saco de dormir e ficar o resto da noite, ali, deitado na cama, sentindo as baratas passear por todo o meu corpo sobre o pano do saco.

O dia amanheceu sob o azul límpido do céu. Fui até a porta do hotel olhar a cidade, porque, na madrugada, não deu para reconhecer nada, devido à falta de iluminação. A cidade era uma rua larga de terra e o hotel ficava no fim da rua. Uma padaria, um pequeno posto de gasolina, um bar e a cadeia pública no início. Nada mais. Quando olhei aquilo, dei uma enorme gargalhada e disse-me baixinho: "Era isso que eu queria".

Olhei o céu com profundidade e acendi um cigarro com prazer. Vinte minutos depois, o capataz da sede da Juruena Empreendimentos veio me apanhar numa picape.

– Senhor Nolasco?

– Sim.

– Muito prazer. Seja bem vindo. O proprietário da administradora me recomendou toda atenção ao senhor. Mandou-me colocar à disposição das coisas que o senhor pretende fazer.

– Pois não. Agradeço a hospitalidade do seu patrão.

Partimos em silêncio para a sede da empresa. Depois de me acomodar, confortavelmente, serviu-me uma refeição com frutas, ovos, presunto, queijo, pães, sucos e café. Aproveitei para fazer uma série de perguntas na intenção de mapear o que eu iria explorar a partir do dia seguinte.

Demorou mais de uma semana para eu conhecer a região inteira. Visitei as grandes propriedades rurais, as pequenas e médias fazendas, os grandes projetos agropecuários, as áreas de exploração madeireira, o garimpo e as zonas de prostituição.

Logo no segundo dia fomos à Fazenda São Marcelo do Grupo Carrefour, o maior empreendimento agropecuário do município. Na volta, nos deparamos com uma queimada de proporções tão devastadoras, que tivemos que aguardar na estrada para o fogo diminuir. Só depois de umas três horas conseguimos passar com a picape.

A Fazenda São Marcelo possuía cerca de trinta e cinco mil cabeças de gado, distribuídas em onze mil e quinhentos hectares de mata derrubada, transformados em pasto. A área total era de vinte e cinco mil hectares, dos quais foi permitido por lei abrir doze mil e quinhentos, isto é, a metade da sua extensão original. O projeto foi beneficiado pelo governo e continha a maior superfície desmatada da região. A área somada de todos os colonos não dava a parte derrubada da fazenda.

Foram cinco anos de queimadas sucessivas.

Lembro-me que, para sair de Juruena, foi preciso esperar quatro dias para que a fumaça das queimadas se dissipasse e as condições ideais para o voo fossem retomadas.

Lembro-me, ainda, da decepção do Sr. Vendulino Backes, colono da região, que me disse sobre as condições terríveis que todos os colonos passavam ali. Disse-me com as lágrimas escorrendo pela face que havia vendido sua única propriedade no Rio Grande do Sul para enfiar a família num lugar "tão ou mais parecido com o inferno".

Ao lembrar a angústia que escapulia do rosto do Sr. Vendulino Backes, me vem à cabeça, hoje, ainda mais precisamente do que no ano de 1989, os questionamentos do professor José Lutzenberger sobre as doutrinas básicas da moderna sociedade industrial.

Lembro-me da ira de Lutzenberger que se enojava dos governos brasileiros. Percebo, agora, que a exploração irracional dos recursos naturais, o esbanjamento e o avacalhamento levado ao extremo pela sociedade de consumo são resultados da nossa visão antropocêntrica, e que, isso, nada tem a ver com a civilização. Achamos que somos a única espécie que têm direitos. Isso se tornou uma filosofia dos tempos modernos.

– Todas as demais espécies são, para nós, apenas recursos, ou empecilho, lixo – disse-me Lutzenberger.

Na noite na qual eu o conheci em Porto Alegre, ele teve um comportamento de início muito esquisito, consequência de uma paranoia que fazia questão de não esconder. Não queria receber-me, apesar de termos agendado previamente a entrevista, aquela a qual o editor da *IstoÉ* não quis publicar. Insisti.

Entrei em seu gabinete sem pedir permissão. O professor não teve alternativa e convidou-me para jantar e, atenciosamente, me fez várias perguntas sobre a estrutura política do Brasil. Depois, mais tranquilo, certificando-se da minha isenção, através da obviedade da análise com a qual eu havia traçado um prognóstico da situação política brasileira, resolvera conceder-me a entrevista.

– Quando o pecuarista na Amazônia derruba a floresta para fazer pasto, a floresta para ele é um empecilho. Aquele cosmos de vida, de todas aquelas maravilhosas espécies de interação multifacetada e, ciberneticamente, mais complicada do que tudo que a moderna técnica já conseguiu criar, para ele, é lixo. Estamos esquecendo que a Terra é um sistema vivo do qual somos apenas parte. Se continuarmos com as atuais atitudes, vamos demolir todos os sistemas de suporte de vida. Nossa atual forma de civilização não tem futuro e ameaça acabar com a vida no Planeta.

Lutzenberger disse-me várias coisas que me fizeram pensar na necessidade de se construir um novo paradigma para a Humanidade. Os traços graves sobre as sobrancelhas marcavam-lhe a testa. Sua expressão de vergonha e de indignação me impressionou profundamente. Sua conversa foi um grande ensinamento de amor à vida e repugnância contra o atual sistema em que vivemos.

Não é meu objetivo apresentar aqui os exageros do sistema de exploração econômica da sociedade brasileira. Mas posso, e muito me interessa, e acho que devo fazê-lo, sem a ousadia de contestar a enorme complexidade da realidade que nos cerca, estudar, perceber, discutir e colocar em pauta a complexidade dessa realidade.

A gente devia se dar conta do crime absurdo que está acontecendo no Brasil. E assim assumir a necessidade imediata de reformar o Estado que precisa ser reinventado por causa das enormes inadequações da História e do conservadorismo no qual estamos submersos.

Às vésperas de uma campanha presidencial, depois de um longo período de supressão da democracia, eu, sinceramente, não acreditava na democracia que estava sendo construída no Brasil. Para haver democracia era preciso avançar da democracia liberal para a democracia social. E eu não observava, no processo democrático brasileiro, uma ampla organização dos direitos sociais.

Uma das coisas que faltavam ao Brasil era a capacidade de definir quais as áreas que interessavam, ou não, a intervenção do capital, estrangeiro ou nacional. E isso depende de uma atitude política dos partidos e do conjunto da sociedade civil no sentido de se ter o controle final sobre a participação do capital, cuja questão fundamental é a negociação.

Algo de valor incomensurável que nós nem conhecemos está sendo destruído de maneira irreversível pela estupidez humana e pela indisponibilidade da nossa própria capacidade de pensar a respeito. A Humanidade tem o direito de aprender cometendo erros, mas um dos preceitos mais básicos da sabedoria, antes de arriscar e cometer um erro, cujas consequências sejam inaceitáveis e irreversíveis, é pensar, muitas vezes, em evitar o risco causado por esse erro. Aqueles que permitem a destruição da Amazônia não conhecem nada sobre ela e não sabem nada das consequências dessa destruição.

Já em Juruena, percebi essa contradição ao ter visitado a imensa Fazenda do Grupo Carrefour.

****

Uma das questões sobre a Amazônia que já repercutiam na opinião pública, mesmo de maneira restrita, era o genocídio dos índios Ianomâmis. O país assistia de braços cruzados ao flagelo da nação Ianomâmi imposto pela ocupação de quarenta e cinco mil garimpeiros que exploravam ouro em suas terras, no oeste do Estado de Roraima.

Eu estava em Manaus durante o mês de agosto, e fui cobrir o Congresso Internacional "Necessidades, Pesquisas e Estratégias para o Desenvolvimento Auto-Sustentável da Amazônia", no Hotel Tropical. Tive a sorte de encontrar o líder da ocupação garimpeira nas terras dos Ianomâmis.

O organizador da totalidade dos garimpeiros individuais da Amazônia era um sujeito chamado José Altino Machado. Pareceu-me um homem imponente. Fiz o primeiro contato e ele não se recusou a me receber quando eu estivesse em Roraima e passou-me os telefones.

Manaus saltou aos meus olhos como uma cidade em crescente apreensão, de uma beleza histórica e natural, interessantíssima, mas que, dentre todas as capitais brasileiras, talvez, fosse a maior vítima do crescimento populacional desordenado, o que, de resto, refletia as regras do capitalismo selvagem instalado em sua estrutura econômica, social e administrativa. Neste sentido, Manaus se caracterizava por ser uma cidade sacrificada pela favelização urbana e os altos índices de marginalidade e desemprego.

A diversidade étnica que compõe o Brasil faz deste país o porta-voz de uma sociedade planetária, podendo servir de modelo para o avanço das relações entre os povos em busca da harmonia e da paz mundial. Sinceramente, eu acredito nisso, mas faço uma ressalva de que esta é uma visão romântica. Preciso viver com um sentimento de otimismo, apesar da corrupção, do suborno, da ganância e da violência, que são os inimigos potenciais da verdadeira descoberta da vocação cultural brasileira. Penso nisso, ao recordar o encontro que tive em Manaus com Artur Virgílio.

Para Artur Virgílio, política era um instrumento fundamental para solucionar as questões básicas da Amazônia, foi o que me disse em entrevista na condição de prefeito de Manaus naquela oportunidade. Marquei uma entrevista com Artur, hoje, Secretário Nacional do PSDB, às duas da tarde.

Chegando à Prefeitura na hora marcada, o chefe de gabinete pediu-me a compreensão de aguardá-lo por mais duas horas, devido a um imprevisto qualquer. Respondi obviamente que sim, e fui sentar-me à mesa de um boteco para esperar o tempo passar. Entrei no bar, em frente à praça da Prefeitura, e fiquei ouvindo a conversa dos amazonenses. Não percebi, no entanto, os olhares de uma menina em minha direção. Depois de uns vinte minutos, foi preciso que um senhor me alertasse sobre o interesse da menina em me conhecer. Espantei-me com a beleza mestiça da garota e disse ao sujeito:

— Acho que o senhor está enganado.

— Não estou, não! – o sujeito me respondeu.

— Mas ela é tão menina! – exclamei.

— O senhor é que está enganado. Aproxime-se e verá.

— Se for? Não tenho dinheiro.

— Enganou-se de novo rapaz. Vá em frente. Não tem problema.

No ímpeto, deixei que a menina viesse se sentar comigo. Levantou-se do canto do bar e acomodou seu corpo bem ao meu lado.

– Você é tão bonito.

– Estou envergonhado.

– Não se envergonhe. Só quero um pouco de carinho e atenção.

– Como?

– Conheço um lugar. Vamos até lá?

Paguei a conta, constrangido, e saí sem acreditar no que estava me acontecendo. Deixei que o meu sentimento de espanto congelasse diante do imprevisto e segui a menina por uma rua estreita até o final da rua. Entramos num cortiço vagabundo. No quarto só cabiam uma cama, a cristaleira e um armário. A menina sem nome e sem vergonha tirou a blusa com rapidez. Pude constatar a beleza dos seios pequenos em formação. Sorriu calorosamente e me abraçou.

– Temos pouco tempo. O que você quer, eu posso dar.

Sua respiração acelerou e os bicos dos seios enrijeceram-se. Ela se contorceu e disse:

– Um dia vou ao Rio de Janeiro.

Comecei a roçar bem devagar. Ela insistiu e disse ainda:

– Com força, vai! Faça com força!

Depois do sexo, nos estiramos na cama.

Ao retornarmos, fizemos o mesmo caminho de volta e a menina foi me perguntando tudo sobre o Rio: as praias, as pessoas, Copacabana, os artistas da TV. Comprei-lhe um sorvete e confesso que aquilo me deprimiu. Fiquei nitidamente agitado.

Voltei ao meu compromisso com Artur Virgílio. Pegamos o carro oficial da Prefeitura e ele me levou para conhecer o bairro Mauazinho, na periferia da cidade. Falava e gesticulava como a um rei, junto às crianças que o rodeavam. Percebi a miséria ao redor. E me senti um lixo. Só pensava na caboclinha naquele cortiço. Sabia que ter ido com ela para cama depunha contra o meu próprio equilíbrio.

Aos poucos, fui entendendo o desespero de Artur Virgílio. A questão que fez de me levar naquele lugar sem asfalto, sem saneamento, sem os recursos básicos, sem querer omitir, sem querer esconder nada. Artur confirmava os riscos eminentes do crescimento descontrolado de Manaus. Denunciava uma oligarquia profundamente corrupta que acabara de derrotar nas eleições municipais, comprometida com os interesses antiamazônicos e antipopulares, viciada em reproduzir seu próprio modelo de dominação, de suborno, de propina e de violência.

****

Ao identificar as origens da devastação da Amazônia, em termos atuais não sei o que esse modelo tem acarretado. Sabemos que as queimadas continuam abertamente e em larga escala, e que a situação fundiária está cada vez mais sob pressão. A primeira fase da colonização da Amazônia funcionou como válvula de escape da segurança interna do país. Segundo os analistas, desde 1970, instalou-se na região um capitalismo especulativo. Ao lado dessa estratégia de acumulação de capital ocorreu também uma política de acumulação dos homens. A ideia de controle dos homens esteve sempre ligada à concepção do controle do espaço. Eram as regras estruturais de como funcionava o capitalismo dependente brasileiro. Na verdade, essa concepção manteve-se sempre atrelada à tentativa de esvaziar o sentido das lutas sociais no campo, uma estratégia posta em prática pelos governos militares pós-64, fazendo com que a primeira fase da colonização oficial da Amazônia funcionasse como uma válvula de controle da segurança nacional.

As ideias de controle do espaço e dos homens tinham como meta a fixação do homem no campo. Só que esse objetivo, carregado da ideologia de democratização da terra, não se realizou. Dito isto e visto que os projetos de ocupação tomaram proporções megalômanas, entendo que transformamos a região num espaço cujo crescimento da devastação não tem mais fim.

No Acre, estive nas reservas ecológicas criadas por Chico Mendes. Na verdade, a causa da destruição das florestas do Acre foi a desativação dos seringais nativos. E, curiosamente, isso foi negociado pelo governo brasileiro no final do século XIX.

Os ingleses levaram para o Ceilão e a Malásia cerca de setenta mil sementes de seringa e negociaram, numa barganha com o governo brasileiro, a substituição no Brasil da borracha pelo café. São Paulo ficou com o café e o Acre entrou em decadência com o desestímulo da produção da borracha. Em Rondônia, muito próximo de Porto Velho, Ariquemes era outro lugar em que a loucura e a insensatez imperavam.

A história da abertura do garimpo do Bom Retiro, em Ariquemes, era um escândalo. O Estado ficava praticamente com todo o dinheiro conseguido da arrecadação dos impostos sobre a mineração. Como sempre, o garimpo dava muito mais prejuízo do que lucro à comunidade.

O grupo Paranapanema representava a maior ameaça aos índios da Amazônia. "A Conquista do Espaço Pela Lei" era o lema da empresa que, já tendo consolidado a exploração nas terras dos índios Tenharins e dos Waimiris/Atroaris, no Estado do Amazonas, há poucos anos, vinha investindo nas terras dos Tukanos, na Serra do Traíra, no Alto Rio Negro. Desde o final do ano de 1985, os índios desta região viviam um clima de muita apreensão, devido às invasões dos garimpeiros a mando das empresas do setor.

No Pará, mais devastação. Conheci de helicóptero todo o sul do Pará. O maior movimento de devastação da floresta Amazônica estava concentrado nessa região. O sul do Pará era uma terra de mortes e de destruição. Ainda no Amazonas, subi de barco o rio Negro, cerca de uns cinco dias acima de Manaus. No terceiro dia, não resisti, pedi ao condutor do barco que parasse a embarcação.

Mergulhei de cabeça nas águas do rio Negro e fiquei boiando uns dez minutos no paraíso.

****

Cheguei a Roraima no final da campanha presidencial. Recordo-me dos debates entre o Lula e o Collor na televisão. O bispo Dom Aldo Mogiano concedera-me um alojamento bastante confortável, próximo ao centro de Boa Vista. Procurei saber de Dom Aldo qual era a verdadeira situação dos Ianomâmis.

– O único plano que as autoridades preservam é o da destruição do povo Ianomâmi. Fico com raiva quando penso nessas coisas – disse-me o bispo.

Dom Aldo me fez um resumo bem simples. Disse-me que as autoridades haviam estruturado um plano para a demarcação das terras indígenas. No entanto, esse plano, que vinha em defesa dos Ianomâmis, foi, então, destituído do seu fundamento principal. E criaram dezenove ilhas para torná-lo vulnerável. As autoridades passaram a declarar que a integração dos Ianomâmis era um fato irreversível.

A ocupação garimpeira vinha se dando desde 1975. Mas, a partir de 1986, os garimpeiros invadiram efetivamente as terras indígenas. E foi por causa do desinteresse com que o governo tratou a questão da demarcação da área que Roraima passou a viver um verdadeiro clima de guerra e indefinição.

Antes de terem sido decretadas como área indígena, as terras pertenciam somente à União. E só isso já justificava a invasão, na medida em que à classe garimpeira era permitida a exploração mineral em todos os estados da Amazônia que formavam a primeira região fiscal do país.

O fato é que a omissão do governo, em relação ao problema Ianomâmi, foi o principal agravante do crescimento assustador da massa operária que girava em torno do garimpo. A flutuação normal dos garimpeiros em 1989 era de setenta mil trabalhadores, incluindo todas as áreas mineradoras de cassiterita e ouro, que iam do Tapequém, Maú, Suapi, Parima, Surubá, Surucucus, Urariocoera ao Catrimani.

Segundo o levantamento do Serviço do Exército, cerca de duzentos e setenta mil pessoas dependiam, direta ou indiretamente, da atividade garimpeira. Quem perdia eram os índios, principalmente, os Ianomâmis da área do Surucucus, no que dizia respeito à agressão que sofriam no contato direto com os garimpeiros e o Projeto Calha Norte do Exército. Esta área foi tomada por milhares de homens que estavam aniquilando os índios física e culturalmente. A presença em massa dos garimpeiros afugentou a caça e poluiu os rios, reduzindo drasticamente a única fonte de proteína dos Ianomâmis. As condições de saúde dos índios eram péssimas. Eles passaram a ser vítimas da desnutrição, do surgimento de doenças venéreas, das doenças de pele, da malária e da oncocercose, que é uma doença cujas consequências eram letais para as suas vidas.

Depois do bispo, o segundo contato que fiz foi com o líder dos garimpeiros. José Altino Machado era um sujeito alto, olhos claros, dedos longos e uma barba, sempre por fazer. Tinha uma personalidade que transparecia que o garimpo era um negócio altamente lucrativo.

Zé Altino foi gentil, mas muito desconfiado. Nossa aproximação foi bastante difícil. Recebeu-me em seu escritório numa casa próxima ao centro comercial de Boa Vista.

Na primeira vez que entrei nessa casa, tive uma impressão muito estranha. Havia uma mesa enorme na sala e vários pratos cheios de ouro em pó para serem pesados e embalados. Parecia o ensacamento de cocaína dos traficantes no Rio de Janeiro. Ao me ver tenso, Zé Altino não perdeu a elegância.

– Sente-se, fique à vontade, relaxe. O que pretende?
– Lembra-se do nosso encontro no Congresso em Manaus?
– Claro, perfeitamente.

– Conforme lhe disse, vim fazer um levantamento da situação atual do garimpo.

– Da situação dos garimpeiros ou dos índios?

– Das duas.

– Isso é outro problema. Vocês vêm lá do sul, fresquinhos, e analisam sob a perspectiva da primeira vez. Têm de ficar um pouco para poder entender o assunto. Pense em outra coisa.

– Como assim?

– O que você realmente pretende?

– Perceber o que se passa.

– E de que forma? Entrevistando-me com o gravador ligado? Não senhor! – exclamou com o ar de superioridade.

Conforme ia conversando com Zé Altino, percebi que deveria pensar mais rápido do que ele, por ser um sujeito esguio e insidioso. Para ter acesso às terras indígenas, a única possibilidade seria obter o seu apoio. E para isso, eu deveria conquistar minimamente a sua confiança, no sentido de expor a minha intenção de fazer o levantamento da situação com toda a responsabilidade que a própria situação exigia. Poderia colocar tudo a perder se deixasse transparecer minha ansiedade.

– Da melhor forma possível, sem gravação – respondi depois de pensar alguns instantes.

– Pois bem! Vá embora e nos veremos amanhã na mesma hora.

Cumprimentei-o. Apertei sua mão com firmeza olhando fundo em seus olhos. Levantei-me e saí. Para aproveitar o dia, procurei investigar a questão e obter maiores informações. Lidar com aquele sujeito de temperamento frio era preciso ter munição.

Encaminhei-me ao Departamento Nacional de Produção Mineral e o chefe do órgão me revelou que a situação em Roraima era muito mais polêmica do que se poderia imaginar, já que não envolvia somente a preservação dos índios e a atividade garimpeira em si, mas, principalmente, o interesse econômico das grandes mineradoras.

Vinte e cinco empresas estavam de olho nas terras indígenas, as quais, para os técnicos, representavam um patrimônio mineral no valor de US$ 11 bilhões.

A Amazônia é o único pedaço de terra no mundo que ainda tem a disponibilidade de riquezas incomensuráveis para a distribuição entre populações econômicas e grandes capitais. Era esse o contexto político e social em Roraima.

Em outra parte, talvez, não se tenha mais essa disputa por grandes valores econômicos sobre os recursos naturais. A Amazônia é o lugar onde ainda existe a possibilidade de se ganhar do Estado minas no valor de dois a três bilhões de dólares.

O patrimônio mineral da Amazônia, conhecido e estimado por volume, era, na época, de US$ 120 bilhões. O valor por estimar, no final da década de 80, alcançava a marca de um trilhão de dólares. Os relatórios da Companhia de Pesquisa de Recursos Minerais apresentavam um trilhão e trezentos milhões de dólares. E isso tudo, ainda, por ser distribuído para o sistema, no qual o garimpo não deixava de ser incluído, muito embora representasse a popularização da atividade extrativista.

Apenas na Serra do Parima, na região oeste de Roraima, numa área que engloba sete milhões de hectares, estava concentrado um patrimônio de US$ 11 bilhões e que, até aquele momento, os garimpeiros já haviam produzido cerca de US$ 500 milhões, só com a divisão do ouro.

O chefe do DNPM garantiu-me que muitas empresas atuavam na região como atividade garimpeira e não havia sanções contra elas, apesar de não terem alvará de autorização. Tudo era feito da forma mais irregular possível, por isso o DNPM ficava à margem dos problemas da parte oeste de Roraima, pois não havia nada resolvido a respeito no Ministério do Interior.

No dia seguinte, cheguei ao escritório de José Altino na hora marcada. E ele me definiu, sarcasticamente:

– Lá vem o ecologista-padreco.

– Não entendo - eu disse.

— Porra, você está hospedado na casa do bispo Dom Aldo! Procurei seu nome em todos os hotéis e não encontrei. Resolvi descobrir onde você estava.

— E daí? Deu para espionar agora?

— Se essa sua revista de merda não tem dinheiro para pagar o hotel, eu mesmo pago.

— Não será preciso. Mas se quiser pagar o almoço, eu aceito — respondi e ri.

— Ah! Tem o orgulho de civilizado.

— Não é isso.

— Vamos dar uma volta — disse, surpreendendo-me.

Pegamos a picape e saímos pelas ruas de Boa Vista.

— É inegável que a classe garimpeira está se transformando numa elite econômica competitiva com o governo Federal. O principal motivo desse crescimento é o poder aquisitivo do povo brasileiro. De certa forma, a garimpagem individual atua no sentido libertário contra a opressão econômica, a partir do momento que funciona em cima da unidade de trabalho. As maiores fortunas do garimpo, acima de US$ 5 milhões, são de analfabetos de pai e mãe.

Zé Altino ia me dizendo coisas desse tipo, mostrando-me o centro comercial de Boa Vista, totalmente infestado pelas casas de comércio de ouro: "COMPRA-SE OURO". "METAIS. OURO". "COMPRAM-SE METAIS".

O Eldorado que sustentava a invasão das terras dos Ianomâmis estava estampado nos letreiros espalhados por toda a cidade.

— Mas, afinal, o que você pretende?

— Ir às pistas de Paapiú, Surucucus, Ericó, Uaicás e Auaris — disse-lhe em voz baixa.

— E o que eu ganho com isso?

— Nada! Penso que você tem um grande problema a resolver. Acredito que seu lucro incorra na pressão que pode ser criada com informações para a imprensa sobre a situação, porque a bomba vai estourar, meu caro. E acho que estoura agora na passagem do próximo governo.

– Isso vamos ver. Mas vou liberar seu acesso às aldeias que pretende visitar.

Deixou-me, ele próprio, em frente ao alojamento do bispo.

– Amanhã, às seis, mando-o buscar.

No dia seguinte, às seis em ponto, apanharam-me para irmos à Serra do Parima, no Surucucus. Um avião bimotor estava pronto para a decolagem no aeroporto, com o piloto e um subordinado à minha disposição.

Ao longo da viagem de Boa Vista ao Parima, fomos cercados pela paisagem extraordinária. Uma planície deslumbrante se impunha com uma vegetação de mato cerrado e de grandes poças d'água. O acaso nos reservou uma aparição incomum. Inúmeros cavalos selvagens corriam à solta pela campina acompanhando o voo do avião. Foi uma visão digna do meu amor pela vida, provocante, primorosa e generosa.

No meio do voo, dava para perceber o bloco de serra que se erguia como uma parede imensa à nossa frente, em direção à fronteira do Brasil.

Ao chegar a Surucucus, circulei pela aldeia, conversei com os índios, entrei nas suas malocas, ouvi tudo que queriam me dizer. Fotografei as mulheres, as crianças, os mais velhos e gravei vários depoimentos. Um ou outro Ianomâmi falava pessimamente o português. Foi difícil deixá-los à vontade e conquistar a confiança deles. Mas consegui extrair o que pensavam sobre a invasão garimpeira e saber das verdadeiras pressões que passavam com a ocupação de suas terras. Para muitos garimpeiros, índio é como animal.

– Pelo menos, nunca vi ninguém ser preso por matar índio – disse-me um deles, rindo da atenção que eu lhes dedicava.

Fui a Surucucus umas quatro vezes. Fui também ao Paapiú, Ericó, Uaicás e Auaris. Sensibilizei-me com o espírito infantil dos Ianomâmis. Na prática, o garimpo era a matança dos índios, muito embora alguns afirmassem não ser bem assim que as coisas aconteciam. Mas era assim mesmo. Essa era a verdade.

O genocídio dos índios estava avançado. Eles estavam em péssimas condições. As reservas em Surucucus e em Paapiú, juntas, eram habitadas por uns dezoito mil índios apenas.

Permaneci em Roraima, encantado com aquela gente. Visitei também as terras dos Macuxis, no nordeste do Estado. Estive na Missão Catrimani, onde os índios viviam mais livres da devastação garimpeira, menos pressionados pela invasão do homem branco, mas, por outro lado, contidos pela catequese.

Reunia-me com Zé Altino, praticamente, todas as noites, na intenção de gravar nossas conversas. Utilizava o fax do seu escritório (na época não existia computador) para enviar notas semanais aos editores dos grandes jornais sobre a gravidade da situação dos Ianomâmis. A cada dois ou três dias, os grandes jornais recebiam uma nota sobre o descaso das autoridades, incluindo o governador Romero Jucá, que nunca quis se pronunciar sobre o assunto.

Com a mudança de governo, a situação tornou-se mais favorável à difusão dos absurdos que aconteciam na fronteira do Brasil. O professor José Lutzenberger, então Ministro do Meio Ambiente do Governo Collor, decidiu implodir, com apoio da Polícia Federal, as pistas dos garimpeiros que ficavam nas terras indígenas. Finalmente, o Governo Federal intervinha no Estado.

No dia em que as autoridades chegaram a Roraima, envolvendo uma operação com 250 policiais federais, eu estava com Zé Altino no Aeroporto Internacional de Boa Vista. A primeira etapa da operação previa a implosão das pistas de Surucucus e de Paapiú. O líder dos garimpeiros não acreditava que aquele desfecho estivesse acontecendo. Estava atônito e nervoso, com a incerteza de poder reverter a situação.

Lembro-me que ouvi uma ligação sua para um general do Amazonas. O sujeito não respondeu e desligou. Era o fim. Lembro-me que toda a imprensa veio cobrir o fato: *O Estado de São Paulo, O Globo, Jornal do Brasil, Folha de São Paulo*, a Rede Globo. Enfim, toda a parafernália da comunicação. Entretanto, eles não tinham acesso à região.

Não havia aviões, além dos de propriedade do próprio Altino. Consegui a autorização dele para levar Francisco José, da Rede Globo, até Surucucus. E pensei: "Faça agora seu showzinho". Contei toda a história para o Francisco José e a matéria foi ao ar com destaque no *Fantástico*.

O desfecho daquela situação era uma aspiração antiga do professor Lutzenberger. Mas eu já sabia, desde Porto Alegre, quando o entrevistei. E eu estava lá, orgulhoso com a minha pequena contribuição de ter levado a Rede Globo ao Parimã e a matéria ter ido ao ar para milhões de pessoas tomarem conhecimento daquele crime hediondo. O massacre aos Ianomâmis se encerraria a partir daquela data.

Hoje não sei o resultado de tudo que aconteceu em Roraima. Se o garimpo retornou à atividade clandestina, em menor escala, o que é bem possível, porque todos os órgãos que o governo possui, inclusive a FUNAI, que deveria preservar o índio, incluindo o IBAMA, que concede autorizações de projetos absurdos sem critérios técnicos aprimorados, são fruto de negociações político-financeiras. Eram ou são até hoje. Não sei.

Na época, a Secretaria de Assessoramento da Defesa Nacional tinha um papel de intervenção muito forte. O Projeto Calha Norte foi apresentado ao Executivo pela SADEN. As dezenove áreas indígenas em Roraima foram designadas pela SADEN. A FUNAI era uma representante da SADEN. A SADEN era o órgão de assessoramento direto da Presidência da República, com uma força que provocava divisões escandalosas entre os Poderes. Havia o Ministério do Planejamento, mas sem a menor relevância, pois quem cuidava do financiamento era a SADEN.

Na alçada do Ministério do Trabalho, o chefe do SNI cuidava do relacionamento dos trabalhadores com o governo, que era da própria SADEN. Então, não se tinha uma Presidência da República. O que o Brasil possuía era um Politiburo composto pelo pessoal da SADEN.

A ocupação garimpeira nas terras dos Ianomâmis foi resultado de uma negociação de todos os governos da Amazônia, através de uma subvenção institucional silenciosa dos governadores e chefes militares da região, que contrataram tropas paramilitares com o objetivo de invadir e ocupar as terras, depois da Vale do Rio Doce ter-se recusado a explorá-las, justamente por reconhecer toda a região como terras indígenas.

Ou aprendemos e nos damos conta de que a democracia é um instrumento dinâmico que precisa da participação do Congresso, em projetos de toda a natureza, ou matamos e enterramos este instrumento de vez. Apenas uma decisão de gabinete é impossível de ser aceita.

****

Após nove meses na região norte, conhecendo várias cidades do interior de todos os Estados e entre as capitais, deparando-me com novos desbravadores, testemunhando barganhas, injustiças e contrabandos, topando com a violência e inúmeros desmandos, assassínios, omissões e limitações de toda ordem, defrontando-me lado a lado com o rebaixamento moral, a fome, o extermínio, o saque, a degradação, a morte, a desnutrição, a narcotização social e a tensão fundiária crescente, conhecendo de perto a loucura suicida da guerra de rapina que lá se travava, cheguei de volta, ao Rio de Janeiro, cansado, porém, feliz, porque nem tudo foi decepção para mim.

Ao contrário, desfrutei dos rios e dos igarapés, das florestas e das pessoas humildes da terra. Na Amazônia há várias florestas. A mais importante é a Floresta Tropical Úmida. Esse tipo de floresta é o sistema vivo mais complexo de todo o planeta e o mais rico em espécimes e interações sistêmicas. E é tão complexo, que aquilo que os cientistas sabem, até hoje, nem arranha a superfície. Quando percebi essa complexidade ao ver a floresta de perto, ao senti-la, ao interagir-me com ela, ao entrar fundo em seu emaranhado de árvores gigantescas, entendi que a Terra é um organismo vivo em sua estrutura, onde tudo tem sentido, onde tudo está ligado com tudo e onde nós, seres humanos, diante dessa complexidade absurda, não passamos, individualmente, de células, por assim dizer, de um de seus múltiplos tecidos. Só isso. É isso o que somos. E é dessa simples conclusão que devemos nos orgulhar e nos conscientizar e, a partir dela, criar novos conceitos, novos paradigmas, que nos libertem dos conceitos atuais de dominação e exploração intensiva dos recursos naturais preservando o planeta para as próximas gerações.

De volta ao Rio, já se falava na realização da Conferência Mundial do Meio Ambiente e do Desenvolvimento a ser promovida pelas Nações Unidas no Brasil. A primeira especulação era levar a Conferência para Brasília.

O Rio de Janeiro vivia no contorno da sua própria desordem: a consequência da falta de trabalho, do desrespeito às leis mais elementares, do crescimento explosivo das favelas, da degradação de áreas urbanas, do domínio do tráfico de drogas, da briga mesquinha e deplorável dos partidos políticos e da paranoia que se instaurava com o abandono da cidade, talvez, por ter sido a capital do país. Mas, por isso mesmo, seu esquecimento deixava a desejar.

Essa expectativa era no mínimo aterradora, pois o Rio passava por uma série de dificuldades e parecia provável que a situação só fosse piorar. Havia um movimento insípido de reconstrução da cidade e da retomada do seu lugar como polo cultural, turístico e industrial. Mas não havia um argumento sólido com conteúdo suficiente.

O movimento ambientalista tinha ultrapassado o estágio emocional para se transformar num fato político, ganhando qualidade ao se tornar, também, uma bandeira levantada pelos governos e empresas.

Todos os jornais possuíam uma página de meio ambiente e alguns programas de televisão cediam espaço para a questão. O momento era ainda mais favorável à realização da Conferência Mundial do Meio Ambiente no Brasil. As questões relativas à ecologia estavam assumindo um grau de importância notável, porque passavam em revisão os maiores problemas do país, que iam desde a reforma agrária à reforma da habitação, ou desde a preservação da natureza à educação.

O jornalismo assumiu a responsabilidade de discutir as consequências da devastação no Brasil. E eu resolvi propor à *Tribuna da Imprensa* a veiculação de uma coluna sobre o assunto. Propuseram-me a edição das três páginas de economia do jornal. Precisando do dinheiro como sempre, aceitei.

No dia seguinte, fui trabalhar. Estávamos no início do Governo Collor. Percebendo a necessidade da abertura econômica, passei a acentuar o processo de privatização que viria ocorrer e a cobertura das greves que se sucediam.

O movimento pela reconstrução da cidade pretendia trazer a Conferência Mundial do Meio Ambiente para o Rio de Janeiro. Essa ideia era organizada por empresários e ambientalistas. E, meio sem querer. Sem perceber a repercussão que teria, publiquei uma matéria favorável à preservação da Floresta da Tijuca, que estava sendo tocada em função do crescimento das favelas ao redor.

O impacto da matéria foi tão grande que o Rio de Janeiro descobriu que a Floresta da Tijuca era a única floresta replantada do mundo. Dom Pedro II havia mandado vir da Ásia milhares e milhares de espécies de árvores para reflorestar as encostas do Rio de Janeiro devastadas durante os ciclos da cana-de-açúcar e do café. Praticamente ninguém sabia desse fato.

Um sujeito chamado Armando Brito denunciava o perigo que ameaçava a Floresta da Tijuca e a defendia com o slogan: "Pró-floresta". Transformaram esse Armando em herói e enviaram o sujeito para a Europa nas reuniões precedentes à Conferência. De Pró-floresta, o movimento do Rio passou a chamar-se Pró-Rio. E a Conferência veio para o Rio de Janeiro.

A questão ambiental, por si só, a preservação das matas e da ecologia, de um modo específico, não me sensibilizava de maneira completa. Meu assunto era o Homem, as pessoas, a degradação a qual o povo brasileiro havia chegado com o curso da política nacional, muito em função da ordem social estabelecida como herança do período da ditadura e, mais a fundo, da desestabilização institucional de todo o período republicano e, ainda mais, da falência do antigo regime da escravidão e do que a abolição da escravatura, conforme se dera, acarretou para a formação da sociedade brasileira, a escravidão moderna, que estamos presos a ela pela ausência de estruturas mínimas, ligadas à educação, saúde e a dependência econômica.

Eu tinha a urgência de ver nascer uma revolução cultural que trouxesse como apelo a visibilidade das vozes ausentes dos referenciais do poder e da burguesia.

A luta dos negros, dos índios, dos mestiços, dos nordestinos, enfim, de todo o povo pobre e carente do Brasil, por liberdade de expressão e inclusão social, era o que me interessava. É aí que a cultura surge como influência sobre a formação da sociedade brasileira. São os morros, as favelas, os guetos, os sertões, o cerrado, as caatingas, os maracatus, o samba, as congadas, as cavalhadas, as ladainhas, o frevo, que oferecem à cultura brasileira o reconhecimento da sua formação.

As máquinas do jornal cuspiam notícias do mundo inteiro, através das agências internacionais, mas pouco se publicava sobre os países latino-americanos, ou os africanos. O eixo das informações era evidentemente voltado para os Estados Unidos e a Europa.

As pouquíssimas informações que nos chegavam sobre a situação na África, por exemplo, eram muito inconsistentes. Angola entrava num processo eleitoral na tentativa de se estabilizar institucionalmente e com o objetivo de pôr fim à guerra da independência. A guerra assolava o país e sustentava a economia global unificada, assumindo proporções internacionais escandalosas. As notas das agências estrangeiras traduziam a impossibilidade de o processo em Angola se afirmar democraticamente.

E já um pouco cheio da clausura que uma redação de jornal impõe à liberdade individual, decidi tentar a sorte e ir cobrir as eleições angolanas.

Fiz a primeira tentativa de aproximação com as autoridades daquele país que estavam abrindo uma representação consular no Rio de Janeiro. Mostraram-se interessados em minha proposta e ofereceram-me as passagens, hotelaria e o translado.

Só que eu precisava do maldito dinheiro para sustentar mulher e filho. Tentei vender a ideia para *O Estado de São Paulo*. O editor internacional mostrou-se muito interessado na pauta. No entanto, depois de dois meses de negociação, entre o editor e a diretoria do jornal, mandaram-me responder oficialmente que "*não havia espaço para África nos jornais do Brasil*".

Essa frase fez murchar minhas pretensões de continuar com o jornalismo. Na verdade, eu não queria prosseguir com aquilo. Desejava escrever e lidar com outras linguagens que não fossem as da grande imprensa. E, muito em função da situação conjuntural, além de uma mudança brusca na direção do jornal, encerrei com tudo.

Estava de novo à margem do processo, mais uma vez atolado na minha própria desmensuração. O Brasil inteiro vivia aos solavancos, sendo empurrado pelos desmandos do presidente Collor, por sua arrogância mais do que simbólica, pelo continuísmo do poder, afastado dos anseios da grande massa da população.

De norte ao sul do país, uma configuração diabólica da segregação, em suas mais terríveis dimensões, refletia a realidade social. Um clima de consolidação da falta de princípios, de ética, de nobreza e de respeito ao próximo se instalou de uma maneira tão caricatural na atmosfera do Brasil, que a corrupção virou conceito, a propina atestou a impunidade e a ciência perdeu o espaço para a estupidez.

A democracia brasileira se tornou um espetáculo de imagens simbólicas produzidas e editadas para vender ao povo a ficção da ordem e do desenvolvimento.

O crime assumiu sua força paralela com a mesma arrogância do poder oficial. Do Oiapoque ao Chuí, as cortinas do palco da violência urbana e rural abriram-se amplamente para a população. Era a representação da desordem definindo-se e materializando-se por completo.

Tendo de recomeçar mais uma vez do nada, queria escrever um manifesto de paixão pela vida. Um manifesto que traduzisse meu bem-querer por ela, sem ódio e rancor. Uma carta que recordasse todos os meus dias pelas ruas deste país.

No entanto, viver da filosofia e dar sustentação à existência era impossível. O amor à sabedoria não continha nada. Então, eu tive que ir à luta do maldito dinheiro.

****

Conheci três engenheiros que possuíam uma empresa de consultoria para a compra, venda e administração de imóveis comerciais no centro da cidade. Por ter bom nível cultural, chamaram-me para atender a demanda de imóveis particulares que passavam pela empresa. Comecei a ganhar dinheiro fácil. As comissões variavam de três a cinco mil dólares. E os caras me salvaram a pátria.

Continuava sonhando, embora não soubesse exatamente com o quê. Não possuía um projeto concreto para me dedicar a ele, para dar continuidade à razão que ainda me restava.

Por mais ou menos seis meses, fiquei paralisado sem ação. Dediquei-me apenas à demanda do escritório. Só havia um vazio abrangendo, ao longe, o infinito e a escuridão. Guiar-me pela luz da lua tornou-se a única alternativa possível. E uma sequência inesperada de encontros com mulheres de todos os tipos tomou conta do caminho da minha imersão.

Primeiro foi Lúcia, uma morena deslumbrante, que estava prestes a se casar. Telefonou-me em resposta ao anúncio de um apartamento que tínhamos a opção na Fonte da Saudade. Marcamos o encontro. Levei as chaves. Lúcia chegou num belo carro preto, numa quarta-feira cinzenta e chuvosa. Vestia uma calça de couro marrom, justíssima. Uma blusa de seda acomodava os seios duros no decote que ia do início do pescoço ao meio do tórax.

Não tive nenhuma reação à sua beleza. Só queria a comissão do apartamento e mais nada. Subimos pelo elevador. Seu perfume exalava um cheiro doce muito especial. A fragrância fez-me olhá-la e perceber os detalhes da sua grandiosa feminilidade. Comportei-me. Abri a porta um pouco nervoso. Deixei-a vendo o apartamento. No fim, disse-me discretamente:

– Não será este. Teria outro imóvel para me mostrar?

– Aonde? – respondi perguntando.

– De preferência na Gávea ou no Jardim Botânico.

– Não tenho. Preciso procurar. A compra é imediata?

– Sim.

– Vou providenciar.

Descemos e fomos embora. Ela no seu belo carro preto e eu a pé na chuva. Depois de uma semana, descobri mais dois apartamentos que atendiam às suas especificações. Telefonei para Lúcia. Marcamos uma nova visita. Desta vez, chegou meia hora atrasada, no primeiro apartamento que ficava na Rua Maria Angélica, no Jardim Botânico, lá em cima no final da rua. Fazia uma linda tarde de sol.

Ela portava-se um pouco mais desprendida. Um vestido curto, simples, de malha, demarcava os ângulos do seu corpo.

Ao descer do apartamento, disse-me que gostara, mas que estava atrasada para outro compromisso e achava melhor deixar a visita do segundo para o dia seguinte. Argumentei que o outro imóvel estava habitado e que havia marcado hora com o proprietário. Ela topou dar uma "olhadinha rápida" e fomos para a Gávea em seu carro.

Quando entrei no automóvel, notei no banco de trás o livro *Bestiário*, de Júlio Cortazar.

Perguntei:

— Gosta de ler?

— Faço faculdade de literatura.

— Cortazar é maravilhoso. Li *Bestiário* há muitos anos.

Aquela revelação a surpreendeu, porque, provavelmente, tinha-me por um idiota. Disse-me, desabafando, que estava prestes a se casar, mas morria de dúvidas sobre o noivo, que era um empresário rico com referências completamente opostas às suas.

Dois dias depois, Lúcia me ligou no escritório. Desejava marcar um encontro para conversarmos "um pouco mais sobre li-te-ra-tu-ra", completou a frase vagarosamente, separando as sílabas da palavra, com uma voz que insinuava uma atitude impulsiva. Compreendi o recado.

Marcamos o encontro no final da tarde, próximo à sua casa, no restaurante Tarantela, na Avenida Sernambetiba, na Barra da Tijuca. Cheguei na hora marcada. Pedi um chope para esperar por ela.

No sexto chope, a mulher não havia chegado. Nisso já tinha passado um pouco mais de uma hora. Liguei para a morena e ela pediu-me desculpas por me fazer aguardar, mas se eu "tivesse a paciência de esperar mais uma horinha, conseguiria vir livre e desimpedida".

Mesmo na dúvida, permaneci no restaurante. Após uma hora e meia, quando eu já ia pagar a conta, o demônio surgiu em pessoa, com uma melancolia insensível, carregada por um corpo vitorioso e insubmisso. A infinidade de coisas que me disse levou-nos, em pouco tempo, a um hotel. Referiu-se à sua confusão interior e que estava fora de si, há mais de três meses, e havia se entregado a um motorista de táxi, tendo premeditado tudo.

A mulher veio arremessada pelas tempestades da alma e pelo fogo do corpo. Só queria entregar-se à imaginação, consciente da experiência que pretendia desfrutar para se afastar das pressões, a fim de ignorá-las.

Já no quarto do hotel, em poucos minutos, lançamos nossos corpos um contra o outro, com uma violência que eu não conhecia. Queria ouvir palavras sujas e experimentar tudo, ao mesmo tempo, sem o remorso do que estava fazendo.

– Arraste-me pelo chão, puxe meu cabelo e me beije com força - disse.

Ajoelhou-se diante do espelho e acrescentou:

– Quero ser sua putinha.

Enrolei seu cabelo dando um nó com o dedo indicador. Subi em cima do seu corpo e encaixei o meu no dela. Comecei a puxá-la pelo cabelo e a chamá-la dos adjetivos mais sacanas. A mulher pirou. Deu-me tudo que possuía e não me deu descanso.

Lúcia e o noivo compraram o apartamento do Jardim Botânico. Não precisei cruzar com o sujeito no cartório. Não era eu quem fazia esse serviço. Duas semanas antes do casamento, ela me ligou. Queria me ver de novo, mas não pude ir ao seu encontro. Depois da lua de mel, ligou novamente para minha casa de madrugada. O sujeito flagrou a ligação. Pegou o telefone e me pediu para eu me afastar.

Nunca mais a vi.

Outra louca que me apareceu foi Vera. Ela também procurava um apartamento. E tinha um estilo bem mais à vontade: cabelos soltos na cintura sobre o vestido longo e largo. Encontramo-nos em um dia de muito sol numa esquina em Botafogo.

Assim que começamos a andar, percebi que estava sem calcinha. Era difícil notar, mas deu para perceber por causa do reflexo da luz do sol.

O sangue subiu-me à cabeça e eu esqueci o negócio de atendê-la profissionalmente. Não tive dúvidas. Marquei Vera em cada um dos cômodos da casa, insinuando-me através dos mais diferentes assuntos.

Ela notou meu atrevimento, relaxou e deu corda. Ao final da visita, não havia mais motivos para permanecermos ali. Mas ficamos parados no meio do corredor falando banalidades. Até que eu encostei levemente o meu corpo no dela. Levantei seu vestido, me abaixei e fui direto ao ponto certo. Ela abriu amplamente as pernas deixando-me massagear seu clitóris com a ponta da língua. De repente, subiu pela parede, contorcendo-se como uma minhoca.

Segurei sua mão esquerda e a conduzi até a cozinha. Vera não disse nada. Comportou-se como uma menina que queria ser violentada. Levantei-a pelo quadril num movimento brusco, expondo seu corpo sobre a pia de mármore que estava toda suja de poeira. Puxei uma pequena escada, dessas de dois degraus para fazer limpeza. Subi com os pés na escada e fiquei na mesma altura da pia. Possuí a mulher sem deixá-la escapar dos meus braços. Suas coxas revelaram um abrigo confortável como se fosse um esconderijo afastado do mundo.

Fiquei um bom tempo naquele espaço acessível, molhado e quente. Quando o poder natural daquela situação se esgotou, fomos embora calados e não nos despedimos.

O mais curioso é que, por essa ocasião, eu transava com uma atriz que morava em Laranjeiras. Nossos horários eram sempre por volta das duas horas da madrugada por causa dos seus ensaios. Na noite do meu aniversário, a atriz me telefonou dizendo que havia preparado uma surpresa para mim. Disse-me que eu fosse para a casa dela e que a aguardasse, as chaves estariam debaixo do tapete. Fui.

Estava acomodado, confortavelmente, escutando música na sala, quando a campainha tocou. Ao abrir a porta, me deparei com Vera, bem na minha frente. Havia comprado um apartamento no mesmo prédio da minha amiga. Convidei-a para entrar. A princípio relutou, mas não resistiu.

Quando a atriz chegou, já estávamos recompensados e vestidos, mas ela percebeu o clima que havia entre nós. Vera foi embora bastante constrangida. E minha noite de amor durou até o dia amanhecer. A atriz tinha uma amiguinha púbere que retorcia a cabeça, prendendo e soltando os cabelos, a todo instante. Escapava dos seus olhos um olhar fulminante. E do corpo magro, fluíam uns pelinhos louros que definiam os contornos das pernas brancas e compridas que a sustentavam. Não ia à praia. Nunca pegava sol.

Sua beleza era uma porta aberta para o mundo da fantasia. Um dia consegui pegar seu telefone, investindo na possibilidade de não haver nenhum comentário a respeito. Deu certo. Ela não disse nada para a amiga. Esperei uma semana para telefonar. Como o sinal estava verde, liguei. Quase gritou:

– Porra! Você demorou a ligar...

– Queria ter certeza de que eu não ia entrar numa fria.

Marcamos o encontro na minha casa na noite daquele mesmo dia. A menina apareceu com a mochila nas costas, insinuando que iria dormir. Fiquei tão chocado com a beleza da menina que não consegui ultrapassar os primeiros vestígios das palavras. Conversamos várias horas seguidas.

A certa altura e já de madrugada, surpresa com a minha inibição, percebendo que eu não iria sair da conversa superficial, tirou a roupa, momentaneamente, sem fazer ruído, minuciosa nos gestos prolongados.

– Que importa tudo isso? Vem aqui e me ama.

Quando a olhei de baixo para cima, cheia de pelos e com os seios formados, apontados em minha direção, avancei sobre seu corpo, sem calma.

Uma sucessão de encontros casuais, foi o que me aconteceu, um atrás do outro, sem me deixar tempo para pensar nas significações mais profundas. Com a crise financeira do país e a decisão dos sócios da empresa em desfazer a sociedade, tive que recomeçar de novo na precariedade da luta pela sobrevivência.

Passei a representar algumas fábricas de produtos congelados. Eu não sabia se conseguiria vender uma caneta sequer, por vergonha ou inibição. Mas por causa do dinheiro, fui à luta, e consegui me restabelecer em poucos meses.

O negócio deu certo. No entanto, eu vivia infeliz. O que eu queria era sobreviver do silêncio, tornar-me definitivamente uma planta, um protozoário, ou água de rio, uma pedra, um camaleão em cima da pedra, um passarinho.

Comprei um terreno em Teresópolis com a intenção de construir uma casa. Mas nada de casa e de conversas mornas com os vizinhos. Meu casamento havia acabado e eu tinha ido morar novamente em Copacabana. Numa tarde de verão, começou minha readaptação ao bairro. Resolvi dar um mergulho na praia e encontrei um amigo que morava no mesmo prédio em que eu morava antes com mulher e filho.

Atraído pelo corpo escultural de Fernanda, em poucos minutos esse amigo me deixou de cara com a bola na frente do gol. Fernanda era uma mulher que todos cobiçavam na praia.

E ela veio cair no meu colo, sem que eu precisasse fazer o menor esforço por isso. Ela foi o trampolim para que todas as outras mulheres viessem também explorar suas intimidades em minha casa.

Eu morava numa cobertura na Rua Bolívar, em frente ao Cine Roxy. Meu apartamento virou um hotel de mulheres, que vinham e iam sem nenhum constrangimento. Enfermeiras, escriturárias, universitárias, médicas, empresárias, balconistas, professoras, babás, secretárias, psicólogas, casadas, desquitadas, noivas, namoradas, loiras, morenas e mulatas, mansas, carinhosas, agressivas, afetuosas, teimosas e desafiadoras. Algumas se hospedavam por alguns dias. Outras, na maioria das vezes, subiam apenas para sentirem o cio de suas agitações incendiárias.

Num domingo de carnaval, me aconteceu a experiência mais absurda. Um advogado fanfarrão estava com a esposa e filha, no Cabral 1800, onde nos encontrávamos reunidos. Quando notei a filha do sujeito, fiquei maluco. Os olhares da menina fizeram suspeitar uma paquera, mas que mantive seca e distante, mesmo porque não queria confusão para o meu lado.

Estela era sensualíssima, magra, rosto de modelo. Seus seios estavam visíveis pelo decote da blusa. Quando eu levantava da mesa para ir ao banheiro e passava por trás de sua cadeira, dava para ver os biquinhos rígidos em sua plenitude.

Mesmo assim, não me deixei impressionar. Fiquei na minha, estimulado com a conversa que rolava em nossa mesa. De repente, senti falta de Estela, que desapareceu sem que eu percebesse. Nisso, fui mais uma vez ao banheiro com a intenção de procurá-la. E, quando saí, próximo à caixa registradora, a mãe de Estela se aproximou de mim e disse:

– Gostosinho! É o único homem interessante aqui. Parece um peixe fora d'água.

– Obrigado pela gentileza.

— Gentileza você me faria se fosse até a esquina para conversarmos. Em dez minutos estarei lá.

Meu queixo caiu. A mulher era uma balzaquiana em plena forma. Entrou no banheiro e eu fiquei sem saber o que fazer. Mas, como estava bêbado e era carnaval, ir até a esquina não tirava pedaço de ninguém.

Saí do restaurante e dobrei à direita calmamente. Na esquina da Bolívar com a Domingos Ferreira, acendi um cigarro e encostei-me num automóvel.

Foi o tempo de fumar o cigarro e a mulher aparecer.

— Não quero confusão — eu lhe disse.

— Nem eu — respondeu-me com ar de promessa.

— E seu marido?

— Esqueça. Não percebe nada. É um canalha. E eu sou uma cadelinha que vai à luta do que deseja. Só isso. Quero dar pra você, se você quiser. Sei que você mora no prédio da esquina.

— Sim! Moro.

— Volte lá, faça cara de bobo, saia e vou ao seu apartamento em vinte minutos. A gente fica um pouquinho e retorna, separados. Está bem assim?

— Pode ser.

— Ninguém vai perceber nada. Qual o número do apartamento?

— Cobertura 02.

Fiz o que a figura me disse. Ela pediu um chope na esquina. Estava acompanhada de uma amiga. Voltei ao Cabral perplexo, dizendo-me, repetidamente:

— Que puta vadia, bêbada e filha da puta.

Sentei e acendi outro cigarro. Disse a alguém que iria para casa tomar um banho e que voltaria mais tarde. Quando passei pela esquina, as duas mulheres estavam rindo. Olharam-me com as caras vadias. Cheguei em casa e esperei.

A campainha tocou nos exatos vinte minutos. Olhei pelo olho mágico e lá estavam elas no corredor. Subiram juntas, a loira e a morena. Abri a porta, entraram e se sentaram confortavelmente no sofá. Trouxeram seis latinhas de cerveja. Abriram duas e começamos a beber. Magda foi direta.

– Por que você não abre a calça ou tira ela de vez?

Tirei imediatamente a calça sem que ela precisasse dizer outra palavra. Coloquei-me à disposição na frente das duas. Fiquei em pé e elas sentadas no sofá. Cada uma passou a tocar os dedos nas partes íntimas da outra. Ficaram rindo, alimentando os beijos que não paravam mais. Entrei primeiro em Magda. Ela não reagiu e se entregou ao prazer. Depois, segurei Marisa pelo quadril e me encaixei numa só investida.

A mulher gritou:

– Porra, caralho! Vai com calma!

Ela me jogou no sofá. Abriu as nádegas e tentou sentar. Mas não conseguiu. A outra estava na sua frente, colocou as pontas dos dedos entre suas pernas, abriu e disse:

– Sente agora.

Empurrou Marisa de encontro ao meu colo. Eu já não me aguentava mais. E quando percebi que as duas se beijavam histericamente, tive um dos maiores orgasmos de toda minha vida.

****

Eu vinha pensando numa infinidade de coisas sobre o meu passado, no esgotamento que a vida me levou, quando ia de ônibus para a Glória, ver um apartamento, disposto a me mudar de Copacabana e transformar radicalmente o curso da minha vida.

Estava decidido a perceber que não existia nenhuma realidade fora de mim mesmo. Subi lentamente a ladeira da Rua Barão de Guaratiba num entardecer vermelho e sem vento. Pedi as chaves ao porteiro para ver o imóvel, lá em cima, no alto da ladeira. Entrei pela cozinha já no escuro, tateando as paredes.

Quando cheguei à sala e percebi que havia uma enorme varanda exposta à visão total da Baía da Guanabara, disse-me em pensamento, "é aqui que vou morar", depois de absorver a última nesga vermelha do sol acima do Pão de Açúcar com o crepúsculo.

O apartamento era muito grande para uma só pessoa. Mas eu precisava de espaço para recomeçar. Em quinze dias, tinha as chaves nas mãos e me mudei.

Comprei um sofá confortabilíssimo, sem me importar com o preço. Aquele sofá foi o reconhecimento da paz que eu tanto procurava. Daquele apartamento, erigi um mundo novo, um mundo pequeno, é bem verdade, mas que, para mim, naquele momento da minha vida, era do tamanho de um continente.

Ganhava a vida com a distribuição dos produtos das fábricas que eu representava. Tinha um esquema todo montado e sobrava-me tempo para trabalhar meu interior e elaborar um projeto criativo qualquer.

Só não sabia por onde começar. Ao mesmo tempo, precisava descobrir uma saída transformadora que tivesse um sentido empreendedor a médio prazo. Meu tempo era curto. Mas não podia me desesperar.

Duas coisas me mantiveram dentro da racionalidade: o hábito de caminhar todas as tardes e a leitura, como sempre, me davam sustentabilidade emocional. A verdade é que eu me projetava longe da simulação ou da hipocrisia. Limitava-me modestamente a analisar qual a contribuição que eu pudesse dar à minha época.

Sabia que este era um projeto muitíssimo ambicioso. Mas aspirava ver o Brasil sair da Idade Média. Pretendia apreender o Brasil e aplicar um golpe brutal contra o seu sentido paroquial mais obtuso.

Desejava ir em direção contrária ao desenvolvimento da civilização. O que eu queria era me verter em um morcego, dormir de cabeça para baixo e sugar o sangue de quem me sugava.

Pretendia me arrastar pela anarquia, me esquivar da dependência secular da fenomenologia. Mas tudo isso era um sonho sem base, uma abstração complexa. Se minha vida fosse exatamente o que eu pensava que fosse, e se tivesse a força que eu intuía ter, só poderia existir, dentro da realidade.

Tomei consciência de que, mesmo indo favoravelmente de encontro à realidade, jamais me deixaria afastar do tom selvagem que me constituía como um homem marginal e primitivo.

Não se tratava de expor as contradições da minha existência no mundo, ou de não me permitir decifrá-las, nem mesmo entender seus significados. Mas, simplesmente, de encontrar o rumo sem calcular a distância, sem conhecer as dificuldades do caminho e as insuficiências que impediam a movimentação do meu amor.

Por outro lado, não pretendia me afirmar na competição da luta. Mas isso também era completamente impraticável porque as tempestades catalisam a estruturação da sociedade e, na vida, se mata ou se morre.

Eis a fatalidade. E, se estamos em guerra permanente, a primeira determinação para a liberdade é a ação. A ação como determinação da consciência no mundo, enquanto superação dessa consciência, é a liberdade. E isso, por si só, já conduz a liberdade de ação, que é a força motora da dignidade.

Perder a dignidade, nunca! Pois era a única forma de identificação com a humanidade que me restava.

Até que, numa tarde de sexta-feira, exposto ao sol, na piscina da varanda do meu apartamento, tive uma ideia, quando fixei meus olhos para o pouso de um avião que circulava os contornos da Baía da Guanabara, num voo baixo e notável, na direção do Aeroporto Santos Dumont.

    O Rio de Janeiro é mesmo uma cidade *sui generis*. Distinguimos duas categorias de pessoas: as de temperamento suave, são os burgueses cariocas, bronzeados e esquálidos, com a estatura física e estética das pessoas superiores. A outra categoria é o povo, a multidão flébil. Esta sim, completamente abandonada dos benefícios que a cidade oferece, sintetiza a sua originalidade mais visível.

    O Rio é um grande latifúndio do consumo no Brasil, com suas relações exíguas e modismos que se evaporam a todo instante. E se os ricos se movem, agora, em seus carros de vidros Ray-Ban, mantendo-se aprisionados nos condomínios de luxo, cercados de grades por todos os lados, enquanto as favelas aumentam de maneira assustadora, isso não desmente o que eu digo. Deste modo, o Brasil se conserva no papel do progresso com a sua hereditariedade determinante e insustentável.

    Ao escrever essas coisas, não estou me rebelando contra nada. Não se trata de ridicularizar a burguesia brasileira. Não é isso. Trata-se apenas de renunciar, solenemente, à boçalidade que se eterniza no Brasil e colocar nas páginas deste livro as minhas próprias opções.

    Pensei novamente em Angola e imaginei propor às autoridades daquele país um projeto que mobilizasse a opinião pública e viesse contribuir para a consolidação da paz e da democracia na região. No final do ano de 1999, a guerra de Angola estava no auge. Saí da piscina da minha varanda e fui telefonar para o Consulado de Angola. Respirei fundo e disquei o número.

    A telefonista atendeu e eu perguntei:

– Qual é o nome do cônsul de Angola no Rio de Janeiro?

– Excelentíssimo Senhor Ismael Diogo da Silva.

– Ele está?

– Quem gostaria?

– Meu nome é Maurício Nolasco, sou jornalista.

– Do que se trata?

– É um assunto do interesse da missão consular. Seria conveniente expô-lo tão somente ao Senhor Cônsul.

– Pois não. Vou ver se poderá atendê-lo.

Esperei uns dez minutos. E para minha surpresa, o próprio cônsul atendeu ao telefone. Apresentei-me solenemente e contei-lhe minhas intenções. O cônsul de Angola marcou uma audiência comigo para o dia seguinte.

Sinceramente, eu não sabia o que propor. Mas fui ao Consulado com toda a audácia da minha indefinição, uma espontaneidade sincera nos olhos e a humildade do engajamento. Disse-lhe que tentei cobrir as eleições de 1992, mas que havia obtido uma resposta negativa do jornal *O Estado de São Paulo* de que "não havia espaço para a África nos jornais brasileiros".

Essa afirmação o impressionou de tal forma que concordou que devêssemos mobilizar a opinião pública em torno das questões africanas, a partir de Angola, e dos limites insuportáveis que seu país atravessava.

Propus a realização de um show com grandes artistas que refletisse a progressiva acumulação de forças por parte da sociedade civil mundial, incentivando a participação do Brasil nos principais debates que se referissem à pluralidade e à diversidade cultural do Planeta.

Era esse o conceito do espetáculo. O senhor cônsul achou uma boa ideia, mas, no meio da nossa conversa, retroagi. Disse-lhe que deveríamos fazer um filme sobre a História de Angola.

– Um espetáculo é passageiro. Um filme assume o caráter da permanência da reflexão.

– Mas o senhor é jornalista, não é cineasta.

– Por isso escreverei o roteiro e convidarei uma equipe brasileira.

Havia plantado uma pequena semente para a realização de um projeto que significasse algo verdadeiro para mim e, ao mesmo tempo, tivesse um sentido antropológico e histórico.

Não que eu quisesse me prender a conceitos históricos e a verdades antropológicas, ou determinar valores definitivos. Não era essa minha preocupação. Eu simplesmente estava à procura de mim mesmo.

Sabia que estava sentenciado a conquistar a minha própria liberdade e tinha consciência de que a liberdade individual determinava-se na direção da liberdade das outras pessoas, dentro da realidade inexorável da exploração do homem pelo homem, do capital sobre a sociedade e da opressão inequívoca das grandes nações sobre as nações subdesenvolvidas.

Minha liberdade, eu a procurava no amor que eu sentia por toda a Humanidade. Não poderia haver paixão dentro de mim sem que ela não fosse esculpida da realidade. A mediadora da minha paixão, enfim, era a realidade inteira. Não poderia me imaginar feliz sem a solidariedade com a Humanidade inteira, pelo menos no sentido filosófico mais amplo. Meu sentimento de solidariedade e minha consciência estavam presos à liberdade da minha relação com o mundo e da realidade inteira do mundo.

O senhor cônsul me disse:

– Apresente um projeto.

– Preciso de uma pesquisa. Mas posso apresentar um anteprojeto.

– Qualquer coisa por escrito.

Fui embora cristalizado, na esperança de criar uma ação que apontasse para a direção do que eu pretendia fazer. E o que eu pretendia era justamente conjurar contra as forças morais e psíquicas da minha época que me restringiam à condição de permanecer na inércia, pura e simples, da sobrevivência.

GEOGRAFIA DOS INFIÉIS

No ano seguinte, fiquei ainda muito tempo vivendo no esquecimento, cerca de uns seis meses, ao pôr do sol de todas as tardes. O que me levava a subir a colina acima do condomínio de casas onde minha mãe residia em Jacarepaguá, próximo ao sítio o qual eu havia morado anteriormente, no morro da Caixa D'Água.

Para ter acesso à colina e ao morro, passava pelos fundos do condômino e subia uma rampa enorme por uma trilha de pequenas árvores secas, nas quais as corujas faziam seus ninhos e o amarelo da folhagem produzia, com o efeito da luz do sol, um reflexo enigmático por todo o caminho. Caminhava e percebia em cada passo o efeito extraordinário da luz sobre a aridez do terreno.

O ouro áspero do sol aquecia meus pés e meu rosto adquiria a semelhança imparcial das corujas. Eu me recusava a percebê-las no seu aspecto carinhoso e solitário, ao passar rápido entre os arbustos.

Ao chegar ao topo, no alto da colina, a vista deslumbrante da restinga, agora ocupada por enormes prédios luxuosos, encarregava-se de me possuir da História e me distinguir da maioria das pessoas, através da herança do que ficou em meus pensamentos e da reparação que eu tanto preservava, com uma tristeza e um desânimo que me induziam a uma derrota desastrosa e à suposição de uma vida sem futuro. Porém, eu não duvidava ainda da minha reabilitação.

Comecei a escrever porque estava à beira da incúria. Escolhi salvar-me finalmente das palavras, um vício cínico e deplorável para uma sociedade que critica o poeta tanto pelo cinismo quanto pela deploração de quem assume uma atividade de tamanho risco.

Lá em cima, no alto do morro, uma sombra noturna cobria o barraco de Sapo, com o pôr do sol. De fora, dava para notar uma vela iluminando o cômodo desconfortável. Uma cama, o pequeno armário, um botijão de gás e o fogareiro enferrujado compunham-lhe a mobília entre os destroços de sua pobreza.

Três panelas e uma frigideira penduradas acima de uma cristaleira acresciam o mobiliário e, ainda, uma imagem de São Jorge, numa pequena estante, com duas talhas de madeira, uma de Cosme, outra de Damião, um pratinho com seis balinhas abertas, uma paçoca e um doce de leite.

O hábito de sentar-se ao meio fio nas noites quentes de verão definia bem a imagem de Sapo, abarrotada da curiosidade pela minha presença. Um sorriso vago possuía-lhe os dentes quando eu chegava. Mas recompunha-se, imediatamente.

O amarelo de seus olhos intimidava-me. Porém, cultivamos o hábito de nos encontrar todas as tardes e eu fui familiarizando-me com o embasamento de seu olhar e com a severidade das palavras vindas das nossas conversas sobre a maneira pela qual éramos constantemente levados a revelar, um para o outro, os pedaços de consciência que ainda nos restavam. Cada qual ao seu modo, ele, dentro da crueldade de uma vida torpe, eu, da minha imaginação insubmissa, cuja ânsia e alegria torturavam-me ao ver tudo gritar do fundo dos seus olhos.

Sapo tinha um enorme prazer de estar ao meu lado. Sentia-se recompensado da sua desmoralização. Mas continuava sentado ao meio fio quando eu chegava, arrumando as mãos.

Surgia em seu rosto uma simpatia natural, sem qualquer espécie de aborrecimento. Quando acabava de esticar as pernas, levantava-se para cumprimentar-me, com o respeito e a admiração que permaneciam durante todo o tempo em que ficávamos andando calmamente pela rua, olhando as crianças brincarem, ligeiras e inebriadas, sem ocuparem-se do aspecto sombrio que o morro na realidade guardava com a venda da maconha e da cocaína.

No fim da rua, percebia-se a corriola camuflada na cordialidade dos malandros que, há poucos anos atrás, eram ainda meninos com catarro escorrendo no nariz. Sorriam-me também com admiração, por entenderem, talvez, que eu os pudesse entender, loucos da razão de uma resistência agitada e a coragem necessária para o enfrentamento de suas maiores dificuldades.

Eu e Sapo parávamos junto aos malandros. Sapo me deixava muito à vontade, porque, também, se aproveitava um pouco da minha consideração. Seu tempo havia acabado e, de certo modo, minha companhia reconstruía sua moral perante todos. Vivia do passado do lugar. Sua família fora uma das primeiras a chegar, ocupando o morro da Caixa D'Água, com outras famílias negras, fazendo do local uma espécie de quilombo remanescente da Abolição.

Já era noite e tudo estava muito escuro. A pouca luz que iluminava a rua vinha das biroscas e dos bilhares, nos quais, a turma de bêbados e jogadores de baralho sentava-se ao redor das gambiarras.

Havia um negro magro sentado despojadamente em uma das cadeiras do último bilhar. O negro usava vários cordões de prata sobre o pescoço, tomava uma cerveja e fumava um cigarro de maconha. A fumaça cobria-lhe o rosto, o que não me permitia vê-lo nitidamente.

O negro olhou em minha direção. Fez uma cara séria e riu. Notei sua indagação, sem maiores exclamações. Responderam-lhe, aos ouvidos, quem eu era. Não me intimidei e ele nem se perturbou com a minha presença. Deixou-me à vontade com a minha vadiagem.

Havia também uma negra muito bonita sentada ao seu lado. De repente, ambos desapareceram na escuridão, antes mesmo que eu percebesse a exuberância física da mulher, dissipando rapidamente qualquer tensão que tivesse acontecido com a minha presença.

Encontrei-me com o Sapo várias vezes durante aqueles meses insuportáveis. Conversamos sobre coisas que eu certamente não teria coragem de dizer às pessoas normais. Foi uma experiência enriquecedora fazer-me íntimo de uma pessoa tão desvanecida do seu aborrecimento miserável, do fastio, do engodo, do nojo, do desgosto, do asco, da repugnância, do tédio e da aversão à realidade.

E quando eu me referia ao júbilo de uma identificação verdadeira, ele se sentia gratificado, alimentando a emoção de ainda poder construir um pensamento semelhante à grande verdade, não à sua verdade pessoal e pormenorizada na miséria, nem à minha verdade abominável e irrestrita, mas à grande verdade da vida, brutal e indispensável, a única e inimaginável verdade que o trazia de volta à condição humana, tão maravilhosa e irreparável, que o fazia acreditar na generalidade de sua vida como indivíduo, o que lhe conferia identidade e orgulho, cujas formas manifestavam-se sobre a aparência frágil das coisas do seu dia a dia.

Sem um objetivo interior, a vida não tem o menor sentido. Ao contrário, permanecemos reféns das formalidades impostas pela sociedade, da gravidade estúpida, da hipocrisia, dos cerimoniais insignes, das solenidades tediosas, das aparências superficiais, do individualismo, do egoísmo, do psiquismo e do consumismo.

O fato de ter existido escravidão sempre me incomodou. Suas consequências visíveis me amotinam. A condição natural do Homem é a liberdade. A liberdade de ser e de fazer da sua existência o que deseja.

A liberdade é um caminho árduo e longo. Por isso luto, ao meu modo, contra toda opressão do mundo sobre minha vida. O sentido da liberdade não resulta somente do que se diz sobre ela, mas, essencialmente, do que se faz através dela.

A escravidão foi uma vergonha para a Humanidade. E nada pode justificá-la. Tivemo-la como um fato natural por muitos séculos em função do pragmatismo da pregação de um Deus junto à organização sistemática de "guerras santas", em nome da soberania de um povo "escolhido por Deus" para levar sua palavra aos povos primitivos do mundo e pelos quatro cantos do mundo.

Quer dizer que o único fenômeno que fundamentava a escravidão era a existência de Deus. Então, digo que esse Deus não existe, porque, se Deus existiu, durante séculos, para tornar justa a escravidão do homem pelo homem, para desculpar a condenação do homem ao seu confinamento, ao trabalho forçado, ao cativeiro, à desumanização da raça, à degradação na sua condição de animal, esse Deus não me compensa. Mas é bem verdade que esse Deus foi inventado como ideologia, uma justificativa patética para comprovar a inocência da superioridade do escravizador sobre o escravizado, porque, sabemos, evidentemente, pela História, que a verdadeira razão da escravidão foi o comércio e a obtenção de riquezas, através da força e das armas, com a atividade militar sistematizada ao extremo.

Maomé foi um traficante de mercadorias e ideias que fez da fé um espectro vigoroso para ampliar o poder do comércio. Os árabes exploraram imensos territórios que se estenderam por todo o Oriente Médio, do Egito ao norte da África e parte da Ásia. Tudo em nome das leis divinas do Islã.

Com a vitória das "guerras santas" apoderavam-se dos bens materiais, dos espaços e das pessoas. No Brasil, o Padre Antônio Vieira interpretava o fenômeno da escravidão como um "presságio divino" para que se permitisse, com a misericórdia e a benevolência de Deus, que os negros fossem trazidos para a América para se salvarem do "paganismo selvagem".

Os árabes foram os mais audazes traficantes do continente africano antes dos portugueses. Organizavam grandes incursões para dar caça ao homem negro. A perversidade dos árabes extrapolava ao que podemos imaginar de mais sórdido e desumano. Mas logo se evidenciaria a superioridade do sistema escravocrata lusitano, baseado na pilhagem dos povos da costa da África, do Congo, de Angola e da Guiné.

A religião assumiu a força do sobrenatural como instrumento de disciplina e ordem na política e na economia. O comércio de escravos português deportou um número infinitamente maior de negros para as Américas, do que, antes, os árabes o fizeram para o Oriente. E tudo era justificado pelo mito da religião.

E seria essa a verdade? Subjugar a espécie humana, curvando-a ao peso da iniqüidade e da injustiça, em nome de um Deus devorador dos pecadores? Isso é o mesmo que deixá-la ao propósito do seu atraso nas zonas rurais e nas grandes cidades, em várias partes do mundo, nos dias atuais, na América Latina, na Ásia, no Brasil e na África, submetida às estruturas arcaicas de produção, de educação e das condições precárias de saúde.

O efeito multissecular da escravidão, da miserabilidade à qual os negros foram submetidos por tantas gerações em nosso país, é ultrajante, perverso e desumano. Sabemos que as estruturas obsoletas de produção, a economia nessas regiões essencialmente voltadas para a exportação, para o monopólio da terra, para a miséria e a marginalização de populações inteiras, as formas disfarçadas de trabalho forçado e as precárias condições de vida nos campos e nas cidades, sobreviveram à abolição da escravatura.

E se fosse isso assim em todo o planeta? A Humanidade sucumbiria à barbárie, ao embrutecimento, à violência, como já está sucumbindo em grande parte do mundo. Estamos permanentemente em guerra.

Há guerras declaradas e há guerras veladas. Só não há guerras evidentes na Europa e nos Estados Unidos. Mas são os europeus e os americanos que fabricam armas de todos os portes e as espalham pelo mundo inteiro flagelando as populações marginalizadas.

Os povos africanos sofreram horrores inadmissíveis com as guerras. A tão proclamada independência dos países africanos deixou de assumir seu verdadeiro sentido. No Brasil, os sacrifícios do povo e a imparcialidade das classes dominantes, no sentido mais amplo da consagração da perpetuidade pavorosa da exploração, oscilam, com uma abnegação quase transcendental. E assim, vamos caminhando desamparados pelo poder inevitavelmente feroz e antiquado no qual o povo se apoia.

Quando penso nos olhos turvos de Sapo – ou na corriola armada vendendo cocaína no morro da Caixa D'Água, ou em outra comunidade qualquer do Rio (porque são inumeráveis), e que, provavelmente, eles ainda lá estarão, mesmo hoje, depois de tanto tempo, e se não estiverem, por motivo de morte, ou de prisão, outros estarão em seus lugares, e esse ciclo nunca termina – eu me pergunto: "Por que as favelas crescem tanto?"

Há uma guerra velada no Brasil. Uma guerra que se mantém através do continuísmo no poder. Uma guerra de classes. Uma guerra ideológica. Uma guerra sustentada pela religiosidade do povo. Uma guerra que mata tanto quanto as guerras declaradas pelo mundo afora.

Os interesses imperialistas são tão poderosos que me levam à conclusão nenhuma. Nenhum esforço sobrenatural sustentaria ainda mais meus pensamentos do que a minha dúvida.

****

Foi num desses dias de monotonia que nos levam quase à loucura que recebi um telefonema a mando do cônsul de Angola, solicitando-me a comparecer no Consulado.

Já havia quase me afastado da ideia de que nosso projeto pudesse evoluir. Isso, porque, logo após a apresentação da minha proposta, depois de ter estudado, ao menos superficialmente e, em primeira análise, a História de Angola, para a elaboração do anteprojeto ao qual eu havia me comprometido, o senhor cônsul convalesceu e ficou, durante três meses, sem vir ao Brasil.

Antes, porém, durante o período em que me fixei aos estudos para a apresentação de uma proposta, ele me contratara para ajudá-lo a resolver um problema de ordem diplomática. Creio que foi este o fator que oportunamente nos aproximou.

A comunidade de angolanos no Rio de Janeiro concentrava-se, em sua grande parte, na Favela da Maré. Era um povo pobre e humilde que viera de Angola para o Brasil, fugido da miséria, em busca de novas oportunidades de trabalho e de formação, longe da guerra.

Uma crise diplomática eclodiu entre as autoridades angolanas e o Governo do Estado do Rio de Janeiro, poucas semanas após meu primeiro contato com o Consulado. *O Jornal do Brasil* havia publicado uma matéria afirmando que ex-combatentes da guerra de Angola estariam treinando os traficantes da favela da Maré com táticas de guerrilha.

Esta afirmação era no mínimo subjetiva e não poderia ser veiculada, porque acarretaria, como acarretou, uma série de discriminações contra os angolanos que viviam na Maré e que eram, em sua grande maioria, pessoas humildes, sim, mas profundamente honestas.

Logo em seguida, todos os outros jornais publicaram várias matérias com o mesmo conteúdo. A Rede Globo levou ao ar, no Jornal Nacional, uma reportagem semelhante, inclusive, expondo a comunidade angolana ao ridículo, através de imagens produzidas por uma câmera escondida, sem o aprofundamento devido sobre as condições reais que a comunidade angolana vivia na sua totalidade.

A matéria da Globo gerou uma forte crise em Angola. A oposição, no auge da guerra civil, aproveitou-se da situação para acusar de incompetência as autoridades que representavam o país no Rio de Janeiro.

O Consulado exigiu do Governo do Rio um posicionamento, que não aconteceu e a crise se agravou. As autoridades e a comunidade angolana passaram, então, a requerer do Governo do Rio de Janeiro, com o apoio da Procuradoria Geral do Estado, um pedido formal de desculpas.

O então governador Anthony Garotinho estava viajando e quem estava à frente do governo era a vice-governadora Benedita da Silva. Com sua chegada, o governador Garotinho afirmou publicamente que o fato não merecia qualquer tipo de reparação da sua parte.

Nesse momento, o Cônsul de Angola me solicitou uma assessoria de imprensa na tentativa de reverter o quadro em favor da imagem da comunidade angolana. A princípio, rejeitei o trabalho, alegando não haver da minha parte nenhum interesse pela questão e já que eu também não era assessor de imprensa.

O senhor cônsul não concordou com minha negativa e quase me intimou a realizar a missão. Aceitei, portanto, em solidariedade e cobrei duzentos e cinquenta dólares a diária para a prestação do serviço, pensando que ele fosse rejeitar a proposta e que eu pudesse me livrar da responsabilidade.

Ao contrário, ele aceitou prontamente e delimitou a ação para o objetivo exclusivo de conseguir o pedido formal de desculpas das autoridades cariocas. Assim que o objetivo fosse alcançado, a missão terminaria.

Fiz um levantamento de todas as matérias publicadas nos jornais e, baseado nelas, redigi uma nota sobre a situação da comunidade angolana na Favela da Maré e outra sobre os horrores da guerra em Angola, observando as discriminações contra a comunidade e a anulação das potencialidades do país com a guerra. As notas foram ao ar, várias vezes, na Rádio CBN.

Devo isso ao meu amigo Sidney Rezende que se interessou pelo assunto. A situação se reverteu e toda a imprensa passou a me procurar no Consulado para maiores esclarecimentos.

A partir daí, obtive maior clareza do argumento que tinha nas mãos. A própria Rede Globo produziu outra matéria retratando-se. Em dez dias, o governador Anthony Garotinho decidiu por emitir uma nota oficial de reparação, pedindo desculpas à comunidade angolana, em um encontro com o Cônsul de Angola no Palácio da Guanabara.

O senhor cônsul foi para Angola com o pedido de desculpas do governador do Estado do Rio de Janeiro na pasta. Por causa dessa realização, concederam-lhe o título de Embaixador. Ele próprio, muito mais tarde, confessou-me a respeito.

Por fim, resolvi fazer uma gravação numa câmera XL-Cannon para ir ao ar na TV Pública de Angola, com imagens do Complexo da Maré, depoimentos da comunidade e uma entrevista exclusiva com a vice-governadora em que ela pessoalmente se retratava a toda nação angolana. A matéria foi ao ar em rede nacional e me parece que teve uma excelente repercussão.

Conto esse fato, muito superficialmente, porque para mim sua única relevância foi que, a partir dele, minhas relações com Angola se estabeleceram de forma mais voluntariosa, respeitosa e carinhosa, e porque, também, foi durante esse episódio que passei a obter maiores informações sobre a história da resistência daquele país, através da pesquisa que realizava, e percebi, ainda mais profundamente, que minha iniciativa de fazer um filme para mobilizar a opinião pública no Brasil, e fora dele, para as questões africanas, a partir de Angola, pudesse transmitir ao público uma mensagem fundamental: a profunda desigualdade entre os países do Norte e do Sul, o respeito à paz mundial, à cidadania e a expansão da democracia para os campos econômico e social, reforçando a dimensão cultural da comunidade negra.

A princípio, esse argumento parecia bastante genérico, mas meu objetivo era essencialmente estabelecer um maior diálogo entre as culturas atlânticas, incentivar a pluralidade e promover a cultura da paz.

Queria aprofundar uma discussão de temas e problemas que envolvessem a população negra, relacionados aos atuais indicadores sociais e econômicos que têm sua herança no regime da escravidão e na luta do povo negro por liberdade de expressão e de manifestação cultural.

A relevância de tudo isso transcorre da necessidade de se discutir as consequências da escravidão, bem como reconhecer sua influência sobre a formação da sociedade brasileira e mundial.

A História Contemporânea da África é fundamentalmente a história das leis e da prática do trabalho forçado, sob a intervenção do regime colonialista. Começa com a Revolução Industrial que provocou, quase que instantaneamente, a divisão geopolítica do continente africano.

A Conferência de Berlim realizada entre as potências mundiais, em 1885, determinou que só houvesse reconhecimento de posse sobre as colônias africanas com a ocupação permanente de seus territórios.

Essa proposição provocou uma corrida histórica para a África, sua colonização e sua internacionalização. Os princípios sem critérios da Conferência não eram outros senão dividir o continente africano para as potências coloniais explorarem seus recursos naturais e servirem ao processo da industrialização mundial.

Não se tratava de uma política de desenvolvimento, mas da criação artificial de um "poder branco", com a intensificação da exploração econômica e militar das potências mundiais.

O imperialismo determinou-se, em sua grande prepotência, por todas as regiões do continente, como estrutura das relações capitalistas dominantes, tendo em sua meta primordial a pilhagem da África.

O mundo todo se calou, adotando, mais uma vez, inúmeras justificativas. Mas a exploração econômica do continente só teria sentido, no entanto, com a exploração conjunta da mão de obra africana, sob as formas disfarçadas do trabalho forçado.

Mais tarde, em meados do século XX, a força imperialista na África Austral garantia a estabilidade do *apartheid* na África do Sul e a superioridade do "poder branco" em toda à região. O desenvolvimento dessa ideologia e desse conceito motivava criar também em Angola uma situação análoga à da Rodésia e da África do Sul.

As iniciativas dessa ideologia foram resultantes do poder imperialista em relação a toda África e, significativamente, em relação à África Austral. A História de Angola dimensiona o longo caminho para a independência e a liberdade dos povos negros dessa região.

Era esse o argumento que me interessava levar ao cinema. Por mais que essa história estivesse nos livros, por mais que tivesse sido publicada nos principais jornais da época no mundo, a história que envolveu a independência de Angola e o conflito armado da guerra civil, com a intervenção das potências mundiais após a independência, toda essa história é recentíssima e, com ela, eu me identificava, profundamente, porque é a história da minha geração, e que teve, também, seus reflexos no Brasil com a ditadura militar e a grande repressão que aqui se instalou, e em todo o planeta, com a sustentação ao imperialismo, além de que todos esses fatos são desconhecidos do público em geral nas suas dimensões reais, porque foram amplamente abafadas as suas consequências, através da batalha ideológica que se travou em relação às questões fundamentais que envolveram o mundo inteiro nas décadas de 60 e 70 do século XX.

Eu não tinha a menor convicção de que o projeto fosse para frente até receber o telefonema do consulado angolano. Eu que estava praticamente à mercê da mediocridade e prestes a me tornar um homem envelhecido antes do tempo, cansado e abatido da minha enfermidade moral e psíquica, sujeito às extremidades todas da consciência, doente dos reflexos da minha própria irresponsabilidade, identificada com a irresponsabilidade inocente de uma juventude que eu via crescer no ócio, na violência e na marginalidade, acometida por uma doença semelhante à minha, sentia-me um dinossauro, deformado pelo assombro da minha angústia, iluminado por uma luz áspera e rigorosa em seu pendor no horizonte.

Sentia-me um foragido da justiça, sem possuir uma vida de ladrão, sem me deixar derrotar, sem me deixar passar por incompreendido ou sem me deixar possuir pela reputação de um louco. Tivesse que pegar o fuzil e matar dois ou três, faria isso insensivelmente. Tudo em nome de um Deus que me habitava e me dizia: "Vá em frente, meu filho, não olhe para trás, estou aqui dentro de ti, continue firme, que aqui estarei permanentemente".

Só não sabia que Deus era esse. Que intervenção absurda era aquela? Não tinha mais como fugir. Estava profundamente mergulhado no abismo que me ocupava. Restavam-me somente a sentença e o replicar da queda.

Fui ao consulado e escutei a determinação do cônsul de que o projeto deveria andar, era do interesse da Presidência da República e, se eu tivesse a disponibilidade de amadurecê-lo no sentido de elaborá-lo para se captarem os recursos numa prospecção dentro do mercado, eu obteria, fundamentalmente, o apoio para seu desenvolvimento e, obviamente, para a captação financeira.

Afirmei que, a princípio, esse seria o objetivo do projeto, e que deveríamos elaborá-lo já com uma equipe brasileira e aprová-lo junto ao Ministério da Cultura do Brasil, para, não só oficializá-lo, como uma produção de cooperação internacional, mas, também, para captar parte dos recursos através das leis de incentivo ao cinema brasileiro.

O senhor cônsul me perguntou o que seria então necessário. Respondi que, evidentemente, além dos custos, seria necessário ir a Angola para aprofundar-me no argumento e, em seguida, escrever o roteiro.

O cônsul disse-me que já era essa a sua intenção.

– Providencie o passaporte.

Ponderei que precisaria de uma ajuda de custo para saldar minhas despesas pessoais durante o tempo em que permanecesse em Angola.

– Terá sua ajuda de custo.

Em agosto de 2001, fui para Luanda dar início ao meu trabalho.

****

Depois de ficar recluso por quase trinta dias, eu e mais uma delegação de brasileiros e estrangeiros de todas as partes do mundo, no seminário sobre a situação econômica de Angola, realizado no Hotel Tropical, em Luanda, fomos todos passear, confortavelmente, pela cidade dentro de um ônibus refrigerado.

Fomos almoçar na Ilha de Luanda. Após o almoço, estava programada uma visita a um condomínio de luxo onde moravam os técnicos das empresas brasileiras que possuem negócios no país.

Da Ilha para esse condomínio, passamos por vários pontos da cidade. Na várzea, já quase saindo dos limites da cidade, o espírito superior de alguns dos meus companheiros fez saltar-lhes dos olhos uma admiração inescrupulosa da pobreza que podíamos ver tão de perto: o lixo acumulado aos borbotões, as valas de águas negras, as ruas empoeiradas, o calor insuportável e visível da janela, os casebres paupérrimos dos musseques e as pessoas expostas na sua decadência dolorosa.

Todos olhavam para fora como se estivéssemos num imenso zoológico. Um olhar parcimonioso para uma imagem exótica. Um olhar sem qualquer compaixão, de espanto, sem consciência. Um espanto frio, desertificado e sem calor. Os comentários idiotas da primeira impressão, sem suavidade, sem infância, sem alma. Era o efeito do deboche que lhes vinha à cabeça. Como se no Brasil não houvesse também miséria e decadência. Como se não fôssemos vítimas dos mesmos exageros. Como se ali, diante de toda aquela realidade, não houvesse vida, não houvesse morte, não houvesse sofrimento. Como se tudo aquilo fosse um quadro estampado na parede, uma obra de arte, uma imagem, simplesmente. E não a realidade crua e absurda.

Fiz de tudo para não me manifestar por educação e contenção. Mas foi impossível.

Os comentários eram tão asquerosos, que eu disse:

– Acaso vocês nunca viram algo parecido nos subúrbios do Rio, nas periferias de Manaus, nas palafitas do Recife, nos becos da Zona Sul de São Paulo? Nunca passaram do Túnel Rebouças para o lado obscuro do Rio de Janeiro? Já entraram na Favela da Maré? Já visitaram o Jacarezinho? Pois, então, meus amigos, não menosprezem. Nesses lugares vocês terão as mesmas imagens.

O professor Fernando Albuquerque Mourão, diretor do Centro de Estudos Africanos da Universidade de São Paulo, que estava sentado na frente do ônibus, virou-se na minha direção, olhou-me disfarçadamente e estendeu de novo o pescoço para a paisagem, parecendo ser o único a perceber o que eu queria exatamente dizer.

Quando retornamos à cidade quase ao entardecer, eu não aguentava mais: trinta dias vendo Luanda da janela fria de um ônibus refrigerado, do hotel o qual haviam me hospedado, para o hotel no qual o seminário acontecia.

No sinal, próximo à Igreja Nossa Senhora do Carmo, pedi ao motorista que abrisse a porta para que eu pudesse saltar, afirmando assumir toda a responsabilidade. O motorista relutou. Insisti. E a porta se abriu.

Desci, lastro de mim, com uma vontade louca de andar pelas ruas, calmamente, sem a aparência das coisas, prestando-me aos bons serviços da curiosidade, possuído pela atenção, sem olhos fixos, a mesma atenção de sempre, marcada pelo contentamento de poder, afinal, permitir-me o contato com as crianças, as mulheres e os homens da cidade baixa de Luanda.

Após trinta dias preso ao seminário, pude finalmente dar início ao meu trabalho. O senhor cônsul havia me dito que eu deveria procurar um senhor de nome Manuel Mariano, diretor de produção da Orion, a principal empresa de produção e comunicação do país. Ele seria seu assessor particular para o desenvolvimento do nosso projeto.

Mas, o acesso ao diretor da Orion me foi vedado, durante a realização do seminário. Por incrível que pareça, tive de arrancar o telefone do meu contato da agenda pessoal do funcionário da Fundação Eduardo dos Santos encarregado de nos apresentar.

Por causa da demora que eu não mais podia suportar, fui ao escritório da Fundação pretendendo um contato imediato com o diretor da Orion. O funcionário continuou demonstrando seu distanciamento em relação ao meu trabalho.

Por sorte e por um motivo qualquer, ele teve de se ausentar da sala. Foi o tempo suficiente para eu pegar, em sua agenda, o número do celular do meu contato. Liguei dali mesmo.

– Senhor Manuel Mariano?
– Pois, não!
– Maurício Nolasco do Brasil.
– Poxa! Estou a procurá-lo. O que se passa?
– Ainda não me haviam permitido o contato com o senhor. Precisamos nos encontrar.
– Agora mesmo. Onde está hospedado?
– No Méridien.
– Pois bem! Em vinte minutos estarei no saguão.

A primeira impressão que tive de Luanda foi de uma cidade muda, abafada culturalmente. Senti-me preso e nervoso. Não percebi autenticidade alguma. Luanda pareceu-me uma cidade vazia, sem vida, oca e de alma fria.

O primeiro contato mais caloroso que tive foi com Rey Webba, um produtor musical conhecido de todos. Cheguei à pessoa de Webba por intermédio de um rapaz humilde, porém, de uma inteligência rápida e franca.

Abordou-me no seminário com a sede da troca de experiência e informação. Conversamos e ficamos amigos. Achou que eu deveria conhecer Webba e ficou de marcar um encontro.

Em dois dias, encontrei Webba num barzinho próximo ao Hotel Tropical. Até então, eu só conhecia a Luanda das avenidas largas, a Luanda da herança da revolução comunista.

Atravessamos a Avenida Lênin em frente ao hotel, passamos por alguns becos e chegamos ao encontro com Webba. Conversamos por quase uma hora. Webba foi muito gentil, mas não me ofereceu uma visão ampla da potencialidade da cidade.

Eu queria ter contato com os principais músicos. Sabia que a música me levaria a perceber a cidade na totalidade de seu espaço imaginário.

Chegando ao Méridien para estar com o Sr. Mariano, minhas impressões negativas sobre Luanda começaram a se dissipar com o teor da nossa conversa. Meu contato era um homem ultraconservador, mas inteligente e refinado, de uma sensibilidade aparente para com a cultura de seu país, seus problemas estruturais e suas perspectivas para o futuro.

Estava claro, no entanto, que seu modo de pensar era de uma pessoa comprometida com a situação vigente, contrária a grandes reformas, uma pessoa atenciosa, mas, visivelmente subordinada ao partido.

Formado em cinema no Leste Europeu, o produtor pareceu-me uma pessoa em quem se poderia confiar. Ponderei a respeito das minhas intenções de criar um projeto, cuja relevância fosse o dimensionamento da identidade cultural entre os nossos países, incentivando as condições necessárias para a cooperação Brasil-Angola.

Ressaltei o importante papel do Rio de Janeiro como depositário de um valioso patrimônio cultural sobre a formação da cultura brasileira através da influência da cultura africana.

Disse-lhe que meu objetivo não era realizar um filme sobre a situação interna de Angola, mas sobre a história da resistência e das relações internacionais do país, identificando-a com o bloco da Comunidade de Língua Portuguesa e, de uma maneira geral, com os países do Terceiro Mundo.

Para isso, e para dar grandeza e identidade ao filme, concluí que seria necessário produzirmos um CD com a participação de artistas brasileiros e angolanos e, ainda, um festival de arte e cultura, para os lançamentos do filme e do CD no Rio de Janeiro.

– O Rio precisa da África – eu disse a ele.

O africano sensibilizou-se com a dimensão universal que eu almejava para o projeto. Obtive seu apoio e sua concordância. Acolheu-me com todo entusiasmo. E, a partir daquela tarde, passou a produzir minhas ações para que eu pudesse aprofundar o argumento do filme e levar para o Brasil uma pesquisa que determinasse o desenvolvimento do roteiro.

Antes, porém, de dar início ao meu trabalho, tivemos uma

reunião com o senhor cônsul para informá-lo das novas perspectivas que o projeto haveria de tomar. Também obtivemos seu apoio.

Fiquei de apresentar os custos da elaboração do projeto, antes do meu regresso ao Brasil. Comecei, enfim, a trabalhar. A Orion me disponibilizou um automóvel em tempo integral. E, por mais trinta dias, trabalhei, incansavelmente, no sentido de produzir todas as informações indispensáveis.

Estive com várias personalidades representativas da cultura angolana. Conversei com elas, longa e profundamente, sobre a guerra, sobre a História de Angola, sobre as origens remotas e contemporâneas da guerra, sobre as perspectivas de paz e, principalmente, sobre a situação desastrosa do país.

Pepetela, Jorge Macedo, José Henrique Abranches, Arnaldo Santos e Ruy Duarte de Carvalho impressionaram-me pela inteligência e, especialmente, pela generosidade.

Todos, porém, demonstraram-se ressabiados com meu envolvimento com o presidente da Fundação Eduardo dos Santos, o cônsul-geral da República de Angola no Rio de Janeiro.

Ponderei que eu não podia pretender filmar no país e desenvolver o projeto com a magnitude que ambicionava sem o apoio direto das próprias autoridades angolanas, e que tinha total liberdade de expressão e de condução do argumento e do roteiro.

Tive uma conversa calorosa com José Henrique Abranches que, ao lado de Antônio Jacinto e Mário Antônio de Oliveira, pertencera ao grupo de intelectuais incentivadores das ações da clandestinidade na época do movimento de libertação junto à Liga Nacional Africana, através da poesia e da literatura.

Seu depoimento me marcou profundamente. Explicou-me como foi intensa a participação dos intelectuais em apoio aos grupos clandestinos e às tensões entre colonos e nativos, devido ao trabalho escravo nas plantações de algodão e café, as condições subumanas por que passavam a totalidade dos trabalhadores em Angola, nos anos 50 e 60, no auge da exploração colonial.

Ruy Duarte também foi muito amável e de uma extrema delicadeza. Encontramo-nos por duas vezes, uma em seu apartamento, outra na universidade. Pude constatar o quanto era querido e respeitado pelos estudantes.

Falou-me da formação do MPLA e das outras Frentes Nacionais, que apoiadas por forças externas, criaram as condições necessárias para que Angola se tornasse um dos principais focos de tensão da Guerra Fria.

Expressou sua enorme decepção com as condições do país e seu amor pelos Kuvale, sociedade pastoril do sul de Angola. Sua aventura pessoal pelos territórios Kuvale resultou numa experiência de reconhecimento da relação de valores que os povos da Namíbia estabelecem entre si e seus vizinhos.

Eu procurava encontrar as referências sobre a rainha Njinga que, há séculos, habita o imaginário do povo brasileiro, especialmente do povo negro mais humilde, no seu ideário por justiça e liberdade. Mesmo no Brasil atual, a rainha da Matamba, depois de três séculos, permanece viva nas manifestações populares das Congadas e dos Maracatus por diversas regiões do país.

A grande rainha se tornou o símbolo da resistência ao colonialismo na Angola do século XVII. A resistência organizada por Njinga explica a natureza conflituosa do processo histórico de Angola e pode-se dizer que ela figura como a principal heroína do povo angolano na formação da sua identidade.

Por essa razão, Mariano fez questão de me apresentar a um professor e diretor de teatro de nome Africano Cangombe, que acabara de encenar uma peça, cujo tema era a entronização da rainha Njinga, no ano 1624. De imediato, eu e Cangombe tornamo-nos amigos. Primeiro, por ele ser uma pessoa de extrema sensibilidade. Depois, por ter sido muitíssimo amável e atencioso comigo.

A peça de Cangombe era uma adaptação do livro *Nzinga Mbandi*, do escritor Manuel Pedro Pacavira. Perguntei a Cangombe se poderia readaptar a peça e o livro para o filme e se lhe interessava trabalharmos juntos. Demonstrou-se completamente afável e disponível.

Em seguida, mantive contato com a historiadora Rosa Cruz e Silva, na intenção de tê-la como minha orientadora. A diretora do Arquivo Histórico de Angola havia publicado vários artigos, replicados no Brasil, sobre os séculos XVII e XVIII, com a temática do tráfico negreiro e da reconstrução da imagem da famosa rainha Njinga.

Procurei na Rádio Nacional um conhecedor das línguas do país no intuído de perfazer uma panorâmica do epistolário do povo angolano na sua diversidade. Tornei-me, amigo de Jorge Kapitango e encomendei-lhe uma pesquisa sobre o assunto. Kapitango foi muito gentil e carinhoso. Ofertou-me o livro *Misoso*, de Oscar Ribas, que engloba 26 contos e 500 provérbios angolanos. Interessei-me por um conto chamado "A pessoa não tem coração", que, a meu ver, traduz a síntese do espírito do povo de Angola.

Ruy Duarte havia me recomendado o livro *A destruição de um país*, do cientista político americano George Wright. O livro faz uma análise contundente da política dos Estados Unidos para Angola desde 1945 e fornece um bom exemplo de como o imperialismo norte-americano, sob a égide do sistema capitalista multinacional, concebeu sua política externa de modo a projetar sua hegemonia no Terceiro Mundo e em Angola, em particular.

Estava traçado o primeiro plano de entendimento do meu roteiro e da História de Angola. Pensando nisso, e tendo aberto uma pequena janela de investigação e pesquisa, restava-me olhar a paisagem e prosseguir com o meu trabalho. Mas, faltava-me algo que desse sentido a tudo. Faltava-me a música.

Um lugar sem música é um lugar sem alma. Restava-me

saber se, em Angola, se produzia uma música popular de qualidade. Tudo que eu havia escutado não despertara o meu interesse. Cheguei a me perguntar: "O que é que eu estou fazendo neste lugar"? "Terá alguma originalidade em tudo isso"?

Uma surpresa agradável foi conhecer o Balé Kilandukilu que, em língua Kimbundu, significa divertimento. O Kilandukilu é extraordinário. Dirigido pela coreógrafa Ana Maria, o grupo une ritmos tradicionais de Angola às danças rituais, fúnebres e guerreiras do interior, utilizando-se do ngoma, da marimba, da pwita, do dikanza e do bambu como instrumentos.

O Kilandukilu é referência obrigatória da dança em Angola. Ana Maria, Amador e Maneco são os interlocutores do grupo e, obviamente, nos tornamos amigos. Passei a frequentar a quadra do Kilandukilu que fica no musseque São Lourenço no bairro de São Paulo. Na verdade, eles são uns heróis. Ensaiavam sob as mais insuportáveis condições de trabalho. A alegria e a inspiração do Kilandukilu deixaram-me inundado de felicidade. Agradeço-os por tê-los encontrado e por terem me oferecido um momento tão precioso de consciência de que a vida, apesar de tudo, é possível.

Ao chegar exausto numa noite no hotel, liguei a televisão e tive a oportunidade de assistir ao show de Paulo Flores acompanhado por um grupo de vários artistas. "Sabia!", pensei comigo, "todo lugar guarda na memória a sua música expressa".

Fiquei emocionado porque o presente não estava vencido e havia uma razão em tudo que eu pretendia fazer, um sinal de vida e um sentimento orgânico ainda palpitavam nas sombras de um país completamente devastado.

No dia seguinte, procurei conhecer Paulo Flores. Marcamos um encontro no final da tarde. Mas na hora do almoço, quando fui ao quarto do hotel, e liguei, novamente, a TV, o horror a cores do atentado de 11 de setembro trouxe-me ao chamamento súbito da História, amplamente globalizada na sua dinâmica de proporções desastrosas, na sua vulnerabilidade mais aguda, no seu delírio absurdo, na violência e na morte, sobre a atmosfera infernal do World Trade Center, que desabava aos olhares multiplicados do mundo.

Eu tinha de estar em Angola naquele dia, do outro lado do Atlântico, num país vítima de uma orquestração sórdida imposta pela Guerra Fria, das atrocidades cometidas pela guerra civil, da imensa destruição moral e física que o imperialismo impôs aos seus cidadãos, através de uma conspiração internacional criminosa, mesmo depois do colapso que o regime fascista português sofreu – um império que se manteve durante séculos e desabou numa velocidade impressionante, que provocou consequências inadmissíveis que não foram solucionadas até hoje e, provavelmente, jamais serão solucionadas, por causa do grau extraordinário de violência e devastação e da irracionalidade patética assumida mundialmente.

De volta ao Brasil, no final de outubro, procurei certificar-me de uma parceria possível para a produção e direção do filme. Minha intenção era dividir a direção com alguém que tivesse experiência técnica e que, de certo modo, eu pudesse confiar, por causa das vaidades inerentes das pessoas e da preocupação de encontrar um diretor que tivesse o mérito de compreender a dimensão humana do projeto e ainda viesse, à luz dessa dimensão, acrescentar ao meu trabalho o reconhecimento necessário do que eu pretendia, na forma e no conteúdo que já me possuía a cabeça, com todos os elementos que eu trouxera de Angola para escrever o roteiro.

Lembrei-me de Carlos Del Pino, um diretor uruguaio que, no final de 1967, passou a colaborar na produção e na direção de vários realizadores do Cinema Novo no Brasil.

Conheci Del Pino na década de 80, na Urca, durante o período de preparação do filme *Memórias do Cárcere*, de Nelson Pereira dos Santos. Sabia nele existir a responsabilidade latino-americana, esboçada em um sentimento de amor pelo cinema, na conservação da utopia, onde flutuam o senso comum, pessoal e coletivo da transformação da realidade em arte e no envolvimento da arte em todas as suas perspectivas existenciais. Tentei o contato e despertei seu interesse. Obtive a parceria e a consolidação de uma grande amizade.

Del Pino me indicou o produtor Tuinho Schwartz, que me concedeu toda a infra-estrutura para a elaboração do projeto. Restava-me a ideia da sonorização. A música.

Mesmo antes de ter ido para Angola, pela primeira vez, eu estava tramando realizar um projeto no Rio de Janeiro. Acreditava que, fora o samba, a música popular carioca devia um pouco à modernidade, em função das novas estruturas criadas pela indústria fonográfica.

Via a música que se produzia no Rio refém de um formato muito influenciado pela música estrangeira perdendo-se muitas vezes por falta de originalidade e de buscar em suas raízes populares mais remotas o conteúdo adequado ao momento presente do Brasil.

Percebia a força rítmica brasileira em sua integridade e convidei o baterista Robertinho Silva, que é um dos músicos brasileiros mais significativos das últimas décadas, a construir uma orquestra de percussão.

Procurei-o e propus a ele criar uma orquestra dentro de uma comunidade de baixa renda para atender a jovens em situação de risco.

– Guerrilha cultural! – exclamou-me sorrindo. Coloque meu nome. O que é preciso?

– Calma, Robertinho! Isso pode levar anos.

– Paciência! Estou nessa.

Comentei com Robertinho sobre meu projeto em Angola e o convidei para as gravações da trilha sonora do filme que eu pretendia realizar. Conversamos muito a esse respeito. E Robertinho me indicou o maestro Ruriá Duprat, sobrinho do grande maestro tropicalista Rogério Duprat.

– Esse é o homem. Ruriá é genial. A gente sempre quis fazer um som juntos. Não o perca de vista.

Telefonei para Ruriá e marquei de conhecê-lo em São Paulo. Chegando lá, fui direto ao seu estúdio no Campo Belo.

Ruriá não era uma pessoa comprometida com a vaidade. Percebi logo o seu caráter. Cativou-me com simplicidade nos primeiros minutos de nossa conversa.

Matamos uma garrafa de uísque entre queijos e comentários sobre a África, estética, música e qualificação artística. Fiquei de formatar um projeto a respeito do que pretendia do CD e da trilha sonora do filme para que ele pudesse me enviar os custos.

No Rio, o Tuinho Schwartz me apresentou ao produtor Paulo Barroso que trabalhava na produtora Backstage.

Criamos um projeto de um festival de arte e cultura com a participação de artistas da Comunidade de Países de Língua Portuguesa. Propus à gravadora Rob Digital a distribuição do CD que eu pretendia produzir.

Elaborei o primeiro esboço do roteiro para apresentá-lo ao Ministério da Cultura, visando sua aprovação para a captação de recursos incentivados. Em seguida, mergulhei numa pesquisa minuciosa sobre a História de Angola, iconografia e outros detalhes importantes.

Para chegar ao texto final da cena da entronização da rainha Njinga, tive que estudar a História de Angola do século XVII, para me familiarizar com a época e o ambiente.

Da parte brasileira, ficou tudo organizado e apresentei o projeto no primeiro semestre de 2003, pronto para o início das filmagens.

****

Madrugada quente no Rio. O relógio da Lapa marca uma hora e vinte e cinco minutos. Uma pequena multidão se aglomera na esquina da Travessa do Mosqueira.

Rapazes e moças de todos os pontos da cidade encontram-se espaçosamente na Ladeira da Lapa. Meninos maltrapilhos vendem amendoins nas ruas.

Turistas de várias partes do Brasil e do mundo permanecem ali admirando toda a movimentação. Malandros, trombadinhas, ambulantes, bêbados e traficantes compõem o cenário da noite no Centro da Cidade Maravilhosa.

Vozes de todos os tons arrastam-se sem qualquer direção. De repente, tudo ficou espontâneo. O vaivém das pessoas, entretanto, irritava um amigo que me acompanhava.

Sentia-se deslocado na multidão. Com os olhos e as mãos em movimento, meneava a cabeça de cima a baixo, a cada dois minutos, num cacoete estranho que tinha há muitos anos. Estávamos acompanhados de outro amigo que suportava com prazer a movimentação alegórica de toda aquela parafernália.

Uma jovem aproximou-se da gente e, em poucos minutos, já conversava com a maior naturalidade. Verônica estava bêbada. Os seios lhe estufavam a blusa e provocavam olhares dos rapazes.

Verônica possuía um corpo irresistível. O batom aperfeiçoava a imagem do seu modelito ousado. A presença indomada da menina era um espetáculo a parte na noite da Lapa. E ela era apenas uma adolescente.

Os olhos vermelhos e a conversa sem pudor me excitavam. Ainda mais quando fazia questão de controlar a conversa.

— Me dá prazer provocar os homens. Acho engraçado como se deixam dominar com facilidade.

— Nem todos — eu lhe disse.

— Todos. Sem exceção. São todos iguais.

— É exagero seu...

— O que mais elogiam é minha bunda. Você mesmo não tira os olhos dela. Mas gosto das minhas pernas e da minha boca.

— Você malha? — perguntei.

– Malho e luto. Gosto de ginástica e sexo. São as coisas que mais me excitam.
– Você tem um corpo maravilhoso...
– Obrigada! Mas é a sandália. Sempre uso sandálias altas. Na verdade, sou meio baixa. E tenho complexo. Por isso, uso sandálias altas. Gosto de sair assim, bem sexy. Os homens não entendem e saem mexendo. E não é assim que as coisas funcionam comigo. Quem canta sou eu. As mulheres são mais discretas. Por isso, gosto delas. Principalmente, as maduras.
– Já vi que você domina.
– Mesmo.
– E é louca?
– Também.
– E sexo?
– Estou falando disso. Mas tudo tem sua hora. No início da noite, nem pensar. Não tenho estômago para isso. Tem que ser no fim. Já meio esgotada. Depois de ter falado com todo mundo. Aí, eu escolho.
– Tanto domínio não é um pretexto para ser dominada?
Verônica pensou um pouco antes de responder.
– Não! Não! Quem decide sou eu mesma.
A menina falava sem por freios e o meu amigo cobria-se de precipitação.
– Não tenho mais paciência para essas coisas.
– Acalme-se! É apenas uma adolescente – disse-lhe.
Verônica despediu-se com um abraço carinhoso e um beijo.
Ficamos sem se falar, observando as manifestações inofensivas da juventude.
A essa altura, apareceu Kotoquinho, que era um ogã do candomblé que eu, há tempos, visitava em *São João de Meriti*. Kotoquinho convidou-me para ir a São João, para a festa do aniversário dos 25 anos de assentamento da Ialorixá do terreiro.
A Ialorixá era filha de uma velha senhora que eu já conhecia, chamada Kelegi. Eu frequentava sua casa na Barreira

do Vasco, numa época em que ainda se podia circular pelas favelas do Rio.

Com o coração marcado por uma sensação auspiciosa, segui com Kotoquinho para São João. Fui embora quase sem me despedir, fugindo da mediocridade da Lapa e da cara de espanto que os meus amigos fizeram pelo fato de eu ter ido a uma festa de candomblé na madrugada.

Andamos até a Central e pegamos um ônibus para São João de Meriti. Eu merecia me desassociar da Lapa e das conversas que me davam tédio. Ao chegarmos ao terreiro, dormimos numa esteira num quartinho próximo aos pejis.

Quando amanheceu, uma grande movimentação acontecia entre os pais, os filhos e as mães pequenas, os irmãos de santo, as ekédes, os alabês e as outras pessoas próximas a casa, tias, primos, sobrinhos, crianças, amigos, cozinheiras, domésticas, bordadeiras, pedreiros, marceneiros, pessoas de diferentes classes, raças e ofícios, que se somavam, carinhosamente, no terreiro, por ser um dia de festa.

Todo o grupo nutria-se da comunhão em torno das obrigações do Ilê e dos sentimentos de amor e respeito que mantém o Axé da casa.

Aos olhos daquela gente, na hierarquia do candomblé, conservada na vivência do culto aos Orixás, é absolutamente preciso dar continuidade à união das pessoas. Todos os atos cerimoniosos eram de uma representação poderosa de fraternidade.

Aquela relação mítica igualava todos ao mesmo patamar. As minuciosas bênçãos e as contínuas saudações, frente à Ialorixá, e às mães pequenas, possuíam uma elegância fora do comum e sugeriam um comportamento de abnegação exemplar.

Identificar melhor o sentido da natureza da alma sobre sua ancestralidade e perceber que o destino pode ser construído com uma visão de solidariedade são os principais desígnios do candomblé.

Odília, filha de Kelegi, herdou das tradições da cultura religiosa afrobrasileira o nome de Mãe Torody. Iniciada nas funções religiosas, por sua mãe de santo, Tomim de Ogum, exerce suas obrigações no terreiro da Venda Velha, há 25 anos.

As tradições do seu Axé vinham da escravidão e têm sido transmitidas, através de várias gerações. Kelegi era filha-pequena da Ialorixá Tomim de Ogum, já falecida, que por sua vez, era filha de Odeci Logum Edé, de Cosme e Faria, na cidade baixa em Salvador.

Odeci Logum Edé era filha de Maria Ijexá, que era filha de Júlia Bugan. As três eram descendentes de Eduardo Ijexá Neto, legítimo herdeiro espiritual do príncipe da cidade de Ijexá, na África.

A localização do terreiro era bem mais distante, tempos atrás. Lembro-me que caminhávamos da rodovia Presidente Dutra até a propriedade por uma estrada extensa de poeira e de lama em dias de chuva. Com o passar dos anos, o local foi se tornando um núcleo urbano. E eu me assustei evidentemente com o fato de que a roça, agora, situava-se no centro de uma área que já possuía uma periferia.

Ao redor da propriedade, foram sendo construídas novas moradias, pequenos bares e biroscas, padarias, minimercados, barbearias e outros estabelecimentos comerciais. O terreiro foi espontaneamente perdendo suas características de isolamento, mas guarda, ainda, a magia da antiga estrutura do barracão.

Depois do almoço, fui chamado pela Ialorixá. Tive a oportunidade de ser impactado por seu afeto. Pensei em como vivemos voltados para suprir a necessidade que temos de interagir com a sociedade e nos argumentos que a sociedade nos impõe para isso, sem antes, porém, gerar dentro de nós nossos próprios argumentos.

— Essa é uma atitude interna. E ninguém, seja quem for, fará isso por nós. Vivemos irremediavelmente desamparados e sozinhos. Mas, ao mesmo tempo, somente o compromisso com a coletividade dá sentido às nossas vidas.

Eu a escutava com um silêncio límpido dentro da minha cabeça, com o acordar dos meus sonhos, com os olhos sorrindo, portados de uma esperança que se manifestava com aquela simples conversa.

— Ninguém deve ser uma ilha isolada no oceano. São raras as pessoas que percebem o que estou falando. E, no fundo, tudo é muito simples. É uma questão de sentir o que não se pode exprimir. Essa é a atitude que nos permite todo o fundamento da nossa ação. Não há linguagem que a traduza. Só a ação a justifica.

Disse-me que era preciso ter coragem para caminhar na direção a qual eu estava caminhando.

— Por isso, trate de se disciplinar e ter a regularidade como condutora de suas ações.

Ao entardecer, voltei para o Rio preenchido de sua simplicidade. Quando cheguei em casa e fui tomar banho, no instante em que a água do chuveiro tocou minha cabeça, tive uma compulsão de choro como nunca havia experimentado antes.

Aquele banho lavou-me a alma. Fui impulsionado por um sentimento ainda maior que a densidade que eu simplesmente conhecia. Acontece que irrompeu uma voz dentro do meu ouvido que se materializou naquele dia.

Foi um momento indiscutível de afirmação. E o mais bárbaro, o mais relevante, foi a perspectiva que eu senti de continuidade das coisas todas do mundo.

A Ialorixá havia me dito que a visão da coletividade é a mais sólida visão que existe.

— O erro das pessoas é que, sem viver a coletividade, confundem a vida como um mero exercício individual. Isso é uma arrogância. E o mal que esse comportamento implica é o que vem acompanhado dele: a pretensão de que podemos alcançar tudo sem a participação do nosso semelhante, do próximo, da comunidade, da sociedade inteira. Essa é a doença dos nossos dias.

Foi essa sensação que tive debaixo do chuveiro, de uma maneira radical e assombrosa. Por isso, chorei. A sensação de reencontrar minha própria dimensão no estágio que ela, livremente, se instalou, a partir daquele momento com a Ialorixá.

Com o tempo, fui percebendo que existe no candomblé o sentimento de altivez, de dignidade de raça, de amor próprio e ao próximo. É um sentimento de preservação cultural, de identidade, de orgulho e de brio pela cultura negra.

Só quem o frequenta entende essa distinção, mesmo o branco. Dentro dessa perspectiva, o candomblé será mais do que uma simples religião. Será um sistema social orgânico no qual a fé se encontra no sentimento de afirmação da comunidade negra e da história da repressão ao negro no mundo.

Os negros brasileiros que o praticam perpetuam a dimensão africana em todos os seus aspectos. Mantêm a tradição na coletividade. Essa é uma relação carnal, espiritual, familiar e coletiva e é uma experiência tão compensadora, que me fez adquirir certos conhecimentos que só o preço do amor pode pagar, o preço da amizade, da gentileza, o preço da delicadeza, da simplicidade, da singularidade, do respeito às pessoas, da cortesia e da fé.

Uma fé que tem um caráter de conservação histórica, cultural e humana. Uma fé que ganhou uma dimensão extraordinária no cativeiro. Uma fé que se torna presente, tão forte e dinâmica, e que, se subsiste, ainda em nossos dias, passando por inúmeras gerações, apesar do impacto da mais inumana opressão política e econômica, a escravidão, é porque concebe uma tarefa fundamental, a de compreender o Homem como o centro das atenções nas mais variadas situações e na sua enorme complexidade.

Eis o mistério do candomblé, o antropocentrismo em exercício contínuo na coletividade, uma maneira de fazer da fé a liberdade. Uma maneira de pensar a fé, e muito mais do que isso, uma maneira de ritualizar a fé, exercendo-a na experiência da vida.

****

Não se morda, caro leitor, com minha decisão de mencionar certos assuntos que, eu imagino, devam-lhe ser, talvez, graves e impróprios, ou por seu natural desinteresse, ou por sua simples falta de informação. Ou ainda pelo fato de que não tem a menor obrigação, posso compreender, de discuti-los aqui comigo, através do diálogo que estou tentando promover entre nós.

Tenho a impressão de que há uma clara desvantagem para o meu lado, a de que você pode fechar as páginas deste livro, abandoná-lo de vez, ou jogá-lo na lata do lixo, seja qual for seu grau de instrução, seja rico, seja pobre, seja você quem for. Mas, se jogá-lo fora e, simplesmente, interromper a narrativa por achá-la pedante ou inconveniente, saiba que sou indiferente a isso.

Saiba também que vai perder a oportunidade de participar de uma discussão que pretendo levantar sobre o caráter da dominação que subsiste em todas as dimensões da nossa sociedade. Se não quiser discutir é um direito seu. Jogue o livro fora.

Mas, caso haja vontade, por favor, prossiga com a leitura, e procuremos nos manter, mais ou menos, distantes e infiéis, para desvendarmos, com total isenção, algumas das maiores mentiras que valem, hoje, no Brasil, o preço da dominação: o exercício da democracia representativa, social e racial que dizem aqui existir.

Este é um livro de reflexão de um inconformado pela estagnação com o conformismo. Eu diria que é um livro de bolso. Isto! Mas só se você achá-lo relevante. Se não achar nenhum valor, recomendo que o dispense o quanto antes. Mas, se achar alguma importância, peço-lhe, leve-o por aí.

Levante as mesmas discussões com seus amigos. Debata. Polemize. Você inquieto, desiludido, arrojado, miscível, abismado, endurecido, amofinado, constrangido, exaltado, excessivo, açoitado e com a alma perdida, ébria, fria, mutilada, obliterada, inconformada, cética, abstraída e farta com tudo o que está aí, mantenha-se indignado com a realidade absurda e insustentável que temos sido obrigados a aceitar mediante os descaminhos da democracia em nosso país.

O ponto crucial da linguagem, não é a descrição do fato, ou das personagens que aqui sendo tratadas. O foco é o ambiente, o Rio de Janeiro, esta cidade que eu amo, inquieta, suntuosa e desafiadora, e os preconceitos que o seu povo está submetido.

O Rio de Janeiro poderá ser avaliado aqui como um pequeno espelho da realidade que vivemos atualmente no Brasil. O Brasil grandioso e arrojado, mas digno de compaixão. O Brasil progressista e liberal, mas ultraconservador. O Brasil instigante e sedutor, mas sedento, degradado e mutilado.

Faço esta missiva a você, caro leitor, porque pretendo partir com o conceito da democracia brasileira. Pretendo insistir com a ideia de que não há democracia afirmativa no Brasil. E se não há democracia, não há liberdade.

Espero que você se manifeste quanto a isso. Ou que, ao menos se mexa de sua cadeira confortável. E discuta a questão, se for capaz discordar. Mas, faça-o às claras. E não se esconda detrás das mesmas fraudes estabelecidas.

O exercício da democracia no Brasil tem ocorrido dentro de um processo monumental de concentração de poder. Está claro que a concentração do poder tem provocado o atraso do desenvolvimento brasileiro. E desenvolvimento abrange a conjunção do capital, da tecnologia e da divisão do trabalho como forças indispensáveis. Porém e, em grande escala, da ação do governo, seja ele qual for.

É neste quadro que eu refuto, muito curiosamente, que a organização da sociedade brasileira não tem sido uma representação da nossa realidade. Basta constatar que na evolução da novíssima democracia no Brasil, tem sucedido uma desestruturação das forças sociais e coletivas em todos os sentidos.

O estado de profunda anarquia moral em que se encontra a sociedade brasileira, há várias décadas, me parece que chegou, enfim, à sua certeza manifesta, ao seu caráter de obviedade assustador, ao reconhecimento de que não se comporta mais nenhuma dúvida quanto a esta constatação.

Vivemos uma época de severidade, de incertezas, de dirigismo, de debates e polêmicas duvidosas. Os acontecimentos políticos no Brasil, no último século, irromperam o questionamento de que este estado de anarquia resultou na decadência do nosso sistema administrativo e institucional.

A República pressupõe a congregação dos três Poderes do Estado. Todavia, não é bem assim que ela tem funcionado desde sua Proclamação. O jogo político brasileiro tem-se prestado somente à hipocrisia e à ficção.

O poder, no Brasil, sempre se fundiu ao Poder Executivo. Essa é a grande verdade. Vivemos da paranoia democrática e do psicologismo idealista de transferir todo o destino do país, as grandes decisões do Estado, o desenvolvimento e a estabilidade social, à presença onipotente de uma só pessoa, o Presidente da República que, deverá ser eminente e notável, sempre, e o responsável pelo exercício do Poder.

Esta é a primeira constatação que devemos lutar contra e que deveria ser assumida como a demonstração de uma nova etapa, na qual o processo de amadurecimento das relações institucionais e democráticas venha depender da responsabilidade de todo o povo brasileiro, no Parlamento.

A verdade é que, durante a decomposição gradual e contínua dos valores democráticos, o objetivo da socialização desses valores, sob o regime presidencialista, tem-se desenvolvido, cada vez menos, através do modelo, com o passar dos anos.

O movimento de construção da democracia representativa, nos moldes que se tem apresentado à sociedade, acompanha significativamente o movimento da decadência do Estado brasileiro, porque possui um caráter especial de isolamento que o inviabiliza e o torna, em linhas gerais, o vilão do desenvolvimento.

Outro mito que devemos ultrapassar, e este me parece bem mais grave, é o arauto da democracia racial. Este é um assunto mais interessante, pois, certamente, irá acusar nossas instituições de não representarem, o povo brasileiro em sua totalidade e diversidade.

A história do negro e do índio em nosso país, esse passado rico em acontecimentos de resistência, revolta e amotinação, é ainda amplamente ignorada pela maioria dos brasileiros, para a convicção e a dinâmica dos valores mais significativos da nossa colonização, no sentido da construção metafórica da democracia racial através da mestiçagem.

Somos vistos, pelos quatros cantos do mundo, como o país do futebol, do samba e do carnaval: a imagem multissecular e multirracial do paraíso exótico, tropicalista e mestiço.

Alto lá! Não estou demolindo nosso espírito de brasilidade. Gosto tanto de futebol, carnaval e samba como qualquer brasileiro comum. O que quero dizer é que o caráter suntuoso e alegre, essa visão da sociedade brasileira feliz, se esgota em nossa própria realidade.

A perpetuação dessa imagem, única e excessiva, já se esvazia nela mesma, e continuará a ser uma obrigação solene, que ainda não adquiriu a dimensão do seu estado de fraqueza e, por isso mesmo, não conseguiu ultrapassar a ação das fortes estruturas de opressão em que nela se acomodam, fundamentalmente, com a continuidade da sua manipulação.

De fato, essa simples imagem que opera sobre o mito da democracia racial e que, portanto, interfere sobre a construção da democracia social, nos terá isentado de compreender as ações afirmativas do negro e do índio em nossa História.

Se, ao contrário, como podemos explicar, que, durante todo o percurso da História brasileira, o negro e o índio estiveram sempre esquecidos e ignorados, sem participação ativa?

Como aceitar tamanho esquecimento? Ou, como não compreender a negação sistemática do negro e do índio enquanto agentes fundamentais da construção do Brasil real com essa omissão?

Será doentio e falacioso o acaso de imiscuir-se sobre a existência de um problema étnico no Brasil, fora e distintamente relacionado ao abismo social evidente entre brancos, negros e índios?

Ora, se não há democracia social, distribuição de renda, de conhecimento, de oportunidades e de cultura, etc., etc., não há de existir a tal democracia racial. Parece-me óbvio esse raciocínio, já que a grande maioria dos miseráveis desse país constitui-se de negros, mulatos, índios e caboclos.

O reconhecimento do negro, ou mesmo do mestiço, acima de preconceitos, no que se refere à colonização portuguesa, como é atribuído nos textos do nosso eminente sociólogo Gilberto Freyre, será uma tese definitiva, de modo que não podemos reconhecer as consequências desastrosas da violência e da pobreza as quais recaíram sobre eles?

Como refletir sobre esse assunto tão polêmico? Como desvendar o problema da afirmação da democracia racial, sem antes reconhecer o problema da exclusão social? A representação da realidade passa por traduzir a ideologia dominante, não sobre o efeito dos seus propósitos extraordinários, mas sob as suas finalidades e consequências mais absurdas.

A ideologia da mestiçagem, como arauto da democracia racial, resultou na maior dominação coletiva, na mais desumana exploração, na pobreza generalizada e na marginalidade contínuas geradas por valores morais e psicológicos, convertidos na negação, no esquecimento e no silêncio que subverteram a perspectiva de afirmação da liberdade do nosso povo.

Nesse sentido, a História brasileira ofende aos brasileiros. O simbolismo da mestiçagem no Brasil está na contramão da História. O problema étnico-social concentra-se na questão da dominação e do controle do espaço e dos homens. Isso porque a marginalização, a miséria e a fome agridem mais do que o próprio preconceito. É o racismo sobrevivendo à ideologia.

A História recente do Brasil demonstra que o desenvolvimento econômico e a estrutura governamental não foram consequência apenas da discordância anacrônica na atividade política promovida somente dentro de si mesma.

Não se pode negar que toda a relação tem sido, desproporcionalmente, uma relação de dependência. Mas o jogo improdutivo da estrutura republicana interferiu também na deficiência da própria sociabilidade do sistema.

As faces ocultas do populismo, do militarismo e do presidencialismo serviram, até aqui, ao dirigismo e à dissimulação. O que acontece é que as crises de todas as ordens foram encobertas, muito antes que pudéssemos constituir um sistema capaz de romper com o caráter da nossa dependência ou, ao menos, construir uma imagem afirmativa do Estado Social no Brasil.

Dessa falta de estrutura planejada resultou que, com o surgimento da Nova República e da Constituição de 1988, chegamos à decadência substancial do sistema. A posição extraordinária do Poder Executivo que serviu aos modelos presidencialistas acabou por destruir o fundamento das estruturas peculiares à democracia brasileira.

Esse pensamento é fruto da minha sensação, como mero observador, e nada vai além disso. Minha opinião não pretende ser a verdade absoluta. Mas tenho o direito, como brasileiro que sou, de pensar assim.

Digo isso aos presidencialistas de plantão e aos irredutíveis conformados. Nada me convence que exista nessa ideia e, em tudo aquilo que ela representa, algo que não se conforme à lógica da situação. E nada, na verdade, penso, é sem base. É a História que nos afirma que estamos completamente esgotados.

A manutenção desse modelo é a doença brasileira da projeção e do culto à personalidade e à individualidade, no melhor estilo dos americanos do norte. Prefiro romper com essa parábola de uma vez por todas.

É preciso que os brasileiros abandonem a ideia de manter o sistema nos moldes deste que aí está, o qual, sem reformar a concepção do Estado, certamente, será destruído pelo fluxo dos acontecimentos. No sentido contrário, a continuar desse modo, façam cair da legislação a obrigatoriedade do voto.

A dependência brasileira é política e econômica. Mas, ao mesmo tempo, é, também, tipicamente psicológica e institucional. A ditadura republicana que se instaurou no Brasil, sob o sistema presidencialista, que tem aparelhadamente se aperfeiçoado, é uma realidade incontestável.

A continuidade da estrutura justifica os meios de transposição do Poder. Este sistema lançou as bases de uma democracia alegórica e não se reconhece na cumplicidade com as condições reais de desenvolvimento.

É um baluarte, por assim dizer, o lugar seguro, o sustentáculo de uma fortaleza inexpugnável, justificado pelo voto. Uma ficção representativa de uma situação, mas que, no fundo, é outra situação, resultante de uma sequência de metáforas que significam um conteúdo nas palavras e outro na prática.

Acomoda-se na imputabilidade de seu código político e perpetua-se com a bandeira da democracia representativa em favor da liberdade. Mas, leia-se "liberdade", aqui, entre aspas, porque, o que este sistema tem produzido é a degeneração da natureza de sua própria representatividade, através da mediocridade da opinião pública. Essa democracia não será, portanto, o sinônimo da nossa liberdade. Vamos pensar sobre o assunto.

Proclamamos a República em decorrência da Abolição. Mas ambas não representaram a transformação das antigas estruturas sociais e morais. Na época, o capital estrangeiro começava a correr em largas proporções consolidando uma dependência que já se vinha definindo a partir do Império.

A Abolição e a República apenas legitimaram o fim do regime colonial, favorecendo raríssimos segmentos da sociedade. Preservaram a mesma concentração fundiária e a grande massa de escravos ficou marginalizada e se transformou numa grande massa operária e de miseráveis.

Mesmo a Revolução de 1930 manteve o caráter de dominação e subordinação das massas. O Estado fechado das oligarquias, antes da revolução, já era um modelo de Estado monopolizador, dirigido a partir de uma economia voltada somente para a exportação.

Com os primeiros passos da industrialização e o crescimento da classe média e operária, e da burguesia, em particular, o conflito entre as cidades e as zonas rurais adquiriu uma dimensão sem precedentes na História brasileira, incapaz de reconhecer as diferenças e o abismo social que foi criado com o conteúdo da luta pelo poder. Portanto, não se definiu as diretrizes de uma política amplamente democrática. E o Brasil não conseguiu se livrar de seu maior problema: a dependência.

A reordenação das forças produtivas centralizadas no poder político foi muito mais na direção da ambição da classe dominante, do que dos interesses do país, e representou a dilatação dos privilégios exclusivos da classe latifundiária e da burguesia emergente.

Perdeu-se a oportunidade de se direcionar o país para o caminho de sua liberdade, por falta de aglutinação política e de uma reestruturação da economia em conformidade com a integração social. Isto iria culminar na crise de 1964.

Em defesa da democracia representativa, renunciou-se à perspectiva de um impulso inclinado para a construção de um capitalismo nacional. A causa democrática instalou-se, circunstancialmente, através da forte influência estrangeira, modificando, sobretudo e, de forma radical, toda a sociedade, correspondendo aos interesses da grande exportação e do capitalismo estrangeiro.

Várias crises se sucederam até a posse de Juscelino Kubitschek, depois do suicídio de Getúlio Vargas e um poço de contradições revelava a insuficiência do sistema político brasileiro.

Na medida em que essas contradições se intensificaram e a internacionalização da economia tornara-se o pressuposto do desenvolvimento, o país ia sendo jogado, cada vez mais amplamente, para o presidencialismo, dentro dos aspectos mais fervorosos da democracia representativa, provocando o crescimento exagerado do Poder Executivo.

Assim o Golpe de 1964 veio dar continuidade ao predomínio do Executivo sobre os outros Poderes, numa dimensão muito mais monstruosa com a ditadura militar.

Este é, mais ou menos, o resumo recente de nossa tradição política – aquilo que chamo de "culto à personalidade", do qual não conseguimos, até hoje, nos desvencilhar. Penso que esta herança é uma fraude à democracia representativa.

Todas as revoluções, as crises, as alternâncias de poder, da abolição da escravatura até a chegada de Lula à presidência, não representaram efetivamente o desenvolvimento da democracia social no Brasil.

O Brasil anda aprisionado aos bárbaros castigos infligidos ao seu povo. Somos tratados como verdadeiros idiotas, nós, os eleitores.

O país está privado, comprometido, contido, destituído e mercantilizado pelo conjunto das forças relacionadas com o exercício do poder. A democracia representativa é uma suposição contida dentro de seu próprio espetáculo.

A democracia social inatingível. A democracia racial é uma farsa. São estas as maiores imposturas brasileiras. Uma herança que vem desde os tempos da colonização.

****

Desde o início da colonização que a exploração intensiva assumiu no Brasil a personificação da cultura do desperdício e da opulência.

Foi no período colonial que se desenhou o cenário que ainda constitui a estrutura sistêmica do nosso país. Pode-se dizer, que a descoberta e a exploração do Novo Mundo e, como não haveria deixar de ser, a do Brasil, em particular, exerceu, nas relações comerciais dos países da Europa uma função super ativa no processo de acumulação de riqueza, até assegurar as condições propícias para a realização da Revolução Industrial do final do século XVIII.

A cultura da fartura, da exploração intensiva, da corrupção e do saque tem sua origem na estrutura em que foi montada a colonização brasileira e na capacidade de manter viva esta estrutura, adaptando-a à luz das transformações históricas.

Desse modo, os modelos e os sistemas de exploração que serviram de base para a formação de nossa sociedade, serviram também aos instrumentos cabíveis para a aplicação e a manutenção da ordem social.

A exploração da terra, com o cultivo da grande agricultura, se tornou, já na primeira metade do século XVI, o principal fator do domínio português. Os interesses religiosos se aglutinaram aos interesses militares que, por sua vez, se apoiaram nas ideias mercantilistas de acumulação de riqueza.

É neste contexto de enriquecimento avantajado que se processaram os grandes descobrimentos e os sucessivos mecanismos empregados na exploração das novas terras.

A expansão comercial conseguiu gerar as condições ideais para o rápido fortalecimento dos Estados, com o domínio absoluto destes sobre as Colônias.

A religião servia ao Estado, na medida em que se buscavam novos domínios sob a maquiagem da necessidade de ser expandir a fé. Neste cenário, se irá montar toda a estrutura de dominação das novas terras, dos recursos emanados por elas e dos nativos que nelas habitavam.

Esse conjunto de novos valores imprimiu as bases sociais da exploração. E os Estados se utilizaram de instrumentos de concessões, privilégios e incentivos destinados a uma classe emergente que viria representá-los em seus interesses coloniais.

O Brasil nasce à sombra dessa estrutura e, consequentemente, sob a influência desses fatores que determinaram a marca da colonização do seu território. É importante ressaltar que a ordem econômica que se queria implantar com a colonização é decorrente da moral religiosa.

Talvez, em nenhuma outra parte do mundo, a exploração das potencialidades tenha sido tão bem dirigida em função da estrutura político-religiosa montada.

Os senhores proprietários de terras, repletos de poderes políticos e morais, associados aos padres católicos que, desde o início das primeiras explorações, participavam, direta ou indiretamente, das relações econômicas, teriam obrigação expressa de se incumbir dos interesses coloniais, no que se refere à expansão do mercantilismo no Brasil.

A ética que serve de base a esta sociedade inspira-se numa conduta na qual a economia passa a ter um sentido absoluto de manutenção da ordem, sobretudo, das condições que definiam o sistema agrário-escravista, tão violentamente inserido no contexto moral e religioso da colonização.

A atividade toda era predatória e arrebatadora e impelia ao ato violento da dilapidação, do saque e do roubo. Colonizar significava, antes de tudo, incentivar a exploração exaustiva dos espaços e dos homens de que dispunham os colonizadores. Explorar economicamente era o sentido mais profundo da colonização.

Colonizar para subvencionar a acumulação do capital europeu era a única razão da ação colonizadora. E a imperiosidade desta ação não se limitava apenas ao domínio econômico e geográfico. Sobretudo, a colonização cumpriu com uma das estratégias mais cruéis de dominação, jamais vista na História, a escravidão, que reflete, até nossos dias, dramáticas consequências para o equilíbrio e o desenvolvimento da ordem social no mundo inteiro.

De súbito, capitalismo, escravidão e colonização são vagões semelhantes do mesmo trem. Aliás, o surgimento do capitalismo na Europa é consequência do processo de acumulação que deriva da economia estabelecida, a rigor, no continente americano, através das estruturas criadas com a colonização. E a lucratividade só era garantida com o trabalho escravo.

A exploração colonial-mercantil-escravagista, com vistas ao desenvolvimento do capitalismo europeu, fluía, unicamente, nas regiões onde se pudessem estabelecer as estruturas adequadas para administrar seus interesses. O sucesso da colonização no sentido da acumulação capitalista estava sedimentado nas estruturas que permitiam e justificavam a escravidão.

E o Brasil se adaptou perfeitamente a essas condições. O tráfico de escravos se tornou uma das fontes de maior lucratividade da engrenagem colonial. Os escravos eram tratados como uma propriedade exclusiva, um simples produto de mais-valia, uma mercadoria de carga.

Colocados à frente de toda a engrenagem, sustentavam a produtividade do sistema, e os senhores, donos de tudo e de todos, retinham uma parcela enorme dos lucros obtidos. O direito de propriedade privada era um dos principais pilares da colonização. Desse modo, os senhores desfrutavam de seus escravos em todos os sentidos e exerciam um tratamento tirânico sobre eles.

É impossível perceber o Brasil de hoje sem antes compreender as questões morais da escravidão e da ação devastadora da colonização. A estrutura social brasileira tem suas raízes orgânicas na personificação dessa cultura da opulência e nas subsequentes readaptações do sistema.

Trata-se de uma questão moral e de independência política. A questão moral é essencialmente racista, classista e violentadora dos direitos humanos, uma projeção subestimada da realidade que procuramos manter, a todo o custo, com a bandeira da democracia racial. A independência política implica em vários outros fatores internos e externos, concomitantemente.

Sobre a questão racial, as estatísticas falam por si. A omissão da sociedade a esse respeito reflete na concentração da terra, da renda e da educação. Quando, na década de 30, o sociólogo Gilberto Freyre classifica a colonização portuguesa como a construção de uma "democracia social", através da "ação renovadora da mestiçagem", devemos, hoje, perceber um sentimento exagerado de ufanismo lusófono.

A relativa democracia social, defendida por Freyre, na tentativa de codificar a ação de uma "cultura transnacional", ou "supranacional" de influência portuguesa, com a mestiçagem, é resultado de uma retórica unificadora.

A mestiçagem, "acima de preconceitos e de convenções de classe", conceituada pelo nosso estimadíssimo sociólogo, não me parece ter sido o que aconteceu entre nós brasileiros. Quando penso sobre esse assunto, mais ao caminho inverso da razão ele se assemelha.

Não me parece crível. Parece-me um sofisma, que fere, inclusive, as regras dos acontecimentos. A sociedade brasileira, ao contrário, é escandalosamente estratificada e os reflexos dessa estratificação monstruosa estão aí, por toda a parte, à mostra.

Parece-me legítimo dizer, isso sim, que o resultado da mestiçagem no Brasil, como contribuição à formação da sociedade brasileira, foi muito mais através da afirmação espontânea da cultura negra do que da ação positiva do português. Devemos atribuir à mestiçagem no Brasil, como um tributo à paz mundial, bem mais pela afirmação do negro do que da participação portuguesa propriamente dita.

A tal cordialidade característica dos portugueses na relação com os africanos não se deu de uma "forma adocicada", segundo as afirmações de Freyre. Portugal foi um dos últimos países a se desvencilhar de suas colônias na África. Assegurou-se delas o máximo que pode. Aliás, o fato de atribuir a Portugal tamanha cordialidade significa desmontar e destituir a dignidade e a capacidade dos africanos de terem se organizado na luta que travaram para conquistar a independência.

A vitória do fator econômico da colonização portuguesa prevaleceu consistentemente. E foi isso até o fim. Se agora somos uma unidade psicológica e cultural, é por causa da língua, e só poderemos pensar na confirmação dessa unidade, no sentido da sua afirmação econômica e cultural, se trabalharmos intensamente por ela, porque estamos muito longe dessa afirmação.

Temos um longo caminho pela frente. Essa unidade deve ser seriamente construída a partir das primeiras décadas deste século. Senão correremos o risco de ficar fadados para sempre à subordinação política e cultural.

Há, diante deste problema, ao contrário da ingênua mestiçagem sofismada por Freyre, uma atitude que caracteriza profundamente a cultura negra, a da sua contribuição para o desenvolvimento social de todo o planeta.

A cultura aborígine, nativa, primitiva, africana, em muito tem a contribuir para o equilíbrio da sociedade mundial. Acho que é este o aspecto inédito que devemos acreditar e pensar nele.

Quando Freyre atribui o esboço da criação de uma Federação dos países lusófonos integrada pela língua, no modelo português da década de 30, estava completamente na contramão da História.

A Língua Portuguesa é a herança cultural mais valiosa que a colonização nos deixou. Isso é inegável. Mas este bloco só poderá existir dentro do caminho inverso.

No caminho idealizado por Freyre, era uma tentativa esgotada da manutenção de Portugal das suas Províncias Ultramarinas. E aqueles sentimentos de unidade não se completariam naquelas condições, como não se completaram, por sua inviabilidade até mesmo moral.

Essa integração, hoje, tem para nós, países de Língua Portuguesa, uma importância insofismável, mas não nos moldes do passado e, sim, nos da crudelíssima atualidade que nos define o futuro.

A democracia social, essencial e humana parece-me estar na construção incondicional da liberdade dos nossos povos e da afirmação da nossa cultura comum.

Sem dúvida, a Língua Portuguesa é um fator de integração. No entanto, as tradições africanas, suas dinâmicas diferenciadas, e delas se reproduzem a imagem irrefragável da cultura brasileira, é o que me parece a substancialização da democracia racial, que ainda não existe entre nós e que precisa ser não idealizada ou sofismada, mas plantada com as raízes dos seus melhores frutos.

Essa natividade, essa força vital e irrevogável, essa força bruta, valem igualmente para as tradições indígenas da América do Sul. Aí, sim! Só aí, a democracia poderá ser alcançada, com o rompimento dos grilhões decorrentes da exploração abominável por que passamos, todos os povos das Américas, da África e da Ásia.

Dizer que a mestiçagem, por si só, foi dinâmica, biológica e culturalmente avançada, sem levarmos em consideração as condições desproporcionais de violência, de devastação e de saque, as quais os povos do Terceiro Mundo foram colonizados, implica em manter o sistema de estratificação que desse modelo se evidencia, na miséria, na pobreza e no cenário das discriminações exacerbadas que o imperialismo, perverso e desumano, insiste em perpetuar.

Não é um fato que a miscigenação no Brasil foi, sobretudo, um "fator de mobilidade social". A miscigenação se deu de maneira circunstancial. E é este o Brasil que devemos assumir com orgulho.

É dessa circunstancialidade inequívoca que nasce a grandeza da originalidade brasileira. O processo de ascensão social do negro, ou do mestiço, no Brasil, é resultado de uma luta oculta, dificilmente compreensível, confusa, obscura e intrincada, que devemos trabalhar para sua afirmação, incansavelmente, para torná-la análoga à nossa realidade e, dessa analogia, criar um novo conjunto de exigências para influir de algum modo na alteração das suas relações.

O direito inviolável de propriedade privada é defendido constitucionalmente por todas as democracias do mundo. Mas, no Brasil, ele é moralmente excessivo, torna-se perverso e desumano e qualificadamente injusto, em decorrência da imensa concentração da terra nas mãos de pouquíssimos e em detrimento da pobreza de milhões.

Enquanto não houver um pacto social na direção de uma reforma agrária racionalizada, não vai haver democracia equitativa. O inchamento das cidades é reflexo da questão fundiária.

O problema é que essa enorme concentração está fundamentada na cultura da sociedade brasileira e constitui-se de um conceito dos mais intransigentes. São as próprias razões do funcionamento do sistema que nos mantêm atrelados a isso. E negros, índios, mulatos, caboclos e mestiços permanecerão no fundo da escala social por não terem terra para plantar e escolas para estudar e libertarem-se.

Do momento em que negros e índios foram animalizados e reduzidos formalmente a nada, a coisíssima nenhuma, e encarados somente como força de trabalho escrava, permanecendo sujeitos à propriedade, durante três séculos, à tirania, à desmoralização e à sexualidade, são vistos, hoje, em sua grande maioria, como objeto de exotismo e folclore, por não possuírem representação social.

A classe superior e nobre da nossa ilustríssima burguesia, e aqui vamos de encontro à hereditariedade social, cada vez mais, se enriquece e acumula capital, ascensão e propriedade, e livra-se da responsabilidade de influir na transformação para um país mais justo, transferindo para a classe política, através da representatividade do voto, todo o destino da nação, na superficialidade e na alienação.

É preciso ter coragem para dizer essas coisas. Tento me policiar a respeito. Mas não consigo. É exatamente isso que quero dizer. Cada vez mais que percebo essas coisas, vejo a loucura que elas contêm.

A passividade da sociedade brasileira é de uma compulsão estarrecedora. Está indo no caminho direto do consumismo e da acomodação dos valores existenciais, valores esses que deveriam, na verdade, impregnar o Brasil de sua consciência coletiva para refletir os sinais da superação essencial de sua afirmação enquanto nacionalidade.

Existe uma clara continuidade nisso tudo. É uma espécie de ritual que superficializa a realidade e a degenera na separação dos interesses da maioria. O Brasil inteiro está arrebatado, corrupto e deflagrado em violência, devastado em suas florestas, desequilibrado social e psicologicamente.

Os campos estão abandonados. As cidades incham cada vez mais. A concentração urbana está levando as grandes cidades ao caos. O surto de crescimento da violência, que disso tudo resultou, fez com que o país entrasse em verdadeira catatonia. A esquizofrenia é generalizada e caracteriza-se por períodos de negativismo e retrocessos políticos constantes.

A sociedade está completamente estereotipada, sem raízes, sem rumo, sem passado, sem futuro, sem direção. Mas, ao mesmo tempo em que isso acontece, demonstramos estar felizes e representados dentro do silêncio admissível da normalidade e da confusão proporcionadas, em grande parte, pela religiosidade multifacetada, e pelo estado doentio de mercantilização, o qual tomou conta de toda a sociedade brasileira.

Negros, mulatos, índios, caboclos, mestiços, nordestinos, populações ribeirinhas, seringueiros, pescadores, artesãos, agricultores, analfabetos, miseráveis, velhos e menores abandonados não são considerados cidadãos. E assim, preservamos a continuidade do comportamento avassalador, discriminatório, avarento, sórdido, racista, mesquinho, dominador, opressor, cativo, mentiroso e hipócrita.

Éramos um país produtor e exportador de matérias-primas no início do século passado. Hoje, no início do século XXI, somos um país produtor e exportador de dinheiro. Se essa loucura toda é racional, não consigo entender o que é racionalidade.

Prefiro ser primitivo e marginal e não participar de tudo isso. Toda essa parafernália produz uma das maiores concentrações de riqueza e um dos maiores índices de exclusão do mundo.

Somos escravos dessa parafernália toda, nós, o povo brasileiro. Somos todos escravos, cercados por todos os lados, pela mais promíscua política financeira internacional, e dependentes dela. E o Brasil não se afasta um centímetro do curso dessa política avassaladora, não se desvia dessa rota e não consegue alterar seu destino.

Ou porque sua dependência é incondicional. Ou porque as classes dominantes servem-se desse jogo de subordinação para defender seus próprios interesses.

****

A paranoia mundial é o ponto culminante da vida moderna. Um sentimento de estreiteza, de ansiedade, de restrição, de limite, de pânico e terror revela a condição psicológica dos povos com a globalização.

A globalização, na verdade, é uma fantasia inatingível. Entendo-a como uma ideologia imposta a toda humanidade, como um reflexo do sistema de circulação do negócio, do capital e da sua administração, mas, antes de tudo, obviamente, dos lucros obtidos dessa circulação. E nada mais.

Além disso, é a estratificação, cada vez mais ampliada, da sociedade interplanetária, justificada pelo ideal da cultura civilizatória do capitalismo. Nesse sentido, a globalização é um projeto irrealizável, diante da diversidade cultural que existe no mundo.

Desta ilusão, coloca-se em prática, de forma definitiva, coercitiva e imperialista, o projeto da globalização científica, tecnológica e do capitalismo financeiro. Só que todo o seu aparato custa caro, toda a parafernália que aí está é para ser comprada e adquirida pelos indivíduos e, principalmente, pelos Estados que, de algum modo, os representa.

A face monstruosa da globalização-capitalista-imperialista produz reações igualmente monstruosas. O terrorismo é o lado inverso dessa moeda. Acontece que, como sabemos, a globalização-capitalista-imperialista se veste das mais variadas formas, assume as mais variadas personalidades, encarna-se em vários conflitos, expande-se sobre a geografia mundial para difundir-se sob vários aspectos.

Sua face oculta e expansionista só é possível ser multiplicada através da ação imperiosa do militarismo. O que podemos afirmar é que esta tem sido sua máxima característica: a dominação dos povos e dos mercados através da força das armas.

A globalização capitalista-imperialista-militarista tem atuado sobre as fronteiras mundiais com a opressão do aparato bélico que a sustenta e a faz expandir. Sua ambição desmedida determinou para os povos do Terceiro Mundo uma total subordinação. E vários são os exemplos na América Latina.

Por quase dois séculos, até sofrerem o desgaste da derrota na Baía dos Porcos, em Cuba, no início dos anos 60, os Estados Unidos interpelaram quase todos os países do continente. Desde 1824, quando as tropas americanas invadiram Porto Rico, pela primeira vez, foram muitas as intervenções militares deflagradas para monopolizar a economia e fazer valer a influência norte-americana em todo o continente. México, Cuba, Porto Rico, Nicarágua, Haiti, Honduras, Guatemala, República Dominicana, São Domingos, Costa Rica, Panamá, Colômbia, Bolívia, Uruguai, Chile e Argentina foram vítimas dos desmandos americanos numa estratégia imperialista de conter os movimentos revolucionários e aumentar as agressões e as pressões econômicas em benefício das empresas capitalistas dos Estados Unidos.

Desde a década de 20 do século XIX que o projeto norte-americano tinha sido subjugar a América Latina e monopolizá-la com o intuito de exportar seu capital para torná-la dependente econômica e politicamente. Cada governo norte-americano irrompeu de maneira suntuosa contra os países do continente para que se expandissem seus interesses na região.

O México foi a primeira grande vítima. Depois de ultrapassada a guerra da independência contra a Espanha, o país foi obrigado a ceder aos Estados Unidos o território do Texas. Um pouco mais tarde, os Estados Unidos declararam guerra ao México com o propósito de alargar ainda mais suas fronteiras e mais de um milhão de quilômetros quadrados foram ao todo anexados com a aquisição da Califórnia e da região do Novo México.

Mas a História mexicana é uma das mais emblemáticas da América Latina. Quem nunca ouviu falar de Pancho Villa e Emiliano Zapata? Verdadeiras lendas vivas do movimento libertador da América. Villa e Zapata figuram com Chato Peredo, Sandino, Tania Almada e Che Guevara como a própria encarnação da luta pela liberdade dos povos latino-americanos.

No início da década de 20, do século XIX, os Estados Unidos invadem Porto Rico. Em 1831, enviam tropas navais às Malvinas. Em 1833, bloqueiam as costas da Argentina. Declaram guerra, em 1845, ao México. Em 1847, ocupam o porto de Vera Cruz. Para conter os movimentos revolucionários do

Uruguai em 1855, 1858 e 1868, enviam tropas àquele país. Também em 1855, desembarcam na Nicarágua e bombardeiam, em 1857, São João do Norte. Em 1868, intervêm no Panamá e outra vez na Nicarágua. Enviam de novo tropas ao México em 1876. Em 1888, é a vez do Haiti. Dirigem-se ao Chile em 1891 e à Nicarágua em 1895. Em 1898, bombardeiam São João do Porto Rico, instalam o primeiro governo militar em Cuba e são derrotados em São Domingos. Em 1899, é novamente a Nicarágua. Em 1903, intervêm de novo em São Domingos e acabam favorecendo a separação do Panamá da Colômbia, instalando seu domínio sobre o Canal do Panamá. Em 1904, a República Dominicana é invadida. Pela segunda vez, em 1906, intervêm militarmente em Cuba. Essa agressão dura até 1909. Honduras sente o peso da mão norte-americana em 1907. A Nicarágua, de novo, em 1909. Em 1910, novamente Honduras. Em 1912, Nicarágua, México, Honduras, Cuba e São Domingos. México, Haiti, República Dominicana e São Domingos, em 1914. Mais uma vez, Cuba, São Domingos e México, em 1906. Em 1907, a Costa Rica. Honduras de novo em 1919, 1923 e 1924. O Panamá em 1905. E em 1929, os Estados Unidos prosseguem com a ocupação do Haiti, da Nicarágua e Honduras. Um desastre em 1954: as forças norte-americanas bombardeiam várias povoações na Guatemala. E em 1965, a capital de São Domingos, causando milhares de mortes de civis. O movimento revolucionário de São Domingos, com este episódio, inscreve-se heroicamente na História pela liberdade da América Latina.

 A partir da derrota na Baía dos Porcos, os Estados Unidos proclamam uma série de medidas para separar e extremar Cuba de qualquer comunicação com o resto do mundo. O absurdo do embargo a Cuba permanece até os dias de hoje, apesar do desmoronamento da União Soviética e o fim da Guerra Fria. Destruir Cuba economicamente e desmoralizar sua revolução sempre foram os objetivos primordiais dos nortes-americanos na América. E a solidão se tornou a palavra-chave da revolução, o isolamento, a pobreza. A esperança que a Revolução Cubana carregava hoje em dia é tão vazia que se esgota em si mesma.

A estratégia imperialista reduziu a zero as lutas pela libertação da América Latina. Promoveu golpes de Estado na Bolívia, Uruguai, Chile e Brasil. No Brasil, o Golpe de 1964 incumbiu-se de consolidar e expandir o capitalismo dependente. O golpe do Chile, em 1974, desmantelou o Estado chileno com o propósito de privar a soberania do país.

As lutas políticas em favor da liberdade, espalhadas pelo mundo a fora, a partir da metade do século passado, devem ser vistas pelas novas gerações como lutas para contornar o avanço da globalização imperialista deflagrado contra os povos oprimidos pelas nações economicamente desenvolvidas. Do final do século XIX, para o início do século XX, as nações desenvolvidas haviam dividido o mundo entre elas, subjugando quase a metade da população mundial a serviço da economia capitalista, cujo objetivo não era outro senão o da acumulação desmedida de bens e de capital.

A guerra do Vietnã foi o mais conhecido e escandaloso conflito armado do século XX, dentre os tantos acontecimentos imorais e vergonhosos patrocinados pelo imperialismo. Quando os Estados Unidos decidiram marchar em direção ao Camboja, pela fronteira do Vietnã do Sul, deflagraram abertamente uma guerra generalizada na Indochina.

Na verdade, os Estados Unidos unificaram os conflitos separados que havia no Vietnã, no Laos e no Camboja, antes que a França pudesse pôr fim às diferenças herdadas de seu colonialismo, com os acordos assinados, em 1954, na cidade de Genebra.

O que os Estados Unidos pretendiam era preencher o espaço deixado pela França, e controlá-los politicamente, financiando a constituição de novos governos nos países que haviam se libertado do colonialismo francês. Essa estratégia, no entanto, fracassou no Vietnã e os americanos se viram obrigados a intervir com suas próprias forças armadas.

O fato é que a marcha americana ao Camboja foi uma extensão da estratégia militar de promover a guerra localizada na Indochina. Para isso, esvaziaram o conteúdo dos acordos de Genebra que se baseava na proposta de eleições para a unificação do Vietnã e na neutralidade do Laos e do Camboja em relação à questão vietnamita.

As manobras, as conspirações e as violações americanas foram inúmeras, e todas inescrupulosas, no sentido de desmantelar a neutralidade e a independência territorial do Camboja e do Laos. A partir daí, começaram as pressões americanas para que o Camboja se associasse à luta contra o comunismo.

Depois, ao incentivarem a derrubada dos governos do Laos e do Camboja, os Estados Unidos construíram uma guerra sem fronteiras e, não só a transferiram do Vietnã para o Camboja, como estabeleceram uma frente absoluta em toda a região.

Isso tudo à custa da vida de centenas de milhares de pessoas inocentes, como também da própria juventude americana. Estima-se que só os bombardeios ao Laos e ao Camboja tenham matado quase um milhão de pessoas.

Mas não foi só na Indochina o desastre da política expansionista norte-americana. Inúmeras foram as barbaridades praticadas em guerras patrocinadas pelo imperialismo americano e seus aliados, ou mesmo em violações contra o movimento revolucionário em várias partes do mundo.

Um conjunto de fatos condenáveis contra os povos de várias regiões provocou consequências desastrosas e suas mazelas permanecem até os nossos dias. Os Estados Unidos intervieram no golpe militar do Brasil. Sustentaram firmemente as ditaduras imorais do Chile, da Argentina, da Grécia e da Indonésia.

As violações imperialistas de crime de guerra ou o desrespeito às leis internacionais, incluindo manobras, conluios e conspirações culposas foram objetos das orquestrações americanas na Indochina, no Chipre, em Angola, no Timor Leste, em Bangladesh, no Oriente Médio e na China.

Aliás, a História da China, muito embora seja um país de proporções continentais e de uma população imensa rica em tradições, que ficou isolada por vários séculos da configuração mundial, não escapa à exploração econômica e à opressão militar do tipo imperialista.

Em meados do século XIX, o resultado da penetração do capitalismo estrangeiro produziu grandes transformações na sociedade chinesa. A influência estrangeira contribuiu para desagregar as raízes fundamentais da sociedade feudal na China, incentivando o surgimento das condições adequadas para se constituir uma sólida base de produção capitalista nacional.

Entretanto, a penetração estrangeira e o crescimento do capitalismo na China não foram mais do que a intervenção imperialista como nós a conhecemos na sua maior vulgaridade. Os objetivos dos países capitalistas que se instalaram na China não eram outros que transformá-la num satélite dos seus interesses mercantilistas.

Desta maneira, os países capitalistas para alcançarem seus propósitos atuaram sob todas as formas de opressão política, econômica e militar, de modo que a China foi se tornando uma colônia em muito pouco tempo e foi conhecendo o caminho da dependência e do subdesenvolvimento.

França, Inglaterra e Japão tomaram de assalto imensos territórios chineses e exigiram o pagamento de taxas escorchantes de arrendamento sobre as regiões exploradas.

Foram várias as ações militares de agressão contra a China: a Guerra do Ópio realizada pela Inglaterra em 1840, a das Forças Aliadas inglesas e francesas em 1857, a Guerra

Sino-Francesa em 1884, a Sino-Japonesa em 1894 e a promovida em 1900 por todas as potências imperialistas da época.

De comum acordo e numa ação conjunta, os países imperialistas controlaram os portos, as alfândegas, o comércio exterior e as comunicações, monopolizaram a exploração de matérias primas e de mão de obra, o comércio interno e todo o sistema financeiro da China, convertendo-a em um país devedor e dependente.

Aliaram-se em torno dos grandes latifundiários, os mais conservadores possíveis, e exerceram sob eles seu predomínio, impondo uma estrutura montada e apoiada a partir da organização das forças armadas. Era um imperialismo típico do sistema capitalista-militarista atuando sob o disfarce da ação desenvolvimentista. Diante de uma força tão brutal de exploração, não poderia ter sido outra a reação chinesa do que a Revolução.

A Rússia é outro país, cujo exemplo da intervenção estrangeira é imoral. Quatorze países, entre eles a Inglaterra, a França, os Estados Unidos, a Alemanha, a Polônia e o Japão, de 1918 a 1922, participaram da invasão do seu território em face à tentativa de derrotar a revolução.

A revolução russa estará marcada para sempre na História da Humanidade e só pode ser comparável à Francesa do século XVIII em dimensão e transformação de estruturas. As estruturas arcaicas e dominantes do Império Russo, antiquado e atrasado, e que imprimia a fome e a miséria ao seu povo para dar-lhe ostentação, foram substituídas por uma revolução que produziu um desenvolvimento extraordinário num curtíssimo espaço de tempo.

Os países capitalistas não podiam aceitar uma revolução que propagava a socialização do sistema produtivo, tanto é que tentaram impedi-la, unidos, mas foram rechaçados. A socialização dos meios de produção na Rússia revolucionária foi indiscutivelmente necessária devido ao profundo atraso que o país se encontrava, após a guerra civil e a guerra travada para conter a invasão imperialista.

A Rússia estava completamente devastada. Os campos, as fazendas, as cidades e as fábricas saqueadas. Mas a socialização, num esforço e sacrifício enormes do povo russo, transformou a vida dos operários e camponeses, provocando um surto de recuperação e crescimento da indústria e da agricultura.

O desenvolvimento da produção de grãos acabou com a fome e a miséria no país que foram radicadas definitivamente. Sem a socialização a Rússia não teria alcançado a revolução industrial, as transformações sociais e o desenvolvimento da agricultura.

O resultado dessa revolução foi consequência do socialismo, já que não possuía colônias de exploração como as potências capitalistas. Essa marca ficará para a História como obra essencial do povo russo.

A grande máxima, no entanto, a grande contradição histórica, poder-se-ia dizer assim, foi que o mesmo racionalismo científico do sistema capitalista serviu de base para o desenvolvimento do sistema socialista.

A enorme arrogância da racionalidade era a estruturação do sistema mundial, na ampliação, cada vez maior, cada vez mais exagerada e genérica, do capital e do desenvolvimento da indústria pesada.

A política internacional teve um papel fundamental para que as coisas assim acontecessem. O socialismo esteve tão comprometido com a racionalidade científica quanto o capitalismo. Ambos os sistemas reproduziram a máxima econômica que penetrava o pensamento humano moderno ou, melhor dizendo, a máxima absoluta da organização do Estado sobre o Homem, através da política e da economia.

Ambos impuseram à sociedade mundial violações terríveis. Aviltaram-se os direitos individuais e a liberdade coletiva em favor da lógica do Estado. A filosofia moderna recriou o absolutismo no Estado moderno. E dessa arbitrariedade, dessa tirania, dessa opressão generalizada, convivemos com o caos por elas estabelecido.

A lei e a ordem não podem ser questionadas nem mesmo pela sociedade civil que, por sua vez, também, encerram-se no racionalismo econômico e político por serem meras convenções.

Dessa racionalização absurda, dessa convencionalidade monstruosa, vivemos o imperialismo nos impondo o seu pensamento global de uma modalidade anacrônica em contradição com a diversidade que caracteriza a Humanidade.

A Índia é o maior exemplo do absurdo da exploração imperialista. O famoso Império Britânico saqueou a Índia por completo. E a imagem mais abominável que ficou da perversidade inglesa na Índia, durante os anos de exploração, foi a do monopólio do sal.

Decretada a proibição da extração e do comércio do sal por indianos, com o propósito de obrigá-los a adquiri-lo somente nos depósitos ingleses, e a preços elevadíssimos, a suntuosidade do imperialismo britânico refletiu ao mundo o escândalo deste fato imoral.

Além disso, muito antes, os ingleses já cobravam impostos assombrosos a milhares de famílias de camponeses que viram suas terras confiscadas e vendidas, imprimindo ao povo indiano a miséria e a fome.

Era a conformação da ameaça, da maldade, da extorsão, da violência praticada em demasia, da apropriação da vida, da ganância e da devastação cometida por um império aparatoso para sustentar o seu luxo.

****

A geografia da impunidade é vasta e se estende por todo o globo. Vem bem definida pela força da coerção. Pressupõe um centro e uma periferia. E possui uma característica notória: a exclusão social.

A máxima da exclusão é a acumulação de capital que tem em sua dinâmica prevista a exploração dos países capitalistas sobre os países dependentes. A verdade pura e simples é que essa dinâmica resulta de uma ação obscura, porém, pragmática e, definitivamente, classista e racista.

A ideia de sobrepujar um povo, a propósito de explorá-lo e torná-lo dependente política e economicamente, acarreta uma justificativa moral contida num conjunto de normas e princípios que serve de base a um sistema religioso, político, econômico, filosófico e científico.

A razão primordial e indiscutível desse sistema supõe a existência de uma verdade absoluta e determinante da realidade: o mundo único, o mundo totalizador, o mundo globalizante. O resultado é a estratificação da sociedade.

Dessa estratificação surge a justificativa fundamental para o racismo e a segregação. O subdesenvolvimento aparece como resultado do desenvolvimento. Essa relação se dá em conformidade com a exploração da força de trabalho nos mais baixos custos imagináveis para alcançar os mais altos lucros possíveis, completando o ciclo produtivo com a exploração natural.

E dessa mecânica de exploração que se impôs aos povos do Terceiro Mundo, dessa geografia da expansão e do domínio de poucas nações sobre a grande maioria, o capitalismo imperialista, racionalizado pela soberania dos estados e dos exércitos, através do disfarce civilizatório do projeto colonialista, mantém-se intocável e impune.

Com o colapso do sistema, em meados do século passado, o colonialismo assumiu novas feições. Mudou de cara. Multiplicaram-se as suas faces. Em vez de fixar-se com a administração colonial, passou a fomentar novos sistemas que se tornaram clientes do sistema central. Mas a ideia racista e classista permaneceu, porque prevaleceu com ela a ideia da estratificação e da segregação de populações inteiras mundo a fora. É isso o que estamos vivendo hoje em dia: a consolidação da desumanidade com a estratificação monstruosa da sociedade mundial.

As ações repulsivas do imperialismo opressor agridem a população mundial com a segregação imposta a vários povos. Cubanos, mexicanos, jamaicanos, haitianos, nicaraguenses, hondurenhos, porto-riquenhos, guatemaltecos, panamenhos, venezuelanos, colombianos, chilenos, peruanos, bolivianos, uruguaios, argentinos e brasileiros vivem cercados nos campos e nas cidades tendo suas vidas sobrepujadas pela ação degradante do capitalismo globalizante.

Isso vale para todas as populações indígenas da América que foram circunscritas a espaços minúsculos, tendo suas terras tomadas e seus costumes e tradições violentados.

Os negros brasileiros passam pela mesma intimidação segregacionista. Aprisionados pelo grande capital, nós, latino-americanos, vivemos ilhados dentro do nosso próprio continente.

A vida na América Latina não tem sentido. A cultura regional é destituída de seu poder mágico e identificador. Vietnamitas, cambojanos, argelinos, libaneses, egípcios, sírios, indianos, paquistaneses, timorenses, guinéus, moçambicanos, angolanos, iraquianos, iranianos, albaneses, bósnios, sérvios, palestinos e afegãos foram vítimas da segregação política e das diligências castigadoras racistas consequentes dos sucessivos ataques que sofreram com os horrores da guerra camuflada e escondida através do silêncio mundial com a face oculta da defesa pela democracia.

E me pergunto que democracia é essa? Tudo em nome da civilização. A fome e a miséria devastam o continente africano colocando em risco a vida de milhões de seres humanos expostos e condenados cotidianamente à morte, ao abandono e ao exílio do convívio social.

A expansão capitalista globalizante foi certamente a expansão dos conflitos regionais, da injustiça, da corrupção, do racismo, da coerção, da brutalidade, da violência, de crimes, de conspirações, de golpes, de arbitrariedades, de conluios, de violações, de assassínios, de genocídios, de massacres, de atrocidades e de uma barbárie sem fim.

Tudo isso em nome da democracia. Mas que democracia é essa? A democracia norte-americana da qual nem cinquenta por cento da população dos Estados Unidos elege o presidente? A democracia que legitima um presidente com menos do que a metade da representação popular de um país para depois deixá-lo influir sobre todo o restante da sociedade mundial? Que democracia é essa? A democracia parlamentarista inglesa que foi fundamentada pela dominação da nobreza constituindo-se para o mundo numa verdadeira ditadura aristocrática? Que democracia é essa? A democracia francesa, como a das outras democracias da Europa, nas quais os movimentos populares contribuíram para o triunfo da aristocracia que eles perceberam ser o seu aliado mais conveniente para a sua ascendência? Uma democracia que manipula a opinião pública a propósito dos interesses econômicos das grandes empresas?

Então, eu digo que essa opinião pública é burra. Digo que tudo isso é um enorme fantasma. Tudo isso é uma grande farsa. Tudo isso é uma brutal hipocrisia. Se o conceito de democracia é baseado nos princípios da soberania popular e da distribuição equitativa do poder, através do controle da autoridade, a democracia falhou em favor dos interesses da economia.

A democracia a que assistimos está absolutamente firmada na supremacia do poder econômico e revela o autoritarismo que lhe é própria.

A pobreza e a riqueza são unha e carne do mesmo dedo. Uma depende da outra para poderem existir. Os mesmos fatores que determinam a pobreza também determinam a riqueza. Mas, se, por um lado, a pobreza está contida no que a riqueza impõe, por outro, a riqueza depõe contra os valores da Humanidade e fere o direito daqueles que por ela são explorados.

Se o direito de uns é constituído sobre a fraude do direito dos outros, isso irá descortinar a proficuidade da consciência de uma nova ordem social no futuro. O que acontece é que o subdesenvolvimento dos países pobres nunca será superado sob a lógica da globalização capitalista.

Dois aspectos são peculiares à globalização: a inviolabilidade da situação e a hereditariedade do lucro. Na verdade, o lucro tem sido o grande ditador do mundo globalizado. O que define o sistema capitalista é o fato de que o capital sempre virá a ser investido com o propósito exclusivo da sua autoexpansão e essa expansão será sempre ditatorial, na medida em que ela é projetada para a preservação das mesmas estruturas de sempre e não para a criação de novas estruturas baseadas na atualidade e na diversidade.

A essa ditadura sistêmica é que se deve atribuir a reação do terror. É essa ditadura que rege a realidade que nós vivemos e revela o enorme desafio para o desenvolvimento harmonioso da Humanidade.

O subdesenvolvimento é uma realidade, não é uma ficção. Essa realidade será intransponível se for sempre conduzida pela ótica da exploração capitalista. Ela descortina a injustiça da exploração e a derrota do questionamento da dominação imposta por esta injustiça.

O questionamento jamais será possível sem os choques decorrentes dessa enorme contradição, sem os combates evidentes, sem as lutas, até mesmo, sem violência.

Isso porque o sistema não é passivo. O sistema produz e vende armas. Lucra. Aproveita-se e tira enormes vantagens de toda a situação.

NADA ANTES DO FIM

Seu Zizinho continua vivo. Está velhinho, é bem verdade. Mas está lúcido ainda. Tive o prazer de reencontrá-lo num passeio que fiz outro dia.

Subi a pé o caminho de Grumari, de Piabas à praia, linda de se ver lá do alto da montanha. O lugar me pareceu o mesmo. Nada mudara. A mesma tropa de burros carregava os cachos de bananas de cima a baixo.

No caminho encontrei Zé Cândido. Vinha ele e Retidão, o burro velho atroado de bananas. Retidão puxava a tropa. Valente, Marimbo e Toleirão enfileiravam-se atrás dele. Paramos para conversar, eu e o Zé.

Apertamos um cigarro, cada um de nós. Sentamos numa rocha enraizada na curva próxima do alto da montanha. As árvores centenárias nada nos disseram. Permaneceram mudas no silêncio paradisíaco da floresta. Não havia vento. E o silêncio tomou conta de toda a mata.

Zé Cândido se referiu à mesma vida de sempre. Uma nostalgia de coisa nenhuma lhe brotava da fala curta. Retidão ficou quietinho nos escutando sem sobressaltos. Por um instante, tive a impressão que o animal havia emitido uma risadinha seca de ironia.

— Retidão sabe o caminho de cor. Sabe todas as pedra, todos os atalho. É inteligente que só ele...

Perguntei a Zé Cândido sobre a família do finado Badinho.

— Vadinho, Didico, Aldir, como estão?

De sua infância e dos outros filhos de tropeiros, alguns mais novos do que ele, Zé Cândido tinha apenas a recordação da roda da escola na hora do recreio.

— Brincava com as criança. Só me lembro disso. Não posso explicar direito. A ideia não pode guardar. Estou ruim da ideia. O sinhô sabe como é.

— Não sei, não, Zé!

— Ah! Sabe sim, sinhô!

Zé ri com os dentes amarelos, envergonhado, mas se lembra das missas na Igreja da Matriz.

— Minhas tia me levava pra igreja a pé. A gente subia a Serra da Grota até chegar à Ilha. Era um domingo todinho de caminhada.

— Zé tá na vida de sempre, né, Zé?

— Sou puxadô de banana. No inverno, agora, faço três viagem por dia.

Permanecemos um pouco assim, ali, sentados na pedra, falando bobagens. Quando acabei de fumar o cigarro, apesar do estado tranquilo que o fumo me deu, ainda percebi o que se passava na intimidade de Zé Cândido. Cantava bem dentro dele um orgulho e um contentamento antigos.

— O tempo demora, mas chega, Zé!

— É, sim, sinhô! Chega de mansinho.

Zé Cândido parou diante de mim, respirou fundo, suspirou e olhou para o céu, imaginando as coisas boas do passado, porque, nos dias de hoje, pensou, só o trabalho é que se impõe diante da realidade, sem proporcionar maiores alegrias.

Pôs o chapéu, deu meia volta, fustigou os animais com uma chicotada no ar e, mesmo com o pensamento de que a realidade não era compensadora, o que, talvez, nossa conversa lhe tenha despertado a consciência, saiu tocando os burros, resignado, mas indiscutivelmente feliz.

O caminho de Grumari vinha lá do Pico da Onça e o rio nascia por lá, no alto da serra, e descia direto, paralelo ao caminho, carregando nas curvas a alegria de Zé Cândido, interminavelmente, indo morrer na várzea, bem no canal do Recreio.

Zé Cândido se despediu e foi dizendo aos burricos:

– Eita, hum! Oti, titititititi, oti, oti...

No alto do morro, antes de descer para a praia, bati palmas na porta de Seu Zizinho para saber notícias. Lá estava ele, sentado ao lado de Branquinha. A cadela latiu forte, o que fez com que Seu Zizinho se virasse e me olhasse de forma doce.

Perguntei:

– Lembra-se de mim?

Ele fez cara de desconhecido.

Interrogado mais uma vez, Seu Zizinho não percebeu quem eu era. Mesmo assim, convidou-me a entrar. Não me importei com o descaso ou com a falta de memória. Sentamos debaixo de uma figueira.

Seu Zizinho começou a trabalhar na lavoura de banana desde os treze anos de idade.

– Por volta de que ano?

– Talvez, em 1942.

– Durante a guerra?

– Não! Então, foi antes.

– O senhor se lembra da guerra?

– Claro. Teve gente aqui que ficou na reserva. Depois da guerra, deram baixa. Durante, ficaram aí, pra vê se ia, pra vê se não ia.

– Do que o senhor se lembra mais?

– Que a guerra matava muita gente. A gente ouvia no rádio o jeito que tava e o jeito que não tava. Eu não me lembro muito, porque, naquele tempo, o rádio aqui era rádio de galena, rádio de ouvido, de fone. Poucas pessoas tinha um troço daquele. Meu pai tinha um. Mas só ele ouvia. Era rádio de um só.

Seu Zizinho riu. Eu ri junto com ele. Ficamos um pouco tomados pelo silêncio, olhando para o céu, observando as nuvens que se dissipavam lentamente.

– E seu pai, o Senhor Bunga?

– Papai faleceu. O sinhô se lembra dele?

– Como não! – exclamei.

– Papai nasceu lá pros lado de Itapuca. Veio pra cá bem crescido.

– Era um sujeito baixinho? De olhos claros?

– Isso mesmo. O bisavô dele era português, dono de terra na divisa da Barra com a Praia de Grumari. Era um lugar muito perigoso. Meu avô, João Apolinário, foi quem comprou este sítio aqui. Papai herdou o bananal. E eu herdei dele.

– Esses bananais são muito antigos?

– Vêm do tempo da escravidão. Isso aqui era chamado Morro da Viração. Aqui é um bananal, ali é outro, tá vendo? Aquele lá, do outro lado da encosta, já é outro. Passa ano, entra ano, e a gente fica aqui lutando, trabalhando na lavoura.

– A banana sempre foi vendida aqui mesmo?

– Aqui e lá fora. A gente tira do bananal, corta os cacho verdinho, conta tudo direitinho, leva pro depósito, deixa bem arrumadinho, bota os cacho na estufa com carbureto, aquilo puxa um pouco e, de um dia pro outro, já tá amarelando. O comprador trazia a tropa aqui e puxava. Era a semana toda nessa luta. Eu mesmo trabalhei muito na feira. Na feira Nova Holanda, na feira lá da Penha, da Praça Seca e da Cidade de Deus.

– Quantos cachos por semana?

– De uns duzentos e cinquenta a trezentos cacho. Hoje em dia é que o bananal quase não tá dando tanto.

– Por quê?

– É que o tempo mudou muito. Não chove tanto como naquela época. Antes, era temporal de quinze dia. Chovia tanto que a pessoa não podia sair de casa pra fazer nada. Chuva cerrada. Assim, o bananal ganhava força e encacheava bastante. Mas, hoje em dia, estiou. Chove aí umas duas noite, um dia ou dois. E o sol vem e abre. Não dá pra umedecer a terra como antigamente. Aí, quer dizer, o bananal deu um pouco pra trás.

– E passarinho, Seu Zizinho, ainda tem muito por aí?

– Ah! Passarinho tinha muito. Hoje, tem pouco.

Seu Zizinho fez cara de tristeza, como se a natureza de todos esses anos, distante do que foi um dia, não mais brotasse o prazer esquecido, com a saudade de um tempo que se perdeu.

– No inverno, maio ou junho, começava aparecer a sabiá. A sabiá-poca, a sabiá-preta, a sabiá-coleira. Mas a criação não era por aqui. Elas vinha do Estado do Rio. Então, lá pra maio, começava aparecer, porque era tempo que tinha muita aroeira, muita fruta. A sabiá-laranjeira, a sabiá-de-barriga-vermelha, se criava aqui mesmo. Mas era muito pouca coisa, porque os sauís comia tudo. Os sauís come os filhote no ninho, os ovinho, tudo o mais. Tá até acabando. Hoje em dia, existe muito pouco. Às vez, aparece algumazinha por aí, sabiá-da-mata, cantando pelas pontinha dos pau. Cê desce aqui, vai beber água ali embaixo no rio, e encontra ela, assim, chamando, chamando... um canto até muito bonitinho.

Apontava no rosto do velho Zizinho um fragmento minúsculo de uma época dividida em pedaços quase apagados pelo tempo, mas que persistiam em estar vivos na sua memória e no dizer solitário de um passado, o qual, eu viera, sem querer, despertar a lembrança no seu coração diminuído pela idade.

– Sabiá-da-mata é parda, avermelhadazinha, garganta esbranquiçada, raiada de pardo. A gente chama também de caraxué. Sabiá-da-praia tem o dorso cinzento. Vive aí nas restinga, nos mangue, lá pros lado da praia. Só que com essa poluição toda não tem mais mangue e não tem mais sabiá.

Sabiá-piri, não vejo há muitos ano. Também pr'aqueles lado eu não vou mais.

– E outros passarinhos, Seu Zizinho?

– Também estão sumindo. Tem o patinha-do-reino, o sinhô conhece?

– Não! Como ele é?

– É assim... um passarinhozinho pequeno, bem miudinho, pretinho, com um cantozinho bem tolerado.

– E a choca?

– A choca é outro carijozinho com o biquinho curvado. Tem o ticancão, o coleiro, o gaturamo-verdadeiro. O gaturamo é amarelinho de cabeça preta, muito bonitinho. O mês de agosto é o mês da criação dele. Aparece muito aqui nessa figueira. Tem o tiê-sangue, preto-pardo. O macho é encarnadinhozinho. A fêmea é parda. O macho pretinho vai mudando as pena, vai pintando, pintando, até ficar encarnadinho. Precisa vê. Tem até hoje.

– E o trinca-ferro? Ainda tem?

– O barranco, né? A cabeça cinzentazinha e a garganta pardacenta. A gente chama também de sabiá-gongá. Mas, já não vejo ele mais por aí.

– E o sanhaço? – Seu Zizinho riu.

– Sanhaço é uma praga. Aparece ao lote. Sanhaço come banana, mamão, tudo quanto é fruta. Deita e rola. O sujeito vê um mamão maduro, assim bonito, quando vai vê já tá com um furo embaixo. Só tem a casca. O miolo todo já foi embora. Passarinho danado.

Nesse instante, apareceu-nos um beija-flor no ar, suspenso bem à nossa frente. E aí perguntei de brincadeira.

– E beija-flor come mamão, Seu Zizinho?

– Come nada – Seu Zizinho respondeu.

E nós caímos na gargalhada.

– Come não – respondeu de novo o velho.

– Só fica na florzinha – disse-lhe eu.

– Na florzinha e nas aranha miudinha.
– Deita e rola?
– É isso mesmo – rimos sem limites.
– E os vizinhos? Por onde andam?
– Os antigo foram tudo morrendo. Tem o Tutinho que vivia também da banana. Hoje, tem o filho dele que é dono daquele bananal ali, o Nelson. O Manoel Marques também. Tinha o Leonardo lá em cima, o Manoel Zé Agostinho, o Francisco Ribeiro.
– Vocês eram getulistas?
– Às vez, a gente olhava pra saber se o presidente era bom ou se não era.
– E conclusão?
– Getúlio era bom presidente. De tão bom que mataram ele. Ou ele se matou?
– O senhor não sabe?
– Sei lá. Ele passou aqui por cima de avião, indo pro Rio Grande. Quando ele morreu, muita gente ficou chocada. Ele era muito bom. Era um presidente que olhava pros pobre. Então, todo mundo ficou chocado. Nós tudo era getulista, de tão bom que ele era. Era um presidente que se viesse passear num lugar assim, com a escolta dele lá, mas se tivesse uma pessoa querendo apertar a mão dele, ele apertava.
– É, Seu Zizinho?
– É! Ele veio aqui na Barra. Quando ele chegou, tinha uma mulé, que era até parente nossa, e que disse assim: "Ah! Eu bem que podia apertar a mão do doutô Getúlio, eu vou chegar perto". Aí, foi se aproximando, foi e foi, deu a mão a ele, e ele apertou a mão dela. Ela saiu toda contente.
– E aí, Seu Zizinho? Afinal, mataram ele ou ele se matou?
– Eu não sei se mataram ele. Esse negócio de política, né? Às vez se tem uns contra e outros a favor. Esse negócio de política é forte. Muita gente esperta junta. Uns querendo até pegar as coisa dos outro. Então, é uma politicagem danada.

Conforme tá agora, não é mesmo? É um embate do lado danado, é um embate do lado do outro. Eu mesmo escuto tudo no repórter toda noite.

– E qual é sua opinião?

– Ah! Tudo isso é um troço errado. Não podia ser assim. Tinha que ser todo mundo direitinho. Mas só tem cobra, né?

– Por falar em cobra, Seu Zizinho, tem muita cobra por aí?

– Cobra tem muita, jararaca, jararacuçu, surucucu. Essas são as mais brava. Olha, Jararaca até já me mordeu aqui, ói só!

O velho me mostrou um sinal na perna de sessenta anos atrás.

– Ela mordeu em mim e meu sangue ficou ruim. Levei um mês de cama. Esse lado aqui inchou todinho.

– E aí?

– Minha sorte é que tinha um hômi que era rezadô, curandeiro, sabe? Ele fazia remédio.

– Como era o nome dele?

– Antônio Adriano, ele se chamava. Era português. Aliás, não era português legítimo, não! Era caboclo, meio negro, meio índio. Mas tinha uma racinha de português.

Rimos de gargalhar.

– Jararaca tinhosa!

– É aquela jararacazinha mais curtinha e cinzenta. Aquilo é o fim. Jararacuçu é assim, grande mesmo, meio cinza escuro. Surucucu-tapete, que parece até um tapete de casa, aquele é feroz. Jararacuçu é filho de surucucu com jararaca, mestiçado, né!

Nessa hora, rimos bastante da mestiçagem da cobra. Caímos na gargalhada.

– Surucucu-tinga é uma desgraça. Surucucu-vara é fininhozinho, mas é venenoso que só a peste.

Rimos ainda mais.

– O jararacuçu matou uns dois burro meus.

– Mordeu não tem jeito?

— Não tem não, sinhô.
— O senhor dá nome aos burros, Seu Zizinho?

Mais gargalhadas.

— É claro. Quando a pessoa tem um burro tem que dá nome pra falar com ele. É Rato, Valente...

— ...Getúlio?

Mais risadas...

— ...Não! Getúlio, não! Coitado do homem.

— Getúlio não é nome de burro?

— Não!

— Mas pode ser uma homenagem.

Não! Getúlio, não! O meu chamava-se Marimbo.

— Morreu?

— Não! Eu passei pra frente. Já não trabalho mais.

— O senhor se aposentou com que idade?

— Por volta dos setenta e cinco.

— Tudo isso, Seu Zizinho?

— Uma aposentadoria mixa. Só cê vendo.

— Lutou a vida inteira?

— A vida inteira lutando. E se eu tivesse com saúde, estaria lutando ainda mais.

— Sempre com a banana?

— Não só! Fazia roça de tudo: mandioca, milho, batata-doce, feijão...

— ...Aonde?...

— ...Nas encosta dos morro. No lugar em que não tinha banana, a gente plantava. Colhi muito aipim. Vendi bastante milho. Depois do aipim maduro, vendia até pros feirante. Fiz muita carroça. Batata-doce eu plantava mais pro gasto. Eu ia na roça, colhia meia saca e levava pra casa. Deixava o resto na roça. Quando precisava, ia lá e arrancava outra quantidade. É assim. Sempre minha luta foi na roça.

— Criava galinha?

— Galinha e alguns porquinho. Mas comia mesmo era as

coisa da roça: aipim, milho, batata-doce, inhame-rosa, inhame-da-gruta. Sempre essas coisa.

— E taioba? Existe ainda alguma?

— Existia tanta que nascia sozinha. Mas plantando num lugar úmido, a gente deixava ela bem pertinho.

— Próxima do rio?

— É isso mesmo.

— Tem muita rã por aí, Seu Zizinho?

— Rã tem alguma.

— Sabe que jararaca gosta de rã?

— E como gosta?

Risos.

— Come rã e perereca, essas pererecazinha pequena.

— E o senhor come rã?

— Como não. Na folgazinha de domingo, eu ia matar uns peixinho no mar, de linha, ali na encosta da pedra. De peixe, da água do mar basta.

— Da lagoa não?

— Peixe de lagoa não é igual ao do mar. Tem gente que gosta de caraúna, de pitu, de lagostinha. Eu não ligava pra isso não. Aqui no rio tem umas lagostinha, uns pituzinho. E lá no mangue, antes, tinha até camarão.

— E onça, Seu Zizinho?

— Onça tinha no tempo da escravidão. Tem um lugar chamado Pico da Onça. Fica lá em cima. Diz que um dia apareceu uma oncinha preta. Mas eu nunca vi não sinhô.

— E da escravidão? O que o senhor já ouviu falar?

— Ninguém me explicou nada. Não tô sabendo. Não tenho ideia do que foi. Mas parece que botavam os negro pra trabalhar de graça e ainda sentavam a lenha neles. Não é isso não?

— É mais ou menos isso...

— ...Aqui embaixo tinha até um sujeito que nasceu na escravidão. Morreu há pouco tempo com 115 de idade. O filho dele mora aí, até hoje. E o pai do sujeito foi escravo nas fazenda antiga. Tem uma história até engraçada.

— E qual é?

— O apelido do cara era Tatu. E de Tatu tanto que pegou a gente ainda hoje chama o filho dele de Tatu. João Tatu.

— Qual era o nome dele?

— Marcelino.

— Marcelino de quê?

— Ih! Rapaz, não sei dizer. Naquele tempo, de quem a pessoa era escravo recebia o nome do dono. Então, deve ser Marcelino Menezes. Ele era escravo dos Menezes. Era um velho muito brincalhão, o Tatu, baixinho e forte. Ele dizia: "Meu filho, fui soldado do exército por uma semana e botei muita gente pra correr". Aí, a gente falava: "Intão, o sinhô é valente". E ele respondia: "Não, botei pra correr atrás de mim". E todo mundo ria.

— E por quê?

— A história é que ele estava guardando a praia de Grumari e, sem querer, disparou um tiro de fuzil. A bala raspou a orelha do capitão. O sujeito ficou possesso e botou a tropa toda atrás do Tatu, que desertou, é claro. Os caras ficaram uma semana pelo mato a fora procurando o Tatu, que ficou, por sua vez, escondido numa toca, sem comer, nem beber. Não encontraram ele e desistiram. E aí, finalmente, o Tatu tomou a liberdade.

— E no tempo do seu pai? Como era pra vender banana?

— Era duro. Eu me lembro muito bem. Naquele tempo só existia uma estrada beirando a restinga perto de Itaúna. Tudo aquilo ali era mangue e duna. Papai dizia que ia até Botafogo a cavalo tocando os burro. Pegava a tropa, botava os cacho de banana e ia pela madrugada a fora. Era Botafogo e Madureira. Uns, ia por aqui, pra Madureira, pelo atalho, embora toda à vida. Rico era quem tinha caminhão pra chegar até lá.

— O senhor se lembra?

— Eu mesmo fui umas duas ou três vez na aventura. Era meninote. Depois, fui várias vez.

– E como era?

– Era mato deserto. Só tinha cachorro na estrada. Ali, na Curicica, na reta, era só sapezal e laranjal. Tinha aquela igrejinha ali no Camorim, Igreja de São Gonçalo do Amarante. Dali pra baixo, até a igreja, tudo era roça.

A principal coisa que chamava atenção em Seu Zizinho era a vontade de prosear, seu gosto pela conversa, a fala mansa e continuada.

– Tem gente que não gosta de conversa de velho, das coisa do passado.

Há muitos anos, poucos homens vinham parar por estas roças, caminhavam a pé ou vinham a cavalo, quando muito, uma carrocinha e a tropa de burros para puxar a banana, o milho e a mandioca. A paisagem estava quase inalterada. Na mata densa, lá no alto, acentuava-se o verde-amarelo dos bananais. E o avermelhado das acácias coloria o verde-escuro das encostas, também, cingidas pelo branco e amarelo dos ipês. O tempo praticamente não existia, além do dia e da noite que não se contavam. As pessoas perpetuavam-se na labuta constante da lavoura, sem maiores indagações sobre a vida na cidade.

O clima era quente e úmido. Muito sol e muita chuva. Quase sem etapas de transição de uma estação para a outra. Não havia amargura, nem solidão. Somente o sangue aquecido pelo trabalho sem rumo de todo dia. O preço da distância era o exílio do esquecimento, tendo a foice e a enxada como armas da certeza de uma realidade bendita e infinita.

Hoje, não resta nada além da memória do passado. O tempo, agora, é real. A lavoura decaiu. Não serve mais à liberdade da alma e do corpo. Os ventos são os mesmos. A mata quase a mesma, um pouco alterada, por sinal, mais cansada. A função da mata mudou. Guarda apenas os vestígios de uma vida mais humana, sem revelações maiores do que as mais simples, sem a certeza de que se pode superar o caráter severo e áspero da civilização e a sobriedade de antes, que permitia ao curiboca se manter ileso à caduquice do monstro fabuloso e sagrado, sintético e artificial, que é o dinheiro.

As pessoas provincianas, pejorativamente vistas como atrasadas, matutas, mas que, na verdade, procuram a distância como amiga, como oposição à paranoia da cidade, são tímidas e, ao mesmo tempo, sábias.

– É muita loucura junta.

Imbuídas de um espírito natural, aconchegadas ao mato e à simplicidade, não acredito que sejam menos felizes do que as pessoas da cidade, mesmo com todo o aparato de que dispõem. É o cheiro da terra que alimenta essa gente. Um cheiro diferente. Um cheiro forte. É a natureza que fala em cores vivas e pronuncia um silêncio em liberdade e expansão que cresce e floresce e, ao mesmo tempo, morre e se transforma em semente, em água, em terra, em planta.

Tudo é planta. É um cheiro de tudo ao mesmo tempo. De ar puro, de flores da mata, de jaca mole, de manga madura, de sopa de inhame. É o cheiro da várzea, do mangue, de peixe e de sal. Cheiro de capim-gordura, de aipim bem fritinho, cheiro de bosta de boi e de burro. É, decididamente, o cheiro da descoberta mais incrível: o exílio.

– Sou um primitivo, quase índio – disse-me Seu Zizinho com um pequeno sorriso nos lábios finos.

A luz do sol trazia a felicidade ao seu rosto. Um rosto quieto entre a luz que penetrava a figueira. O rosto pequeno, de olhos grandes e poucas rugas, as quais, se eu quisesse, poderia contar uma a uma.

Tudo se passa no caminho estreito, do tamanho de um braço esticado, com as marcas no chão das ferraduras de Retidão, Marimbo e Toleirão. E com as marcas de muitos outros burros que conhecem o caminho de trás para frente e o seguem sorrindo feito gente, como um matuto qualquer, como Zé Cândido e João Tatu, que insistem em viver a vida de sempre e resistem gloriosamente à obediência ao velho passado.

— Estudar pra quê? — perguntou-me João Tatu ao cruzar com ele lá em cima, no alto do morro, bem pertinho do Pico da Onça, onde os bananais se confundem pela mata, uns com os outros, e onde há uma pedra que vai descendo o caminho e a gente precisa deslizar sobre ela para também descer, onde as aranhas tecem suas teias finas e esculturais nos galhos das grandes árvores, onde dá para escutar o murmúrio do quebrar das ondas na praia que, vista assim do alto, mais parece um continente inabitado, e quando passa um avião, rasgando o céu, é o único ruído que faz lembrar a civilização.

— E o mundo lá fora, João?

— O meu coração é o mundo.

Tudo se passa nesse caminho afastado de tudo, ainda no silêncio possível da extensão de toda a mata.

— No cocoricado da sabiá, oi, só! Escuta!

João me mostra uma sabiá-da-mata.

— É raro de vê. Mas tem ainda. O sinhô tem sorte.

Tudo se passa na geografia dos infiéis onde escutamos o pio do gavião, onde, lá no alto, sobre as pedras, desce frouxo, manso e vivo o rio, no seu rigor permanente, esvaindo-se na direção da planície. Onde o fiozinho d'água que escorre pelas pedras é o único borbulhar de sons naturais que se confundem com a imensidão.

****

Em conversa de pescador não se pode confiar. Todo pescador é mentiroso, como se diz. Caçador também é. Mas acabei por dar crédito às conversas de Seu Gilberto, o pescador mais velho da lagoa. Os mais antigos, os das décadas de 20 e 30, já morreram. Só resta o velho Gilberto para contar as histórias do passado. Portanto, deixei o homem falar. Valeu a pena.

Diverti-me com a personagem lendária de prosa criativa. Caí na malha do pescador. O bom mentiroso sabia elaborar a conversa na direção da verdade. Se verdade ou mentira, cada um conta o que tem. Pois, o contador de histórias começou me dizendo que, por volta de 1944, havia na lagoa tainhas de uns seis a sete quilos. E eu quase acreditei.

– Não é mentira, não, Seu Gilberto?

– Né, nada! Verdade pura. Pode acreditar.

O pescador me falou que nessa época a lagoa era limpinha e que se podia beber da sua água e dos rios que nela desaguavam.

– Isso tudo era bem limpo. No tempo do matagal, na época do doutô Getúlio. Naquele tempo não existia nada.

O velho me garantiu que da Barra até o Recreio só havia quatro barracos que pertenciam a um tal professor Goulart. O sujeito tinha uns capatazes dispostos a matar quem invadisse a lagoa.

Tudo era um deserto. Do começo da Barra, ao final do Recreio. Dizem que se mantinham ali uns cavalos e uns bois bravos, que nasciam, por lá mesmo, na entrada do canal de Marapendi, na pedra da beira da estrada, de onde se seguia, pela margem do caminho, até o Recreio dos Bandeirantes. Ali, se fiavam os cavalos e os bois. E, por isso, muito pouca gente andava por aquelas paragens, com medo dos animais e dos capatazes.

– O senhor conhecia a região?

– Ah, sim! Eu tinha que ir remando até Marapendi pra achar o peixe. Quando faltava o peixe, aqui no Camorim, eu ia pescar lá em Marapendi. Ali na Barra, no início, o mar levava os peixe tudo embora. O canal era pequeno. E a água puxava os peixe para o mar. Era um vão só de água no canal, um pântano só. Como eu ia viver daquilo?

– Quando a maré enchia é que apareciam as tainhas de sete quilos?

— Tainha e robalo. Tinha robalo até de um metro e vinte, pesava uns treze quilo. Tainha dava de uns seis a sete, quando elas entrava do mar para a lagoa. Mês de junho e julho era a entrada da tainha. Robalo vive em água doce, salobra, nada aos cardume, prefere o fundo da lama. Sobe os rio à procura do remanso ou a lagoa pra desovar. Geralmente, também no inverno. Robalão. Robalo-bicudo. Robalo-flecha.

— E quando a maré esvaziava?

— Aí é que tá. O mês tem quatro lua. E em cada uma o peixe é diferente. Quando a maré enche, ela traz. Quando esvazia, ela leva também. Tem a lua que quase não dá peixe.

— E qual é?

— Minguante. Porque a cheia já levou tudo e a gente ficava sem peixe. Daí, eu ia pra Marapendi. Ficava lá num daqueles casebre. Lá morava um tal de Zé Gordo. Eu pescava e dava peixe pra ele. Umas caraunazinha mixaria. Umas tainhota de desova.

— Pescava pouco?

— É. Mas sabe o que eu fazia?

— O quê?

— Aprendi a pegar jacaré. O pessoal daqui era acostumado a comer carne de jacaré. Aí, eu comprava bofe no açougue, lá na Taquara, porque aqui não tinha nada disso. Botava o anzol de engasgo com o bofe amarrado na beira da gigoga e fincava o bambu. Trançava a corda bem trançadinha. Não deixava o anzol perto do bambu, porque o jacaré sentia logo o cheiro e pegava o anzol. Eu botava o anzol distante do bambu na beira da gigoga. E de manhãzinha, logo cedo, eu ia vê. Aquilo ficava esticado. O bicho vinha e engolia, ficava esticado lá. Uns bicho de três metro e meio.

— E o senhor vendia a carne?

— A carne e o couro. Limpava o jacaré todinho. Do couro se fazia remédio pra reumatismo, pra asma, essas coisa de velho.

Pedi que me falasse como se desfola um jacaré, e o velho pescador prosseguiu entusiasmado.

– Tinha um pau em frente ao meu barraco na lagoa. Eu amarrava a corda na goela do jacaré ao lado da boca. Enrolava a corda naquele pau. Ia puxando o jacaré até ele encostar a cabeça no pau. Ele dava umas rabanada pra lá e pra cá.

O pescador gesticulava imitando o jacaré com um riso gaiato no canto da boca. Interrompi a cena do velho e perguntei:

– Mas e aí? Como se desfola o bicho?

– Intão... amarrada a boca, o jacaré não tem jeito de sair. Tem que cortar o pescoço pra desfolar. Pelas costas ele não abre. Vai cortando o pescoço, vai cortando, até a barriga. E depois limpa pros lado, até as patinha. Sai tudinho.

O velho deu uma risadinha ridícula.

– E quando o senhor o trazia da lagoa, carregava ele vivo?

– As vez amarrava ele no banco da canoa e, com a ponta da laçada, enfiava a ponta da corda no anzol espetado na boca dele, e dava uma laçada no pescoço. Senão o bicho podia soltar do anzol. E aí, eu perdia os meus trocadinho, né?

O pescador caiu numa gargalhada longa e cruel, sem prazo para terminar. Concluiu, ainda rindo:

– E com dinheiro não se brinca.

Eu quase morri de rir junto com o velho Gilberto.

– Como o senhor aprendeu? – perguntei.

– Com o pessoal mais velho.

– E o bicho nunca lhe mordeu?

– A mim, não, mas teve um dia em que eu trouxe um jacaré pro Camorim amarrado num carrinho de mão feito de tábua. Vinha comigo um moleque com uma corda presa no rabo, sustentando a cauda pra não arrastar no chão. Porque, a cauda, das duas pata traseiras pra trás, é dessa grossura, assim, ó!

O pescador juntou os dedos indicadores das duas mãos com os dedões e fez um diâmetro de cerca de uns vinte centímetros. Com a cara cheia, para que eu me impressionasse, continuou falando:

– Ela vai afinando, afinando, e se aquele rabo dá de cismar, ôxe!... É uma chicotada que machuca mesmo.

– Chicoteou o menino?

– O moleque cismou de pegar o jacaré, rapaz! E eu já havia desatado a corda do focinho. Não só deu-lhe uma chicotada, como uma bocada no braço. A sorte é que foi só de raspão. O moleque tirou rápido. Se o bicho guenta firme, olha só o moleque aí sem braço.

Ri fartamente. Uma risadinha franca e casquinada.

– E o senhor comia jacaré?

– Comia! Aquilo, sabendo fazê, é gostoso. Tem gosto de peixe. Hoje, se eu comer, passo mal. Mas minha mãe botava no tempero de um dia pro outro. Nossa! Passava fome não!

– E como o senhor se tornou pescador?

– Essa história é longa. Quer ouvir?

– Quero.

– Nasci em Saquarema, quase na beira da lagoa, no Porto da Roça, um sertãozinho sem fim. O destino é uma coisa pródiga mesmo. Meu pai soube de um terreno aqui, lá pra trás da serra, e uma casa, lá em cima, pra tomar conta. Coisa de banana. E aí ele arrastou a família toda pra cá. A gente vivia da caça e da banana. Era a mata cerrada e o bananal. Tinha duas casa de estuque. Sabe o que é estuque, né?

– Taipa de barro com a mão.

– Isso. Às vez, a gente faz de cascalho e saibro socado. Pois bem... O terreno era de um casal de velhinho. O filho do casal morreu lá na Itália, na guerra. Os velhinho quiseram ir embora do lugar e estavam pra dar o sítio pra nós. Só que papai bebia muita Bole-bole...

– ...O que é Bole-bole?

– Cachaça. Bole-bole, Branca de Neve, Três Pedras e outras. Um dia, meu pai chegou bêbado no Camorim e falou uns palavrão bem grosso pra filha de Seu Noêmio, dono do armazém. Ali, tinha uns meganha que interpelaram ele. Eles usava até uma farda amarela, perneira e tudo o mais...

– ...Em que ano foi isso?

– Em 1943. Quando um dos meganha foi pegar ele, ele deu uma pernada no sujeito, que caiu e abriu a cabeça. Papai fugiu. E os meganha começaram tudo a procurar ele pra levar, lá pra Frei Caneca, preso.

– Perderam o sítio.

– Isso mesmo. Seu Camilo desistiu de dar o sítio. Além disso, nós tudo tivemo que fugir. E voltamo lá pra Saquarema. Só que papai danou de beber. Não parava de jeito maneira. Aí, mamãe resolveu abandonar meu pai. Mamãe voltou a morar no Camorim. Só que os posseiro havia tomado a casinha e o terreno. E nós viemo pra cá, pra Curicica, num comodozinho que deram pra nós ficar. Minha mãe, eu e seis irmão.

– E aí, Seu Gilberto?

– Aí, eu pedi a Deus um serviço que eu pudesse sustentar a família. Eu trabalhava pra uma dona que me pagava trinta réis por mês, pra descer a banana no lombo dos burro. Plantava batata no sítio, essas coisa de roça. Um dia, ela disse: "Gilberto, tu vai lá na lagoa com o Otacílio e vai buscar a rede que o Mário e o Zé Campista deixaram lá, cheia de peixe". Cheguei lá, e eu nem me equilibrava direito na canoa, mas fiquei doido com aquelas tainha grande, com as traíra, com os robalo. Garrei com aquela beleza. Me encantei com tudo aquilo. E no Camorim, tinha um pescador chamado João Clarimundo, que vivia só do peixe. Eu panhei amizade com ele e disse: "João, dá pra eu vir fazer umas pescaria com 'ocê"? E ele respondeu: "O dia que 'ocê quiser". Aí, eu perguntei: "E ganha alguma coisa"? Eu era moleque, mas precisava de dinheiro. E ele falou: "Ganha, sim, ó! Se fizer trinta malha de maré, dez é seu, dez é do cara que vai na canoa atrás, e dez é meu que sou o dono do material". Foi assim. Com nove anos, cheguei à lagoa.

Conversa vai, conversa vem, a história do pescador foi me provocando uma reação inesperada. Isso porque eu estava recordando um passado que não era só meu, algumas recordações que não havia um fim para elas, e que nada acrescentavam, além de uma contradição absurda. Para que tudo aquilo? Eu me perguntava, enquanto o pescador falava.

Para que tantos automóveis na estrada? Para que as favelas ao redor? A poluição? A empalmação? Para que toda a escamoteação? O encurtamento dos fatores que trazem ainda mais a pobreza. Uma pobreza que, agora, não há mais como camuflar. Uma pobreza amparada na aposentadoria de um salário mínimo. A sobrevivência de hoje não se pode mais extrair da natureza. Vem da Previdência que, com toda certeza, lhes faltava. O pescador me disse que antes matava tanto peixe que não conseguia carregar. Antes a lagoa dava muito peixe. Hoje, porém, só tem poluição.

— Na lagoa de Marapendi tem esgoto pra todo lado. E tudo a céu aberto. Na Gamboa, aqui, tem duas manilha que pega o esgoto da Barra toda. É um vexame.

— Está muito poluída?

— Ah! Tá muito, sim! Porque a lagoa que não dá mais robalo e camarão, é sinal que já tá toda poluída. É uma pena. E de pensar que eu sobrevivi dessa lagoa.

— E dava camarão?

— Tinha camarão à vontade. Enquanto a água tava limpa, na época do camarão, janeiro e fevereiro, dava arrastão de quatro quilo. Às vez, a gente só pescava camarão. Outras, pescava misturado, o camarão e o peixe.

— E hoje?

— Só tem a tilápia. Antigamente, o peixe era a traíra, a tainha, o robalo e a cará. Antes não tinha a tilápia. O Lacerda e o Negrão de Lima foram buscar a tilápia lá no interior e soltaram elas na lagoa. A tilápia é uma praga. Ela come a ova todinha da caraúna, a cará, conhece?

– Sim.

– A tilápia não desova. Solta os filhote de uma só vez. Intão, é uma covardia. Ninguém come a ova da tilápia e ela come a ova da cará. Aqui dava cada caraúna grande. No Estado do Rio, a caraúna era pequena, cará de rio. E aqui era de lagoa. Criava em abundância e dava aqueles topete na testa.

O pescador fez uma cara inocente.

– Quando eu comecei pra ganhar dinheiro e sustentar a família, eu carregava os peixe na cabeça. Saía do Camorim e ia até Vargem Pequena. Levava os peixes de casa em casa, oferecendo. Depois foi abrindo as feira do Pechincha, da Taquara, da Praça Seca e de Cascadura. Aí, comprei uma bicicleta de carga. E comecei a vender o peixe nas feira. Foi assim que eu criei os meus irmão. E depois, ainda, criei meus filho.

– O senhor ia de bicicleta para a feira?

– Em 70, eu fazia com a bicicleta de Marapendi a Cascadura. Parece mentira. Eu subia a ponte de Cascadura de bicicleta, esticava a estopa no meio-fio e despejava os peixe.

– Vida dura, hein?

– Ôxe, se era!

– E como era a pesca?

– Quem entendia mais, matava mais. Eu conheço tudo aí, porque comecei cedo, vivendo disso. Pescava com dez rede de cem metro. Soltava a ponta aqui, passava lá por uns trezentos metro, esticava, esticava e, na outra ponta, batia a poita. Fazia barulho. O peixe escutava e malhava. E eu ia pra outro lado procurar mais.

– De noite ou de dia?

– De noite, o peixe quase não enxerga. De dia, faz muita sombra. E o peixe enxerga mais pela sombra. A sombra e o barulho que a gente faz na água. Por isso, eu só gostava de pescar à noite, na covardia.

Mais uma vez o velho Gilberto caiu na gargalhada. Um riso gesticulado, eloquente, suspiroso. Um riso continuado e sem qualquer constrangimento.

– Dava tanto peixe que, lá pelas quatro da manhã, a gente dizia: "Não quero mais peixe, não! Vamo botar o mundéu e vamo dormir". Às seis horas, recolhia a rede. Ia pro porto. E sobrava. Aí, eu dizia: "Manda o Manezinho vir buscar". Falava pro pessoal: "Cês qué peixe? Vai lá pro porto. Tá sobrando. Tem muito lá". E eu já ia com aquela conta certa de vender na Taquara.

– Na feira?

– Se eu ganhei algum dinheiro foi na feira. Antes, vendia por aí mesmo. Cobrava cinco réis por quilo de camarão. Se sobrava, tinha que vender por dez tons.

O pescador arregalou os olhos, rindo.

– Eu andava por esses brejo tudo, porque a rede era só de linha. A linha crua em seis mês apodrecia. Pra durar um ano e dois mês, tinha que sair, por esses brejo a fora, procurando aroeira. E muitas vez, eu passava pelos ninho de jacaré. Só que eu dava sorte. O jacaré não me via. Eu passava pra cortar aroeira e trazer pra casa, pra bater a casca. Botava pra cozinhar em duas lata de vinte. Aí, eu fazia aquela tinta pra dar na rede. E a rede durava um pouco mais.

Bem humorado, um sentimento de dignidade ensoberbecia a linguagem simples do pescador. Um brilho nos olhos pulava com os gestos curtos das mãos.

– O que lembra a lagoa de hoje com a lagoa de ontem?

– Quase nada.

Dizia o pescador que as caraúnas são crias da lagoa e que as tilápias do Lacerda acabaram com todas elas. Dizia que as tainhotas também se criavam por toda a sua extensão. Isso porque as tainhas faziam seus ninhos e desovavam naturalmente, embaixo das taboas no mangue. Quando as tainhas queriam desovar, vinham lá do sul, pelo mar, procurando a barra para entrar. Entravam em Sepetiba, na Barra, na Rodrigo de Freitas. Quando nascia a lua cheia, elas voltavam para o mar, soltas, livres, aos montes. Antes, desovavam no Camorim, na Marapendi, na Lagoa Santa e se criavam por toda parte. Elas nascem igualzinho a um palito de fósforo. As tainhas e os paratis. Quando chegava dezembro, o pescador matava as bichinhas em quantidade na malha vinte e cinco. Em fevereiro, na malha trinta.

– Isso eu marcava, porque vivia daquilo.

Em março ou abril, na malha trinta e cinco. As tainhas cresciam cem gramas por mês. O pescador afirma que elas são tão sabidas que percorriam a rede inteira. Só quando chegavam ao final da rede, davam a volta no gancho e já não tinha como elas fugirem. Ou elas pulavam e escapavam, e muitas conseguiam, ou malhavam na rede. E isso era todo dia, toda semana, todo mês, todo ano.

– O senhor fazia rede?

– A rede vinha do norte. Toda feita à mão. Mas eu também fazia. Rede de tucum. Sabe o que é tucum?

– Uma palmeirazinha fibrosa?

– Que dá aqueles coquinho de tucum. Tinha bastante na lagoa. Linha de tucum. Dava um trabalho danado. Um mês todinho trançando. Jacaré é uma praga. Jacaré na rede de noite? Ôxe! A gente fazia aquele barulho no barco: "BAM... BAM... BAM..." O bicho saía fora. Mas furava a rede toda.

– E ainda tem jacaré?

– Tem e muito. Aquele rio do Cortado está cheio de jacaré. E o rio do Portela que vai lá pra Vargem Grande, na divisão dos dois, tem muito jacaré ainda.

– Quem tomava conta dessas terras do lado de cá?

– Um tal de Caetano do Banco, um nego gingão, forte e alto. Caetano era pai do Moacir Cotoco. Cansou de me pedir pra remar pra ele. Pra ganhar uns trocadinho, eu ia sempre. Estacava o mourão na lagoa pra demarcação. Dizia que as terra era de um Banco. Mandava os capanga abrir duas picada na vegetação do mangue. E o nego era o meu maior freguês de carne de jacaré.

– O homem era comedor de jacaré?

Rimos fartamente da reputação mundana de Caetano.

– Em comedor de jacaré não se pode confiar.

– Pode não!

Desde 1908, o negro tomava conta de tudo. Figura lendária.

– E saudade?

– Das histórias, né? Do tempo do mato, das empreitada na roça. Antes de ser pescador, eu ia de calcinha curta e tamanquinho roçar. Tinha muita cobra. Mas graças a Deus, nunca me mordeu.

– Aonde?

– Esse terreno aqui. Dali pra trás, até a Taquara, em cima era bananal, embaixo era laranjal. O laranjal do João Ranchinho, do João Francês, do Albano e do Geraldinho. Isso ainda no tempo da fábrica de bananada, A Princesinha. O encarregado era o Pacheco. Cê sabe que eu já vi lobisome ali?

– E o senhor acredita nisso?

– Ôxe! Se não acredito? Já vi três vez.

– Aqui tinha?

– Aqui e em Saquarema.

O minucioso contador de casos me disse que ele e sua família eram tão pobres, lá em Saquarema, a ponto de morarem de favor no terreno de um senhor muito velhinho. Este senhor os deixava esparramarem-se na sua propriedade. Seu pai largou a mãe com ele e seis irmãos, abandonando-os. Veio para o Rio de Janeiro trabalhar na estiva.

A partir daquela ocasião, ficaram soltos, pedindo, mendigando as coisas para os pescadores no porto. Carne não existia para vender. Só havia o gambá e o preá, que eles comiam quando conseguiam caçar. Desta feita, iam para o porto pedir peixe, siri e camarão. Os pescadores diziam: "Ah! Cês são filho do Luís!" Sabiam a falta que os meninos estavam passando. E assim, eles enchiam uma cestinha de taboa inteira com peixe para dar aos guris.

— Eu tenho a cestinha até hoje. O sinhô qué vê?

O velho saiu de mansinho e foi buscar a cesta de taboa. Mostrou-me a cestinha com orgulho. Disse-me que, nessa época, era um molequezinho da altura do umbigo. E me garantiu que um tal de Fininho Colé virava lobisomem, lá em Saquarema. O homem se transformava em cachorro e vagueava à toa, uivando nas noites de lua cheia, perto do porto, nos matos, nos caminhos, assustando as pessoas.

Perguntei o nome novamente de propósito para o pescador repetir.

— FI-NI-NHO CO-LÉ! — encheu a boca para dizê-lo de novo.

Esse era um sujeito baixinho, normalzinho, comum. Pois bem, Fininho Colé, possuído como lobisomem, comia os troços da beira da lagoa, casca de siri e resto de peixe, e da casa de farinha, tapioca e raspa de mandioca.

— Quando ele tava normal, andava que nem gente. Quando virava lobisome, andava de quatro, igual a cachorro, aquele bicho grande.

O velho Gilberto me falou que o tal Fininho Colé não deixava ver a cara de jeito nenhum.

— Eu pelejei pra vê a cara dele. Não consegui. Mas era cara de gente. Isso eu posso afirmar, de gente e de bicho ao mesmo tempo.

Por volta das dez da noite, vinha ele e o irmão, pelo caminho, próximo ao terreno onde moravam.

— Eu vinha com a cestinha cheia de peixe e tava vendo aquele bicho me seguindo. De repente, o bicho meteu o focinho na cesta, jogando ela no chão, com muita rapidez. Eu saí gritando: "Mamãe, mamãe, lobisome!".

Quando eles voltaram, por volta de uns cinco minutos depois, não havia mais nada dentro da cesta, nem camarão, nem peixe algum.

— Só um sirizinho com as garra afiada assim pra cima. Se ele pega o siri, o siri ferrava o focinho dele.

O bicho come de tudo. Dizem que come até criancinha. Assustei-me só de pensar em acreditar.

Retruquei:

– Isso é crendice.

– Crendice nada, hômi! Pode fiar. Quando eu cheguei aqui, tinha um outro sujeito, um tal de Seu Dário, João Dário, todo mundo chamava ele de João Mole...

– ...Eu me lembro do João Mole...

– ...Tô dizendo! Ele também virava lobisome, lá pros lado da igrejinha. Numa noite, por volta da meia-noite, eu tava indo pro meu barraco, na lagoa, ali bem perto da vacaria, na cocheira da fábrica de bananada, nos fundo da fábrica... O bicho tava lá... E eu olhei pra cocheira... Olhei... Olhei... Tava vendo aquele bicho todo excitado. Aí, eu disse assim comigo: "Já vi esse bicho antes". Bezerro não era. Cabrito não era. Olhei bem, encarei bem ele, e saí correndo. Tava mariscando no cocô da vaca.

– E aí? Era o João Mole?

– Não sei quem era. Mas que existe, existe. Lá no sertão existe ainda. Aqui era sertão naquela época. No tempo de cachorro danado, no mês de agosto, ficava os cachorro tudo uivando. Cachorro tem medo de lobisome. Se botar os cachorro pra cima, ciscando, eles ataca. Senão, os cachorro senta e começa a uivar.

– Será, Seu Gilberto?

– Depois, esse homem morreu, o tal Dário, o João Mole. Depois que ele morreu, o lobisome acabou.

– É conversa fiada, Seu Gilberto!

– Né, nada! Conversando, outro dia, com um sinhô, que já morreu também, o sinhô Inácio, que botava o barco dele, lá em Marapendi, perto da praia, pra cá da lagoa... eu... conversando com ele. Cê sabe, né?... Caçador e pescador é uma raça de mentiroso disgramada. Caçador e pescador mente pra burro...

O velho Gilberto ria tanto que as rugas que possuía pareciam que iam pular da cara de gaiato.

– Mas as tainhas de sete quilos não são mentira, não! São?

– Não! As tainha, não!

– E esse lobisomem?

– Também, não! Escuta só. Eu perguntei ao sinhô Inácio: "Inácio, o sinhô acredita em lobisome"?

– Lobisome tinha nessa serra aí do Camorim, assombração e alma penada.

– Como é que é o lobisome que eu nunca vi? Intão, agora o sinhô vai me dizer!

– Rapaz, é um bicho maior que um cachorro e que não deixa a gente vê a cara dele.

– Não é lenda, não?

– N'é, não!

– O sinhô já viu?

– Já vi três vez.

Existe sim. Garantiu-me o pescador, já que rodava por todos esses matos, do Camorim à Vargem Grande, lá para os lados da Igrejinha de São Gonçalo do Amarante, especialmente ali.

****

Quando saltei do ônibus, vi o malandro correndo pela Bráulio Cordeiro. Revidava os tiros da polícia. Atravessou a esquina. Entrou no portão da Moinho de Ouro. Atrás, na Sarandi, subiu a ladeira. Gastou quase todo o cartucho da pistola. Driblou dois cachorros que latiam ferozes. Venceu o limite do quarteirão. Pulou um muro alto. Saiu na Ibira. Dois camburões o aguardavam. Galgou outro muro. E mais um. E outro. Pulava feito um gato. Lá em cima, já na Viseu, foi descendo rua abaixo. Uma dezena de policiais o espreitava na Jaguari.

Mais tiros. Do tiroteio, espocava um barulho infernal. O malando prosseguiu firme. Sem tréguas. Os carros da polícia fizeram a volta. Encurralaram-no atrás do beco. Não havia mais saída. Entrou numa casa. Aterrorizou a velha Tica. Entrou numa outra. Conseguiu escapar, não se sabe como. Alcançou a praça da escola. Vencida a Canindé, foi dar no largo, no início da Lino Teixeira. A placa apontava o retorno: à esquerda, Benfica; à direita, Centro da Cidade. Para onde ir? No larguinho, em frente ao Olé, recebeu o primeiro tiro. Correu mais um pouco. Mas não teve jeito. À frente do armarinho, foi atingido novamente. E aí, na covardia, descarregaram as pistolas no corpo do malandro que morreu dizendo:

– Nada antes do fim.

Para nós, os amigos, restou a cerveja. Depois, a sinuca, quando nos acalmamos. Nenhum de nós quis ir vê-lo estirado no asfalto. Disseram que ficou todo perfurado e com o sangue espalhado pelo corpo inteiro. Na camiseta, a foto de Marlon Brando quase desaparecera com o vermelho do sangue. Foi isso que nos contaram. Disseram-nos ainda que o largo encheu-se de gente. Os sovinas falavam alto, alguns riam, os outros não demonstravam a menor compaixão. Tinham os braços pesados e as pernas firmes no meio-fio da calçada. Os velhos abandonaram o jogo de gamão. Os malandros olhavam de longe. O pastor Edvaldo passou resmungando palavras repreensivas. Maximiliano providenciou um lençol para cobrir o corpo. As domésticas acenderam umas velas em sinal de respeito. Elói, apressado, demonstrou-se abalado com o fuzilamento do amigo. Ficou alguns instantes diante do corpo já coberto pelo lençol trazido por Maximiliano. Depois partiu. O dono do bar em frente à escola fez questão de ir ver a vítima de perto. A morte veio semelhante a um beijo, sem nexo.

Eu trazia um livro de Fernando Pessoa e li o verso:

> *Damo-nos tão bem um com o outro*
> *Na companhia de tudo*
> *Que nunca pensamos um no outro,*
> *Mas vivemos juntos e dois*
> *Com um acordo íntimo*
> *Como a mão direita e a esquerda.*

Despedimo-nos de Tite no bar, em pensamento, sem qualquer comentário, sem nenhuma oração. O verso de Pessoa foi a única cerimônia.

****

– Acho que o Neném dançou.
  – Como?
  – Ordem do comando.
  – E agora?
  – Tô desmoralizado. Vou ter que entregar tudo. A nova geração vai assumir.
  – E o Sapo?
  – O Sapo não tem nada a ver com isso. Nem mula ele é mais. Quem segura a firmeza toda sou eu, pô! E os caras mandaram matar meu irmão, sem que eu nem soubesse do que se tratava. Não tenho certeza. Mas ele desapareceu há dois dias.
  Escutei o desabafo de Beto e fui embora para casa sem parar no boteco.
  Depois de dois dias, fiquei sabendo da morte do Neném. Pegaram ele lá no Tangará. Deixaram o corpo jogado em cima do morro entre as árvores.
  Antes havíamos ido passar o Carnaval em Salvador. Eu, Otávio, Ricardo e Mariza. Ficamos por lá o mês de fevereiro inteiro. Fechamos a casa e fomos para a Bahia um pouco apreensivos.

Quando voltamos, na segunda semana de março, caí na asneira de dizer no boteco que "por sorte, não tínhamos sido roubados". Neném ficou só ouvindo. Porra, eu não deveria ter dito aquilo. Em seguida, fiquei um mês em Ipanema. Ao retornar, a casa havia sido arrombada. Levaram tudo. A vitrola, os discos, os violões, os livros. Levaram até o filtro. Tudo. Fiquei puto.

Dei um esporro no Neném. Sabia que tinha sido ele. Ele riu de fininho, me escutou e não emitiu uma palavra. Aí o Beto me disse que o Neném havia sido morto. Fiquei com pena do neguinho. Eu gostava dele. Mais uns dias, fomos embora dali.

Só retornei quinze anos depois. Mas eu já era outra pessoa. A corriola também já era outra. O clima do morro havia mudado. A inocência de antes se dissipara como a névoa de uma manhã de junho.

Ao abrir o coração marcado por uma emoção corriqueira, percebi a fragilidade nos olhos de Sapo, contra o amarelo de sua retina. Notei o espaço da antiga aflição ser ampliado em implicações mais profundas. Entendi que a determinação de sua nova consciência acarretava nele, agora, uma razão decisiva. Sapo me encarou por um instante. Um riso seco brotou abaixo de seus olhos e, logo em seguida, desapareceu do seu rosto. Convém ressaltar que ficamos mais íntimos. Ou melhor, ficamos um pouco mais conhecedores das nossas próprias fragilidades. E havia ainda um grande motivo para isso.

Toda forma de vida restringe-se ao fato de que somos obrigados a lutar pela sobrevivência. No mundo selvagem percebemos, com nitidez, a razão implacável pela qual estamos expostos à violência dessa luta diária que nunca se esgota e da qual não se pode escapar. Entre os homens, este fato se dá porque a noção de sobrevivência está intrinsecamente relacionada às convenções que a sociedade impõe aos indivíduos, com os conceitos de propriedade, de ordem, de disciplina e de hierarquia. Esses conceitos suscitam, ao mesmo tempo, a noção consequente da posse e do furto, das leis e da oposição a elas. E desse jogo monumental, não haverá juventude que se possa desenvolver, se não pugnar, dependendo de todas as suas forças para conquistar seu espaço, suas convicções, sua rebeldia.

O que pretende a juventude? Toda juventude quer liberdade. Quer asfixiar as pressões devidas, para não ser asfixiada por elas. Quer tirar proveito das menores parcelas orgânicas que ainda lhes resta de um mundo artificial, que sempre lhe vem impor as regras das relações sociais, das quais os mais fortes e até mesmo os mais espertos são sempre os que se beneficiam delas.

Este é o mundo que me faz pensar numa juventude sempre vencida. Não há poesia nesse mundo no qual a juventude estará sempre derrotada pelas circunstâncias.

****

Sua família morava ali numa casinhola velha. Era quase um barraco. Havia uma senhora que faleceu anos depois, mas que, antes de morrer, permitiu a eles ficarem por ali mesmo. A mãe deles era doméstica na casa de Dona Dulce, uma romena que viera ainda menina com a família, o pai, a mãe e três irmãs para o Brasil, na década de vinte, fugidos do comunismo. O pai deles era um negro alto e forte, muito bonito até. Era biscateiro. Na verdade, fazia de tudo um pouco. Conseguia arranjar umas empreitadas no roçado e nas colheitas das chácaras dos portugueses na Covanca. Uns telhados para consertar aqui, uns biscatezinhos disso e daquilo ali. Dizem que até faxina o homem fazia. Limpava as fossas das melhores casas. O camarada era esforçado. Quando a velha senhora morreu, depois de certo tempo, eles foram expulsos da casinhola e acabaram por se acomodar num outro barraco, um pouco mais acima no final do morro. Para lá, foram morar também de favor. Todos afirmam que sempre foram pessoas de bem e que sofreram muito, principalmente, depois da morte do pai. Um dia apareceu um caminhão e levou tudo o que lhes pertencia. Ninguém soube explicar a humilhação. Contudo, a mãe, com muito esforço, conseguiu reaver a mobília da casa na qual vivem até hoje.

Aqueles anos foram de uma época maravilhosa, cheios de satisfação. Todos garantem essa afirmação. Havia muita briguinha de garoto por causa das pipas e por outros motivos infantis. Mas não existia maconha nem cocaína. A região era cercada por enormes sítios e moradias livres. O grande problema é que não tinha água para o consumo. A falta d'água era o grande sofrimento de quem morava no Morro do Caicó.

Os moradores passavam pelo caminho que descia na direção da Covanca. Atravessavam os laranjais e as plantações de hortaliças para buscar água nas torneiras dos vizinhos. A comunidade empobreceu muito de uns vinte anos para cá. Começou e não parou mais. Antes, a vida era dura. Mas os vizinhos eram muito bons. Todos se ajudavam mutuamente. Hoje, vivem confinados em suas próprias casas. Eram pobres. Mas conheciam a liberdade. Isso no tempo do bonde, até poucos anos atrás. No tempo do Seu Doca, dono da vacaria, onde os moradores bebiam o leite fresquinho. Tinha gente que vinha lá da Zona Sul só para comprar o leite do Seu Doca, o mulato baixinho, conhecido por todos, dono de todas aquelas terras no final da Covanca.

No inverno, fazia um frio de lascar. Era um friozinho grande que incomodava. As chácaras de alface, de chicória e agrião esverdeavam-se quando a estação chegava. Os caminhos eram de terra. Desde os tempos dos burros. Desde o tempo em que existia um entroncamento que deu origem ao largo do Campinho. Esse cruzamento ligava a Freguesia do Irajá, ao norte, com a Freguesia da Nossa Senhora do Loreto, ao sul.

Após o Tanque, os viajantes seguiam pela estrada da Freguesia. Era uma passagem obrigatória dos tropeiros e das carruagens. Davam de beber aos burros no tanque de água que existia ali. Desde quando Dona Generosa Marcelina se casara em cima de um carro de boi e todos foram assistir ao seu casamento. No tempo da Vila Mendes que datava de 1915. No tempo do negro Juvenal, um negro alto que gostava de ir ao cinema no prédio assobradado do Gastão Taveira.

O "Cinematógrapho", como era chamado. Juvenal inaugurou o Cine Ipiranga, ainda no tempo do cinema mudo onde, muito antes, um tal de Chico criava ali umas cabras e umas vacas leiteiras. No tempo dos laranjais e dos bananais no fim da Covanca, em direção à Água Santa. No tempo, um pouco depois, em que não se pagava a passagem do bonde, durante o Carnaval que era uma festa notável, na qual o pobrezinho podia ainda se divertir sem gastar um tostão. No tempo da mercearia do Seu Caixa Puxa, o português vermelho e forte que de tudo vendia. No tempo das festas juninas no Vale do Paraíso que eram um grande acontecimento. Naquela época, preto não entrava no clube.

Depois inventaram o cata-corno. Foi no começo do ano em que nasceu o Canequinha. Em seguida, trocaram o cata-corno pelas Kombis. E logo depois, vieram as linhas de ônibus. Isso, já quase agora, quando o Seu Doca morreu e suas terras foram invadidas e viraram favela.

Assim que a favela passou a se expandir, o tio do Canequinha, que era um velho muito debochado, exclamou bem alto na esquina:

– Vai se chamar Vila Miséria!

Foi quando na TV passou a novela Roque Santeiro. E o nome pegou: "Vila Miséria"! Tinha gente lá dentro que reclamava.

– Ah! Não fale isso de onde eu moro, não!

E o tio do Canequinha respondia:

– Eu não sou o culpado. Eu moro na Covanca.

****

— Vovó, vou levar a senhora na praia. Sei que a senhora está com cara de quem está com saudade.

— Eu via um navio e chorava — disse-me Dona Dulce, rememorando o passado.

— Tudo que eu queria era voltar para a Romênia.

As lágrimas corriam-lhe pelo cantinho dos olhos.

— Queria morrer na minha terra.

E eu respondi:

— Pra quê, Dona Dulce? Lá na Romênia não deve ter mais ninguém da sua geração ainda vivo que a senhora conheça. Esqueça essa ideia.

— É verdade.

Dona Dulce chegou ao Brasil em 1922, vinda da Bessarábia. Dissera-me que o seu pai era um grande militar e que até conhecia os Romanoffs da Rússia.

— Não éramos família de cocorocó, não!

O homem era próximo do rei Nicolau. Depois que assassinaram e esquartejaram a família real, vieram praticamente exilados para o Brasil. Os romenos não davam sossego ao pai de Dona Dulce. Chegou ao ponto insuportável de ele ser obrigado a se apresentar todos os dias à polícia.

Retornaram à Romênia em 26, com o objetivo de tentar a vida novamente. Não suportaram o clima de repressão e voltaram para o Brasil. No início dos anos 50, Dona Dulce foi morar na Covanca, com o marido, um violoncelista russo criado na Turquia, que trabalhava no Teatro Municipal. Dona Dulce também era cantora do Municipal.

— Eu cantava as áreas de ópera em romeno, em russo, em português e em italiano.

A maioria acredita que os romenos sejam um povo de origem eslava. Mas a carpática Romênia, envolvida pelo rio Danúbio e inclinada para o Mar Negro, é o único país da Europa extraviado no Oriente que mantém muito fortemente suas raízes latinas. Durante séculos, isolada do mundo, a língua romena não só derivou do latim como herdou a gramática e quase todo o seu vocabulário.

— Os romenos falam seu idioma com muita unidade, raramente encontrada na Europa.

Decerto esta é razão pela qual Dona Dulce dizia-se apaixonada pela Itália.

— A Itália é adorável. Se eu cantasse em italiano... eu chorava. Não há nada como uma ópera em italiano.

A velhota da Bessarábia, envolvida num mar de lembranças tão profundas, saiu me agradecendo por tê-la escutado com a afetuosidade que demonstrei.

— Sabe o porquê do nome Covanca?
— Não!
— Custei a descobrir, mas é porque tem um morro aqui e outro lá. E uma cova no meio. Eu tinha uma raiva desse nome tempos atrás.

****

É possível que o nome Caicó venha do tupi e quer dizer "mulato-velho". Pois, o único que ainda resta e se mantém vivo é o velho Zé Maurício. Curvado, franzino, magrinho, barbas e cabelos brancos por fazer, de cajado em punho, o velho nada diz.

— O que o sinhô quer saber?
— O que o senhor guarda na memória.
— Nada, meu filho! Neste lugar, vivemos na lei do silêncio. Já ouviu falar? Sabe lá o que é isso?
— Por quê, Seu Zé?

O velho riu, gargalhou, desdenhou.

— O sinhô é ingênuo? Ou o que é? Nada a declarar.

— Que bobagem é essa, Seu Zé? Eu só quero prosear. Mais nada.

— Pois vá trabalhar. É o melhor que o sinhô tem a fazer.

Olhei bem no fundo dos seus olhos. E o velho desdenhou novamente. Curvou o corpo em direção ao Beto que se acocorava diminuto. Travaram conversa. Riram. Praguejaram. Deixaram-me no silêncio. Acertaram o concerto de um ventilador que o Beto havia achado jogado no chão. Fomos caminhando, eu e o Beto, na direção do fim da rua.

— Não ligue. O velho é sempre assim.

— É tinhoso.

Beto riu um sorriso gutural, quase engolindo o som da risada.

— Tudo mudou. Não é mais como era antes.

O malandro vive aposentado. A forma incisiva da delinquência do passado deu lugar à preguiça e ao fingimento da responsabilidade. Não mais a obsessão de outrora, relembrada sem maiores entusiasmos. Não mais os antigos desejos e as ilusões permanentes. O itinerário dos desejos do malandro não é mais segredo para ninguém. A angústia continua, contudo, abrandada pela pressão da atualidade. É o fato de uma realidade tolerável.

****

— Naquela época, tinha muito chacareiro. Lembro-me do português Simão. Quando terminou o bonde, minha filha até chorou. Chorava das lágrima correr.

— Outro dia, eu vi um político safado falando na televisão que era o autor do décimo terceiro salário. Eu disse: "Gente! Isso eu conheci bem". Eu nunca fui getulista, sabe? Mas eu sei que foi o Doutô Getúlio quem criou o décimo terceiro.

— Eu sou franca. Se eu simpatizar, eu voto. Senão, não voto, não, sinhô!

— Eu acredito que o Getúlio tenha se matado. Era um homem de coragem. Mas uns diz que foi outros. Outros diz que foi ele mesmo. Eu não sei.

— Eu vivi tudo aquilo. O Carlos Lacerda e aquela bagunçada toda. Deus do céu! Tô voltando no tempo.

— A gente era obrigada a ouvir no rádio. Mas eu também nunca fui lacerdista.

— Teve poucas eleições, né? Assim que eu fiz dezoito anos, eu tirei o meu título. Mas não tinha eleição pra votar.

— Hoje em dia, eu sou favorável ao Getúlio Vargas, porque, numa casa que não manda um, todos manda. Eu sou dessa opinião. Agora, um falou, outro falou, um mentiu, outro mentiu. Vai saber?

— Antigamente, as mulé lavava roupa pra fora. Hoje, ninguém quer saber de trabalhar.

— Eu lavava roupa, só cê vendo! Depois, minhas mão abriu todinhas. Aí, virei costureira profissional.

— Peguei duas menina pra criar, sem pai, nem mãe. Tinha dia que dava aqui cinco ou seis criança. Então, eu disse assim: "Todo mundo tem pai e mãe... Vai tudo embora... Raspa daqui pra fora... Chispa".

— Tinha aí, um tal de Jair. Eu perguntei a ele: "Tu sabe lê, ô menino?" O menino respondeu: "Sei não, senhora!" Aí eu disse: "Da tua leitura cuido eu, da matemática, o Juvenal cuida".

— O Juvenal tá com noventa ano. Aposentou-se aos oitenta e três. Trabalhava numa banca de jornal lá no Méier.

— A Vila Miséria? Tinha um baiano aí, o Vanderlei. Cada vez que ele ia na Bahia, trazia quatro ou cinco com ele. Chegava aqui e reclamava do tamanho da casa dele na Cidade de Deus. Aí eu disse: "O sinhô quer trazer a Bahia toda pra botar na sua casa. Como pode isso"?

— Não dá, né?

— Cada dia cresce mais.

– Graças a Deus, eu nunca passei fome. Mas também tem uma coisa, eu não tinha preguiça.

– A estrada da Covanca foi aberta pelos presidiário da Água Santa. Tanto é que ia dar lá pertinho. Faltou um tantinho assim pra chegar lá. Teve muita moça que casou com os preso.

– A rapaziada passa toda aqui no meu terreno. Uma corriola danada. Passa um bocado de manhã e um bocado à tarde pra cortar caminho. E aí, desce pela Grota. Diz que vai pegar no serviço. Não sei que serviço é esse.

– Rezo pr'eles tudo, cambada!

Dona Aparecida, uma preta, bem velha, que morava no cruzamento do Caicó com a Covanca e o Tangará, na subida dos morros, quase na boca da entrada da Vila Miséria, minha companheira de prosa, quando eu ia por lá e descia para caminhar. O rebelde imoral. O marginal. O insurgente. Quase todos comentavam.

****

Certa noite, encontrei Lorena no Baixo Leblon. Entrei no Luna Bar para ver se achava alguém. E lá estava ela, na parte mais escura do bar, numa mesa enorme, na qual estavam reunidos três francesas, uma brasileira, um americano, um australiano e dois portugueses, incluindo Lorena, que estava sentada de pernas cruzadas entre duas francesas, quase no canto próximo à parede. Estava deslumbrante. Completamente mudada. Tornara-se uma mulher belíssima. Trajava uma saia curta de couro preto, um bustiê de couro de cobra, lindo, e um par de botas até os joelhos, com saltos altíssimos, do mesmo couro do bustiê. Um cordão de ouro, com um dente de marfim escuro, escorria-lhe do início do pescoço, indo descansar no vão dos seios. Um cinto aureolado, com sucessivas argolas ornadas com falsos brilhantes, cobria-lhe o umbigo. Os cabelos longos escorridos pelas costas estavam muito bem penteados. Um leve batom opaco e uma maquiagem parda sobre os olhos ressaltavam seu rosto inconfundível. Linda, sensual, gostosa. Mal acreditei quando a vi. Depois, quando cheguei perto, uma tatuagem chamou-me a atenção: era uma pequena baleia pintada no canto esquerdo do pescoço. Foi muito mais do que eu poderia esperar. Assustei-me com toda a sua beleza.

Quando Lorena me reconheceu, emitiu um grito histérico que ecoou por todo o Luna Bar. Levantou-se, rapidamente, desvencilhando-se das cadeiras. Pulou no meu pescoço, abrindo as pernas, prendendo-me como numa comemoração de um gol. Lorena deu-me um beijo na boca. Fiquei feliz ao vê-la tão exultante. Ao me apresentar aos amigos, quicava feito uma bola de pingue-pongue.

– Este aqui é um amigo caríssimo.

Riu de felicidade e convidou-me para sentar.

– Não vai recusar, senão eu brigo com você.

Puxou uma cadeira e postou-se ao meu lado, afastando uma das amigas para a ponta da mesa. Conversamos um pouco. E saímos para passear. Antes, porém, pediu licença a todos.

– Voltamos já, já... Não fujam meus queridos – disse a todos sorrindo.

Saímos de mãos dadas pelas ruas do Leblon. Beijávamo-nos a cada minuto. Por mais estranho que possa parecer, foi um privilégio desfrutar de sua companhia. Nunca fomos íntimos de verdade. Mas, naquela noite, pudemos provar de uma intimidade sacudida por uma harmoniosa e expressiva onda de cumplicidade, a marca de um momento desejado como a forma musical de um beijo.

Seguimos pela Ataulfo de Paiva, em direção ao Baixo. A esquina estava repleta de pessoas e o trânsito congestionado. Por causa de tanta gente, os automóveis demoravam a sair do lugar. Gentes bonitas, coloridas, espalhadas pelas ruas, felizes da vida. Passamos abraçados pela esquina. Percorremos toda a calçada até o final do Leblon. Dobramos à esquerda na Jerônimo Monteiro. Abraçamo-nos apaixonadamente no escuro. Caminhávamos, ríamos e conversávamos sem maiores precipitações. Na San Martin, esquina com a praça, Lorena convidou-me a entrar no Fiorentino.

– Não tenho dinheiro.

– Não há problema, meu amor! Eu pago uma dose em comemoração ao nosso reencontro.

Entramos e nos sentamos numa mezinha de frente para a rua. Lorena pediu uma taça de *Liebfra*.

– O que vai beber? Peça o que quiser.

Pedi ao garçom uma dose de *Logan*.

– Com gelo, senhor?

– Não! Dupla. Sem gelo, por favor.

Um caos original transbordava dos olhos de Lorena, um delírio primitivo, o instinto de uma força biológica essencialmente feminina. Dominada por uma paixão misteriosa, concebia do seu modo particular uma aberração diversa que me impressionava.

– Você está linda. Arrebatadora. Quem diria?

– São seus olhos, querido! Saiba que tenho muito carinho por você. Sinto-me orgulhosa e, ao mesmo tempo, divertida. Sempre quis conhecê-lo um pouco mais do que aquilo que passamos juntos. Éramos muito garotinhos.

– Delinquentes, você quer dizer?

– Obstinados. A delinquência fazia parte. Era quase impossível ser ultrapassada.

– O que quer dizer?

– Você sabe. Sempre foi inteligente.

– Juízo, menina!

– Juízo, pra quê, se a vida é curta e única?

– Pra jogar na defesa.

– Nós éramos todos bandidinhos. Só você que era um mocinho rebelde e apaixonante. Exercia um jogo de forte influência sobre todos nós. Gostei de você no primeiro instante.

— Mentira.
— É verdade.
— E hoje, Lorena?
— Hoje, eu faço filosofia. Você acredita? Por influência sua.
— Não acredito.
— Pode acreditar.
— E mais?
— Estudo francês, sou insubmissa e bastante ciumenta, se quer saber?
— E?
— De vez em quando, bato umas carteiras. É quase um vício sem reflexão. Não vai querer me reprimir, vai?
— Eu? Longe de mim.
— É meu modo solitário de transgredir.
— E sexo?
— Também, de vez em quando. Mas só por muito dinheiro ou por instabilidade afetiva.
— Ah, sim! Uma irresponsabilidade intuitiva?
— Sem reflexões rigorosas, por favor!
— Estou brincando. Você está linda.
— São seus olhos, meu amor! A sociedade é que é muito babaca. Repressiva. E ao mesmo tempo intolerante, conservadora, hipócrita mesmo.
— Você vai dizer isto pra mim?
— Eu sei que é desnecessário. Contanto que você não me cause grandes danos, vou lhe dizer tudo que você queira saber ao meu respeito.
— Por enquanto basta.
— Ah! Assim é que eu gosto, garoto! Tem uma festa e você vai comigo.

Beijamo-nos prolongadamente. Logo após, Lorena pagou a conta ao garçom e deixou uma gorjeta. Retornamos ao Luna. E encontramos seus amigos todos muito altos.

Francine era uma loira brincalhona, seu corpo branco tinha algo a dizer aos homens que estavam na mesa. Principalmente, aos dois portugueses que não tiravam os olhos do decote da francesa. Estava louca. Na Europa, era professora de pompoarismo. Chegamos no auge da conversa. Francine estava ensinando a Lia, uma baianinha um pouco abaixo das medidas das mulheres fatais, os exercícios básicos para quem desejava aprender a arte de pompoar.

– Quer dizer que os dois gatinhos voltaram? – perguntou-nos com exclusividade.

– Não queremos interromper – respondeu Lorena.

– Pois bem... a palavra pompoar vem do Tâmul, idioma do Sri Lanka, e quer dizer "comando mental" sobre os músculos da vagina. Como é mesmo a gíria em português?

– BOCETA – disse-lhe em voz alta.

– Pois bem! BO-CE-TA – Lorena soletrou de boca cheia, dividindo as sílabas magnificamente.

– Isso! BO-CE-TA. Adoro essa palavra – disse Francine.

A francesa despejava um português carregado no ar, o sotaque arrastado, mas com grande domínio da nossa língua. Já falava bem o português com apenas três meses de Brasil. Os cabelos loiros cortados à altura do pescoço e uma franjinha bem curta sobre a testa davam-lhe um ar expansivo.

– Quando for fazer xixi, Lia, suspenda o fluxo. Segure um pouco e termine, logo após. Os músculos usados para suspender o fluxo do xixi são os mesmos que você irá treinar para aprender a pompoar. Essa é a primeira lição.

Todos a olhavam com bastante atenção. Os gringos regozijavam-se, os olhos arregalados e os sorrisos abertos como numa premonição de que a noite cheirava a sexo. Satisfeitos, divertiam-se com as explicações de Francine.

– Depois, faça isso todos os dias: sente-se numa cadeira e disponha a coluna um pouquinho inclinada para frente. Assim, ó!

Francine demonstrou o exercício.

– Com as mãos nos joelhos e os pés paralelos, inspire, contraindo os músculos da BO-CE-TA, como se prendesse algo dentro dela. Imagine um pau, de preferência.

Todos riram. A essa altura, quase o bar inteiro prestava atenção aos ensinamentos da francesa.

– Conte até trinta e relaxe expirando o ar. Repita isso por dez minutos.

Os dois portugueses babavam.

– Outro exercício é o seguinte: em pé, deixe os braços caírem ao longo do corpo. Mantenha os pés paralelos e separados. Contraia bem a bunda e tente unir as nádegas ao máximo. Conte até dez e relaxe.

Os homens quase tiveram um orgasmo ao ver Francine contrair a bunda diante da plateia numerosa.

O espetáculo da noite era de Francine. Todos já estavam bêbados e riam dos seus exercícios eróticos.

– Só mais um, hein?

– Não! Por favor, prossiga – exclamou um dos portugueses com o bigode espetado.

– Ainda em pé, contraiam e relaxem a musculatura da BO-CE-TA, como se estivessem expulsando algo. Façam esse exercício por dez minutos.

A representação de Francine já era uma festa e se referia a todas as mulheres que prestavam minuciosamente atenção.

– Agora, o último. E parem de me explorar.

– Pois bem! – novamente o bigode espetado manifestou-se com um sorriso.

O português quase gargalhou.

– Deitadas de costas no chão, encostem os pés numa parede. Contraiam o bumbum, o abdômen e a BO-CE-TA.

Gritos de êxtase.

– Mantenham a contração. Subam lentamente os pés na parede, até erguer o corpo. E, mantendo ainda a contração, apoiem o peso do corpo sobre os ombros. Contem até dez e relaxem a seguir.

Delírio total. O Luna Bar ficou em alvoroço. Palmas. Gritos. Vaias. Assovios. Francine agradeceu e disse para todas as mulheres:

– São exercícios primários. Se fizerem durante uma semana, já vão sentir um fortalecimento da BO-CE-TI-NHA. E aí, mulheres, coloquem em prática na cama. Vocês vão ver o resultado. Agora vou passar o chapéu.

Mais palmas. Mais assovios.

Assim que o rebombado do público passou, Lorena pediu a conta.

– Já estamos atrasadas.

O bigodinho fez questão de pagar. Quando íamos nos dirigir para a festa, Lorena me disse que era uma despedida de solteiro de um tal Jean-Michel, um industrial francês, muito rico, amigo de Francine.

– O negócio vai esquentar.

– Já notei.

– Mas a gente só vai dançar um pouco. Se encher o saco, a gente cai fora.

Caminhamos na direção da Rua Rainha Guilhermina. O bigodinho ria motivado. Pedro Miguel estava completamente bêbado. Havia tomado uns doze chopes com *Steinhagaer*. O australiano não falava português. Aparentava ter uns 60 anos. Era um homem forte, alto, de olhos bem azuis e uma cara bastante vermelha. Estava sóbrio e cônscio de toda a situação. Não me lembro do seu nome. Já o outro português era um baixinho inexpressivo. Chamava-se Carlos Eduardo. O americano era gay. Um sujeito magro e bem feioso. Atendia pelo nome de Stanley. Um sorriso afetado sobrevinha-lhe à superfície. As outras duas francesas eram amigas de Francine. Haviam chegado de Marselha fazia dois dias. Nadja e Emmanuelle não só pronunciavam poucas palavras em português, como sequer as compreendiam. Nadja era uma loira um pouco gordinha, mas bem sexy, pois os quilinhos a mais que possuía eram muito bem distribuídos. Tinha um belo par de seios e uma linda bunda. Cheia. Confortável. Emmanuelle também era loira, só que mais exótica que Nadja. Peitos pequenos. Os cabelos ondulados até os ombros, repartidos para a esquerda, formavam um topete irresistível. Magra. Branquíssima. Davam-lhe ainda mais vulto os lábios com um batom vermelho e a maquiagem ocre sobre as pálpebras. Usava uma microssaia e uma blusinha decotada, dessas que dá para notar os bicos dos seios guardados por um triz de seda, prontos para eclodirem com um leve toque. Fazia uma carinha de safada e um biquinho com os lábios na minha direção desde o Luna Bar.

Chegamos à esquina com a Delfim Moreira, chamamos o porteiro e subimos em seguida. Era uma cobertura de um prédio novo, muito bem decorada, com uma sala ampla que media uns trezentos metros quadrados. Muita gente bonita, várias mulheres e alguns homens amigos de Jean-Michel. O noivo tinha cara de sacana. Já estava alto quando chegamos. Fomos apresentados.

Disse-me:

– Fique à vontade. Divirta-se.

Eu e Lorena nos sentamos na varanda, confortavelmente, num pufe enorme de couro. Antes, porém, Lorena foi apanhar uma garrafa de *Johnnie Walker*, dois copos e uma porção de gelo. Começamos a namorar. Falávamos baixinho, sem que ninguém pudesse nos ouvir.

– Você é feliz?

– Só um pouco. Estou feliz agora. Tenho a impressão que não merecia que as coisas tivessem acontecido comigo do jeito que aconteceram. No fundo, sou romântica. Mas não conheço o amor.

– Você pensa no amor?

– Sim. Quase sempre. E você?

— Não. Mais ou menos. Penso em fazer alguma coisa da minha vida. Alguma coisa que valha a pena e que venha do meu interior.

— É esta a sensação que tenho agora. Acho tudo muito patético. Queria ter reações mais subjetivas. Sabe?

— Sei o que é isso.

— Queria assumir uma responsabilidade, uma cumplicidade, assim, menos circunstancial. Sabe o que quero dizer? Não consigo me expressar a respeito.

— Sei o que é.

— Sinto-me devassa. Incluo-me na categoria das pessoas compulsivas. E sou obrigada a ser sempre uma mulher fatal, entende? Queria exercer minha fragilidade. Mas não posso. É sempre a merda do dinheiro que prevalece, a porra da sobrevivência.

— Tem-se violentado tanto assim?

— Acho que sim. Tenho prazer em subtrair. Subtraio dos outros para exercer minha audácia. Mas sinto-me, eu mesma, subtraída por tudo. Olhe que não digo isso a ninguém. Mas sei que você entende. A gente viveu um momento grave juntos. Um bando de adolescentes excitados pelo perigo de uma busca da satisfação momentânea, pelo prazer de furtar, sem ter a noção do furto, ou de se drogar, sem ter noção do que a droga provoca.

— Você usa drogas?

— Não mais. Tento preservar a única coisa que Deus realmente me deu: a minha beleza. Sei que sou bonita.

Interrompi Lorena dando um beijo minucioso em sua boca. Um beijo preocupado em explorar seus sentimentos mais doces. Um beijo pormenorizado, com escrúpulo, com atenção e carinho, para tornar aquele ato sublime. Quis exigir daquele beijo uma veneração contemplativa, uma prova encantadora da densidade daquele instante, tão claro, tão úmido, tão particular e tão íntimo.

– Você é linda.

Coloquei a mão sobre a sua coxa direita, acima da bota de couro. Quando escorreguei os dedos, entre os pelinhos, dentro da calcinha, ela tirou a minha mão e disse:

– Não! Vamos fazer isso direito desta vez. Não quero fazer amor selvagem. Quero ser sua gatinha, sua mulherzinha. Quer que eu seja sua mulherzinha, meu amor?

– Você merece todo o meu carinho.

– Então, vamos fazer isso naturalmente.

Nesse instante, aproximaram-se de nós Francine e Emmanuelle.

– Podemos fazer companhia aos dois gatinhos? – perguntou-nos Francine com cara de deboche.

– É claro – afirmou Lorena.

– E o gatinho, o que me diz?

– Nenhuma objeção.

– Então, pois bem, vamos nos sentar aqui.

Francine puxou duas cadeiras, colocando-as bem à nossa frente. Sentaram-se as duas. A pompoarista, com uma calça bem justa, cruzou as pernas com delicadeza. Emmanuelle, ao contrário, fez questão de abri-las. E como estávamos um pouco abaixo da altura das cadeiras, deu para notar que da sua minissaia irrompia a calcinha com os pelinhos compridos que pulavam com exuberância para fora do pano minúsculo. Ambas bebiam um *Martine* e demonstravam a excitação natural da madrugada.

Percebi que no centro da sala a festa avançava para uma descontração total. Eu sabia bem em que tipo de festa estava. Lia dançava de topless. As outras mulheres também tiraram as blusas. O australiano ria, feliz da vida. Carlos Eduardo abraçava uma morena. Jean-Michel beijava todas. O bigodinho dançava com Lia, tentando agarrá-la de qualquer maneira. Ela, para excitá-lo, esquivava-se, toda escorregadia. Lorena dirigiu-se ao banheiro. Pareceu-me proposital. E foi aí que Francine investiu contra mim.

– O gatinho sabe qual é a nossa?

– Desde os outros carnavais.

A francesa soltou uma gargalhada sonora.

– Que bom! – exclamou.

– Então, ficaremos mais à vontade.

– Ora, não estão ainda?

– Ainda não, querido! A festa vai começar.

– Por mim, meu amor, tudo bem.

Francine riu de novo, levantou-se e foi para a sala. Emmanuelle sentou-se ao meu lado no pufe. A francesa riu, sensualmente. Ao retornar, Lorena me levantou com a mão esquerda, passou a língua no meu ouvido e disse:

– Emmanuelle está a fim de você. Você a quer, meu amor?

Antes que eu pudesse responder, acrescentou:

– Se quiser, não faço objeção.

Dei-lhe um beijo ainda mais carinhoso. Afaguei seus cabelos. E dei uma mordidazinha curta na tatuagem do seu pescoço.

– Quero você – afirmei.

– Você é um doce. Vamos dançar um pouco. E vamos cair fora. Mas antes vou deixar que você a beije.

Lorena levantou Emmanuelle, deu um beijo em sua boca e disse a ela:

– Ele é todo seu. Mas só um pouquinho! Vou pegá-lo de volta já, já.

Lorena sumiu. E eu fui de encontro a Emmanuelle para beijá-la. Fui obrigado a fazer o jogo da loba amadurecida que, há anos atrás, era só uma menina inconsciente, instigada a participar dos atos de rebeldia da nossa juventude, cujos motivos escapavam à sua própria compreensão. Agora, era uma mulher experiente, embora tivesse ainda muito pouca idade, subordinada aos efeitos que caracterizam uma resistência quase desesperada e que, na maior parte do tempo, não consegue explicar o valor da condição da sua marginalidade que constitui uma grande intuição e obedece a uma lei primitiva que não escapa aos olhos, nem à consciência, mas tão somente ao estado bruto e selvagem da sua natureza feminina.

Com um leve toque, me desvencilhei da blusa decotada de Emmanuelle. Lembro-me bem da sua carinha de tesão. Passei a chupar seus peitinhos. E coloquei rapidamente o dedo indicador entre suas pernas. Em seguida, arranquei-lhe a calcinha. E pus o dedo novamente no único endereço possível de encontrar. Encostei-a na parede da varanda, no lugar mais escuro. Forcei a língua no fundo de sua garganta, sem deixar de massagear com o dedo, bem embaixo. A sensação que eu tive foi a de passear num matagal durante a chuva. A francesa estava toda molhada. A mulher arquejava. E por alguns instantes, perdemos a noção do tempo, os dois. Ela gemia feito uma louca. Um gemido áspero, preenchido de prazer. Eu, desprovido de qualquer sentimento romântico, tentando me encontrar dentro da minha desfaçatez. Mas tudo foi muito rápido e indefinido. Não deu tempo daquela sensação se materializar. Lorena nos interrompeu e chamou-me para dançar. Colocou um disco dos *Rolling Stones*. Aumentou bem o volume. Apagou todas as luzes do apartamento. Só deixou acesa a luz de um pequeno abajur instalado numa cômoda no meio do corredor. Dançamos um lado inteiro do disco. Todo mundo enlouqueceu, pois dançávamos sensualmente no meio do salão. Parecia que não havia ninguém conosco, que estávamos sozinhos, como de fato estávamos, curtindo nossa forma peculiar de violação, nosso jogo sem comércio, sem valores materiais, que acabou por incendiar a festa na mais ignóbil sacanagem. Antes disso, fomos embora sem que ninguém percebesse.

Saímos rindo pelas ruas do Leblon. Fomos ao Baixo novamente. Era alta madrugada. Cruzamos com um sujeito desprezível, metido a valentão, dando um esporro na mulher. Atravessamos a rua. Estávamos loucos. Percebemos isso só nesse instante. Havíamos quase derrubado a garrafa de *Jo-*

hnnie Walker de Jean-Michel. Mesmo assim, meio que para confirmar nossa abominável obsessão, entramos no *Rimont*. Pedimos, cada um de nós, uma dose de *Domeck*. Bebemos. Pegamos um táxi. E fomos para a casa de Lorena.

Ela morava na Rua Aires Saldanha, em Copacabana. Seu apartamento era confortável e tinha várias fotos suas espalhadas por toda a casa. Encontrei uma antiga foto minha.

– Nunca vou esquecer você. Está vendo?

– Por quê?

– Primeiro, por causa do amor que a gente fez. Apesar de você ter me decepcionado. Sumiu. Desapareceu. Mas eu nunca esqueci aquele dia.

– E depois?

– Pelas coisas que você dizia. Instigavam-me. E por ter lido poesia pra mim.

– Quando?

– Não se lembra?

– Não.

– Deixa pra lá.

Tomamos banho, separados. E conseguimos chegar a salvos na cama. Dormimos agarradinhos profundamente. Só acordamos no meio da tarde do outro dia. Ela com uma cara de tristeza e felicidade reunidas numa só expressão.

– Vou para Paris daqui a dois dias.

– Com quem?

– Com Francine.

– Fazer o quê?

– Você sabe.

Nada mais nos dissemos. Amamo-nos intensamente. Ficamos trancados no seu apartamento por dois dias inteiros, nos amando, nos divertindo, nos completando. Nem mesmo o telefone ela atendeu. Percebemos que o vazio das nossas almas interferira no nosso destino. Comentamos que a vida era mesmo uma guerra, definitivamente uma guerra sem fim.

No dia de sua partida, fui com ela ao aeroporto para me despedir. Eu me sentia derrotado pela vida. Abraçamo-nos e nos beijamos inúmeras vezes. Juramos amor e carinho. O Rio de Janeiro tornara-se pequeno e inviável, para nós dois. Lorena foi para Paris. E eu fui para São Paulo. Nunca mais nos vimos.

****

No barraco de telha de zinco, ao lado da sede dos Cacarecos do Leblon, na Praia do Pinto, moravam os pais de Osvaldo Rui da Costa, o Macau de apelido. O pai, Seu Galdino, na verdade era avô. Dona Almerinda, mulata capixaba, juntou-se ao negro estucador de físico avantajado, proprietário de birosca famosa, na qual se reuniam os ritmistas do bloco dos Cacarecos. A lavadeira profissional era devota de Nossa Senhora Aparecida, com a crença e a resignação da vida humilde. Lia a Bíblia. Frequentava a Igreja de São Sebastião. O neto herdara a calma da mulata.

Macau? Diz ele que é meu amigo. Não sei se acredito nisso. Mas gosto do negão. E compreendo perfeitamente as razões pelas quais sustentava a esperança em pequenas relações superficiais, bem à moda carioca.

Certa ocasião escolheu se refugiar na minha casa. Eu morava sozinho em Copacabana. Deu por hospedar-se também no apartamento da Glória. Eu não me importava com isso. Havia espaço. Fazia-me companhia. Conversávamos muito. Carioca nato, da parte mais popular do Rio de Janeiro, a antiga Praia do Pinto, no Leblon, ao lado do Mais Querido do Brasil. Mais carioca impossível.

Apesar das humilhações que passava, traçava a cronologia da marginalidade. A cronologia da guerra e da paz, ambas enrustidas na cidade. Nem guerra, nem paz. Apenas a luta pela sobrevivência. Esta, sim, era uma guerra.

A favela da Praia do Pinto não tinha começo nem fim de tão grande que era. Dizia-se que era a maior do Brasil. Todos as entradas davam no seu começo e todos os becos davam no seu fim, no começo de tudo, de onde todo mundo morava, de onde toda gente achava um cantinho para viver.

A birosca do Seu Galdino ficava quase ao lado da Av. Afrânio de Melo Franco, colada à quadra dos Cacarecos. Não era na beira da favela, nem distante do seu começo. A Praia do Pinto era enorme. Tem que se repetir isso. Pois, era um mundo. O mundo negro.

– Que bloco é esse?

– É o Cacarecos.

A favela tinha uma geografia curiosa. A exuberância da sua aglomeração atraía pessoas de todos os lugares. Lá encontravam onde morar. Aos poucos, permaneciam e se domiciliavam. Havia pobreza e violência, é bem verdade, mas as pessoas não se importavam com isso. Em poucas horas, podia-se construir um barraco e transferir os seus pertences. Uma cama, uma mesa, duas ou três cadeiras, quando tivesse, um rádio, um fogareiro qualquer. Pronto. Já havia onde se abrigar do calor e do frio, conquistar a dignidade de ter um domicílio em plena Zona Sul da Cidade Maravilhosa. Desse modo, o pobre ficava perto de uma oportunidade de trabalho. Se teria chance na vida? Pouco importa. A etapa vencida era afinal a moradia.

Assim a Praia do Pinto surgia da beirada da Rua Humberto de Campos, nos fundos da favela, bem colada à Rua Conde de Baependi, onde é hoje o Supermercado Sendas, e o muro do Flamengo. Conforme se estendia para a Afrânio, junto ao Mais Querido, afundava até a Praça Gilberto Cardoso, fazia um enorme buraco na direção da Conde de Baependi e passava pelo Gasômetro, circundando de volta para a Afrânio.

Se o moleque quisesse ir para a cidade alta encontrar a rapaziada, o Trombone, o Sopinha, o Chiquinho Porquinho, tinha que subir até a beirada. Na frente, ficava a Igreja São Sebastião que se tornou Santos Anjos. Era ministrada pelo grande Dom Helder Câmara.

Entre o Gasômetro, na parte externa da boca da favela, e as Ruas Curpetino Durão e José Linhares, havia um ponto de água que servia a todos os moradores. Para lá se iam as lavadeiras ganhar a vida. O lugar era um ponto de encontro, o Bicão como era chamado. E do Bicão, indo ao centro do conglomerado, se encontrava a sede da Escola de Samba Acadêmicos Independentes do Leblon, bem no miolo da Praia do Pinto. O seu maior símbolo era a escola. E a sua bandeira era o samba.

Nem todos frequentavam a parte dos fundos da favela. Quando chegava o Carnaval é que todo mundo se reunia. A Escola de Samba juntava o povo. Depois que o Carnaval passava, voltavam para a vida cotidiana.

A Ilha das Dragas era um lugar bem grande que desembocava no Caiçaras. A ilha toda era povoada de palafitas. Nessa parte da Lagoa, rodeavam-se os focos de favelados, as "tribos", como se referiam a eles. No Clube Paissandu, havia um enorme pranchão, onde se ancoravam os barcos. O cais espalhava-se até quase o meio da Lagoa. No verão, a molecada tomava banho, bem na ponta do cais. Mergulhavam, traquinavam, estrondavam. Aos domingos, a disputa do remo era o grande passatempo. A diversão dos pobrezinhos dividia as manchetes dos jornais. A Lagoa abrigava as grandes competições: Vasco, Flamengo e Botafogo atraíam a criançada para assistir ao remo no pranchão.

Todas as coisas dividiam-se em pedaços. Mas o futebol de praia era a grande comunhão. A rapaziada batia bola perto do Gasômetro. O Taubaté, o Esquerdinha, o Lourival e o Dominguinhos eram os craques da Praia do Pinto. Havia dois times famosos e rivais: o Sete de Setembro e o Praiano. O Sete ficava na beirinha da Lagoa, quase em frente ao Paissandu. E era um clube bem popular. O mestre Zinho dirigia o esporte. O negro formou uma escola de futebol que cedia talentos para o Flamengo. Dessa escola saíram Domingos e Lourival.

A Praia do Pinto toda era flamenguista de coração. Se entrasse um craque no time, virava logo ídolo. Na época, o Dida era o rei do futebol. Um pouco depois, surgiu um tal de Pelé, que veio ser aclamado o "Rei do Futebol" para sempre. Mas, antes dele, o reinado foi mesmo do Dida.

O negro Galdino era um fanático incorrigível. Não havia nada que o curasse da paixão pelo Flamengo. Se o time perdesse, chorava de arrebentar. Deixava a birosca ao léu. Davam-lhe trambiques por isso. O Macau mesmo puxava um dinheirinho do avô para comprar bola de gude e papel de pipa. Aproveitava-se dessas horas da fraqueza.

Até os doze anos, sua vida foi de moleque interno na comunidade. O velho Galdino era muito rígido e o menino fazia de tudo escondido. Do início da Humberto de Campos, no Bicão, a Afrânio de Melo Franco, onde agora é a Selva de Pedra, até o muro do Flamengo, aquilo tudo era o seu mundo. Cresceu ali, naquela parte, andando pelos becos, indo de um lado a outro encontrar a molecada e ser criança. Mas era muito perigoso vadiar pela favela. Tinha de correr sempre da polícia. Se fosse pego, o moleque era levado para o juizado. Havia uma campanha de pais adotivos nesses anos e os samangos recolhiam os meninos, numa carrocinha, como se fossem cachorros. Os moleques morriam de medo.

Havia até um código entre eles:

– Lá vem a onça aí!

E todo mundo corria. Apesar da pobreza danada, garoto nenhum queria ser adotado. Por isso, o neguinho não se atrevia a ir longe. Quando saíam, em dias de aventura, queriam ver as ruas a qualquer preço, o mundo que havia lá fora, sem fronteiras, porque, até saírem do miolo da favela, para alcançarem o Leblon, a distância era enorme e, quando lá chegavam, não havia espaço que lhes impusesse extremidades. O espaço imaginário do mar e do horizonte tomava-lhes os pensamentos. Não raciocinavam. Não tinham noção do tempo. Quando o Macau voltava, o couro comia com a vara de marmelo.

– Tava aonde?

Não havia jeito. As surras só valiam para ver o que acontecia além da pobreza. Por isso, excursionavam até a Sambaíba, no Alto Leblon. Andavam para comer jaca e chupar manga. Batiam nos portões das casas. Apertavam as campainhas. Faziam pequenos furtos nas padarias. Juntavam garrafas e papelões para vender aos portugueses nos depósitos próximos ao Gasômetro. Com o dinheiro, iam todos ao jogo de bola de meia, às paçocas, às pipas, aos banhos na Lagoa. Em dias de turfe, pulavam o muro do Jockey, catavam os placés, o que era proibido, mas apostavam entre eles e se sentiam donos do mundo.

Espelhavam-se na burguesia durante esses dias felizes. Depois, com o sol a pino, encaminhavam-se para a Comporta, iam mergulhar no canal da praia. Os amigos todos nasceram com a rebeldia na alma. O neguinho, não! Só ia onde podia alcançar.

– Vamô lá na Comporta?

– Eu não vou, não!

E assim ficava quieto esperando o Cacarecos abrir as portas. Catava as moscas que pousavam sobre os couros dos gatos esticados ao sol para secarem e virarem tamborim.

– Os gatos sofriam no Carnaval.

Espreitava. Prestava atenção em tudo. Observava, fascinado, as coreografias que o Mestre Levi fazia para reger a bateria.

– Não usava apito. Somente a baqueta. Criava. Só tirava nota dez.

Aproximava-se. Batia um agogô.

– Eles sondavam o interesse da molecada.

O bloco dos Cacarecos desfilava pelas ruas do Leblon e na Lopes Quintas. Era o grande Carnaval da Zona Sul. A disputa ficava sempre entre o Cacarecos e o Canarinhos.

Macau admirava o Caetano, um negro alto, vertical, que influenciou muita gente com a batida criativa do seu repenique. Nas noites quentes de verão, a negada se reunia na birosca do Galdino para tocar violão e fazer ritmo. Seguia-se um longo silêncio para afinarem-se os instrumentos.

Nessas reuniões, o destaque era Seu Quitute, que tocava um violão muito semelhante ao do grande Mestre Dino. Seu Quitute gostava de violão e cerveja. O velho Galdino oferecia bebida de graça para a boemia. Era obrigado a fechar a birosca cedo, se não o samba rolava até a madrugada e a imposição vinha também da malandragem. A palavra "tráfico" não existia.

Dez da noite, o comércio fechava. Os samangos entravam na favela para procurar a malandragem, os tais bandidos sociais. O Brilhantina era um deles. Bandido famoso, procurado pela polícia. Cabelo grisalho e esticado com *gumex*, bigodinho filete inglês. Trajava sempre uma calça e uma blusa de linho ou de gabardine. Olhos estrinchados.

– Eu passava e ele dizia: "Fala aí, Galdino, toma juízo, moleque!"

O malandro era extrovertido, mas muito rígido, em compensação. Criança nenhuma podia passar onde a malandragem ficava fumando maconha. O Brilhantina não permitia essas extravagâncias. Evitava sempre que se aproximassem.

– O que tá fazendo aqui? Sai daqui, moleque! Vai pra lá. Aqui não tem coisa pra criança.

No Sete de Setembro, promoviam-se bailes de *twist* e *rhythm'n'blues*. A sede do clube ficava, lá em cima, na cidade alta. As noites de sexta-feira prolongavam-se até a madrugada. Little Richard com *The Girl Can't Help It* e *Baby Face* e Chuck Berry com *Havana Moon* e *Guitar Boogie* eram os mais tocados. Mas não havia nada como Elvis que, apesar de branco, tocava em baile de negro. *Blue Suede Shoes, Paralyzed, Too Much, Long Tall Sally*. Nada se comparava a Elvis Presley. Aretha Franklin também fazia sucesso com *Respect* e *Baby I Love You*. Os marginais eram Ike e Tina Turner: *Get Back* e *Locomotion*. Só depois vieram The Beatles e The Rolling Stones:

If I Fell, And I Love Her, Time Is On My Side. Os mais velhos gostavam de Johnny Mathis: *Wonderful, Wonderful*.

– Quando surgiu o Jorge Ben com *Chove Chuva, Por Causa de Você, Mas Que Nada*, aí eu pirei. Caralho! O que era aquilo?

A saída da Praia do Pinto para a Cruzada foi muito dolorosa para Seu Galdino. Também pudera, atrás da sua birosca, possuía um quintal enorme com amendoeiras, mangueiras, mamoeiros, limoeiros, amoreiras. Vivia livre. Era pobre, mas tinha espaço para o corpo. Havia sido um dos primeiros posseiros.

Dizia:

– Daqui não saio. Daqui ninguém me tira.

A Cruzada São Sebastião foi construída por Dom Helder Câmara, em frente ao Jardim de Alah, perto da praia, ao lado do Clube Monte Líbano.

– O que esse padre subversivo quer fazer com essa favelada? – diziam assim de Dom Helder.

Expulsaram-no do Rio. Mandaram-no para Recife. E os favelados perderam a proteção do Palácio São Joaquim. Dom Helder brigava, provocava, empreendia.

– Isso foi o Lacerda!

A rigor, a Praia do Pinto sofreu um atentado. Um incêndio provocado com o objetivo de expulsar os moradores.

– Lembro-me que entrei em casa e vi a fumaça vinda do Bicão. O fogo chegou a atingir o quintal da nossa casa. Quase a metade da favela foi destruída.

As primeiras transferências para a Cruzada começaram um pouco antes do incêndio. Mas eram muito inibidas, as famílias mais conservadoras e religiosas é que atendiam ao apelo. Logo a seguir, fizeram uma mudança repentina para a Cruzada, Cordovil, Vila Kennedy e Cidade de Deus. Varreram toda a região. O esgoto do início do século XX, o lixo humano que abundava. O governo Carlos Lacerda considerou a Praia do

Pinto um bloqueio para o desenvolvimento do Leblon. Um problema deixado e esquecido pela República Velha.

Garantiu-se a remoção a qualquer custo. Um novo incêndio foi fatal. E o fogo destruiu a sede da Escola de Samba. Muitas pessoas disseram que viram um helicóptero, mas não podem afirmar se ele jogou gasolina e tacou fogo. Garantem que o fogo tomou conta, logo após o helicóptero ter sobrevoado a favela. É isso. Em poucas horas, a Praia do Pinto acabou. Virou um deserto, uma lembrança apenas.

Quando o Negrão foi eleito, Seu Galdino faleceu. De tudo o que havia, restou para a comunidade apenas o campo de futebol e a Casa Grande, que era uma casa de lazer para os moradores. Depois, a Igreja vendeu todo o resto. Só ficou o beco da Cruzada. E a criançada foi brincar na rua. De tudo, só o beco da Humberto de Campos, o comércio clandestino e a sobrevida. Não há mais nenhuma ação social. Foi difícil para a comunidade se acostumar a isso.

O Macau nasceu numa sexta-feira do verão de 1943. Século XX. Filho de Xangô-Guerreiro. Mas só registraram o moleque, alguns anos após seu nascimento. O pai morreu num acidente de obra. A mãe sumiu. Galdino e Almerinda assumiram a criação.

Naquela época, havia um atestado de pobreza e, com o registro do nascimento, a criança podia receber "o leite americano", que era distribuído para as famílias mais pobres nas favelas, na época do Kennedy. Na época em que os Estados Unidos se efetivaram como um Estado imperialista com influência determinante na condução do sistema capitalista mundial e a sua política internacional figurava como o modelo pelo qual viriam sustentar a sua hegemonia no planeta.

Na época em que a ideia universalista passou a se tornar uma ideologia, a referência do conceito indiscutível da verdade. Na época em que se pregava uma verdade absoluta, em que a opulência e o desperdício se exacerbaram a um ponto tal, que a corrida armamentista ameaçou definitivamente a paz mundial e a possibilidade de harmonia entre os povos. Em que o processo de acumulação alcançou os índices máximos da paranoia mundial. Na época em que a História revelou ao mundo os mais inescrupulosos artifícios para impedir o estabelecimento da liberdade. Em que a máxima do racismo se tornara um processo de estratificação tão absurdo, através da força do trabalho, da violência e da segregação, que a ideia perversa do *apartheid* passou de um credo a um sistema de exploração brutal. Na época do *rhythm'n'blues*, do *rock'n'roll*, da *Nouvelle Vague*, do Cinema Novo e, depois, um pouco mais, do Tropicalismo no Brasil.

****

Quando o Glauber morreu, eu me disse: "Porra, caralho, puta que o pariu, o samba vai virar tango". Eu desconfiava de tudo um pouco e de todos muito. Não é que o Glauber tivesse a força exclusiva da condução do processo que poderia levar o Brasil à democracia plena e sustentável. Não! Não é isso. Mas o Glauber possuía a fúria do discurso, a coragem suficiente para a polêmica, a credibilidade radical e afirmava que devíamos construir um sistema próprio, peculiar, um modelo brasileiro, identificado com a nossa realidade e com a nossa cultura.

No mínimo, fez falta naquele momento de reconstrução do Brasil. Os camarilhas pensaram em influir no futuro e apropriaram-se do Glauber e do seu discurso. Muitos deles. Quase todos. Que abertura política foi aquela? E que anistia? Que democracia? Qual a democracia que se construiu no Brasil pós-Glauber? Quais são as regras do jogo? Então, eu questiono isso agora.

Em 1988, a Assembleia Nacional Constituinte foi realizada para formalizar o fim da ditadura. Infelizmente, só foi este o papel da nova Constituição. Mas, apesar de tudo, havia luz no fim do túnel. A nova Constituição representava a esperança de um futuro melhor para os brasileiros. E conclusão? Os trabalhos não acabaram conforme a impressão que foi veiculada à sociedade. Não era ainda o momento de a população achar que a Constituição estava pronta. E, definitivamente, não estava.

Restaram centenas de leis complementares, as constituições estaduais e as leis orgânicas dos municípios que são espécies de constituições municipais. E o mais grave? As regras eleitorais foram as mais flácidas e obsoletas, a rigor sem regras, sem regulamentação. Vazio total. E a classe política toda assinou embaixo. Os grandes temas ficaram em aberto. Ficaram pelo caminho as pedras que normalmente se acham e, também, as eleições municipais, estaduais e para a presidência da República, que já mobilizavam as forças políticas do país.

Certamente, esta não é a Constituição dos sonhos e da realidade de todos os brasileiros. E por quê? A derrota foi muito grande em relação à reforma agrária. Tinha-se que aprofundar o controle da remessa dos lucros, a reforma fiscal, a reforma tributária, a reforma da lei bancária, a reforma institucional e a reforma da educação.

O resto é balela. O resto é clima favorável para a descaracterização das lutas de classes. O que aconteceu e continuará acontecendo é que, por força dos compromissos do Brasil com o capitalismo internacional, o país exporta o que produz através da sociedade para que o governo acumule dólares suficientes para dar sustentabilidade ao sistema financeiro.

Além do que, o povo brasileiro está muito mal organizado e muito mal representado, sem ter os canais competentes de expressão que organizem suas reivindicações. E a Constituição, por isso mesmo, foi insuficiente. Produziu uma lei eleitoral de baixíssimo calão que não expressa a atividade política conforme ela deve ser exercida em um país moderno e que, ao contrário, expressa o avanço da ignorância na tentativa de reduzir a massa à manipulação.

A campanha de 1989 foi suja, dissimulada, na baixaria da simples disputa dos votos. Custasse o que custasse, doesse a quem doesse, o objetivo era a vitória, tão pobre e medíocre na competição e no anacronismo, refletidos nos discursos de Collor e de Lula.

O PT, que naquela época surgia emblematicamente como um "signo da esperança", não ultrapassava ao proselitismo, já que se apresentava sobressaltado na discórdia, no interesse partidário e no sectarismo, à beira de uma época na qual se questionavam as teorias dos estados fortes.

Eu, particularmente, me senti sem representação alguma. Meu voto foi para frente dos grupinhos de intelectuais pequeno-burgueses, misturados à classe trabalhadora. O pluripartidarismo bipolarizava na direção dos frentões das ideias vazias, antidemocráticas e antidesenvolvimentistas.

Eu pretendia o voto da conformidade. Foi a frustração, o retardamento, o atraso, a decadência. Puta que o pariu. A feijoada virou sopa. De lá para cá, não votei mais em nenhum candidato. De qualquer modo, a vitória ou a derrota dos camarilhas, a mim não importava. Tanto uns quanto os outros não me representavam.

Antes, porém, na disputa eleitoral do Estado do Rio de Janeiro, outra foi a minha frustração. Fernando Gabeira cismara em se candidatar a governador. E não era credenciado para o cargo. O grande embate deveria ficar entre o Moreira Franco e o Darcy Ribeiro. E o PV fez o enorme estardalhaço em torno do abraço à Lagoa Rodrigo de Freitas. Os maconheiros de Ipanema e a maioria dos estudantes levaram o voto do Darcy para o Gabeira, que não concedeu seu apoio ao mestre.

Porra! O Darcy tinha a credibilidade. Era o representante civilizado da raça brasileira, o intelectual consagrado, com um passado histórico, fundador da Universidade de Brasília, aclamado no mundo inteiro. Possuía um projeto de educação revolucionário. No entanto, a maconha levou os votos do professor Darcy. Resultado. O Moreira Franco se tornou governador do Rio de Janeiro.

Foi a derrota da altivez vazia e sem preparo, novamente, a derrota da falta de consenso, da vaidade, do interesse próprio, pormenorizado na presunção. Quer dizer, essas coisas são imperdoáveis na democracia. Refletem em decadência, em atraso. Discutia-se a manutenção das plantações de maconha em Pernambuco para servirem à produção de bolsas, calças e outros artigos do gênero.

Maconha ou educação? No que votar? Vai querer enganar a quem? A quem do Brasil não conhece. Chega! Em política, nem pensar. Vade retro! Nesse assunto não me refiro mais.

****

Em toda minha vida sempre quis fazer um filme. Sou apaixonado por cinema. No início da adolescência, matava aulas para assistir aos *westerns* americanos e mexicanos, nos poeirinhas da Taquara, Cascadura e Madureira. Eu sabia que não havia nada melhor para ver nesses cinemas. Mas antes o escuro das salas de projeção do que a realidade das ruas.

Mesmo com todos aqueles argumentos exagerados e a violência estilizada dos *westerns*, assisti a alguns bons filmes. Os mexicanos continham um banditismo impregnado pelo realismo romântico que emblematizava as imagens de Pancho Villa e Emiliano Zapata, profundamente vinculadas à luta armada. Só mais tarde tive acesso a melhores exibições: Chaplin, Orson Welles, Truffaut, John Huston, Renoir, Rossellini, René Clair, Visconti, Pasolini, Fellini, Buñuel e Godard.

Pois bem! Sempre quis fazer um filme. O cinema é uma atividade que requer requintes mínimos e tecnologia. E isso tudo tem um custo. Dirigi-me a Angola por essa razão. País voltado para a extração de petróleo e a exploração de diamantes, mesmo com todos os problemas internos, poderia financiar um projeto cinematográfico com uma história fascinante e um argumento que me interessava desenvolver, por inúmeras razões, até mesmo, por identificação pessoal.

Angola sofreu pressões terríveis com a guerra colonial que insistiu em não terminar, prolongando-se numa guerra civil trágica e desastrosa. As origens dessa guerra são remotas, se analisarmos a resistência angolana já nos primórdios da colonização.

A primeira missão portuguesa às terras de Angola ocorreu em 1560. O rei Njinga a Mbande a Ngola a Kilwanji fez prisioneiros os enviados de Portugal por cinco anos. O então senhor capitão português Paulo Dias de Novais retornou àquelas terras, quinze anos mais tarde, e mandou construir um forte defronte à Ilha de Luanda, de modo a instalar-se, definitivamente, com o objetivo de estender as bases portuguesas da foz do rio Kwanza para o interior do país, à procura das lendárias minas de prata que imaginava existir. Nem prata. Nem ouro. Durante séculos, a principal moeda da colonização portuguesa em Angola foram os escravos.

Os portugueses sofreram uma grande derrota em Ngoleme a Kitambu, em 1590, liderada pelo rei guerreiro, que comandou uma coligação de povos bantu. Dar-se-ia assim o início de um forte sentimento de resistência de um povo consciente de sua dignidade e de suas raízes de liberdade.

Com a morte do rei Ngola a Kilwanji, em 1617, assumiu o poder seu filho Ngola a Mbande. Este concedeu à sua irmã Njinga a Mbande a missão diplomática de discutir a paz no reino do Ndongo com os portugueses. O reino do Ndongo era um território vasto e populoso compreendido entre os rios Dande e Kwanza, no litoral, que se estendia para o interior pela Ilamba, Lumbo, Massangano, Museque, Adi, Umba, Cabaça, incluindo as ilhas fluviais de Kindonga, no alto do rio Kwanza, até a Matamba. Njinga a Mbande reuniu-se, em Luanda, com o governador João Correia de Souza e demonstrou uma forte personalidade diplomática. Mas as intenções portuguesas contrariavam a soberania do Ndongo. E os tratados assinados por eles jamais se cumpriram.

Ngola a Mbande morreu em 1624. Njinga assumiu o poder com total apoio popular. A rainha escolheu a resistência e a força para preservar a unidade geográfica do reino e a integridade de seu povo. Enfrentou terríveis campanhas militares, múltiplas conspirações e inúmeras traições. Revelou um talento extraordinário para a luta armada. Organizou um grande exército em coalizão com outros povos daquela região do continente africano. Deu dor de cabeça por décadas seguidas aos portugueses, vindo a falecer, aos 81 anos de idade, ainda soberana. A rainha Njinga é um mito, quase uma lenda, em função de suas atitudes heroicas e, às vezes, até inumanas e excêntricas, levadas a cabo pelo extremismo, o que resume o perfil de sua personalidade extravagante, inesperada e incomum.

Reverenciada por toda Angola, sua fama chegou ao Brasil através dos antigos escravos, que a cultivaram na memória a um ponto máximo que suas ações sobrevivem até hoje no fundo do imaginário do povo afrobrasileiro. É uma referência nas cantigas, uma menção nas festas populares, nas congadas, nos maracatus. Enfim, é um símbolo do sangue e do suor negros no Brasil.

Com a morte de Njinga, a colonização portuguesa avançou. O tráfico de escravos recrudesceu. E o Ndongo começou a esvaziar-se na diáspora com o tempo. A ambição portuguesa era feroz, mas foi enormemente contida por causa do espírito da resistência africana, que nunca esmoreceu. As regiões da Matamba e Kasange constituíram-se, por quase 200 anos, até a metade do século XIX, numa muralha de contenção à ocupação portuguesa. Atacados frequentemente, os portugueses sofreram na carne as marcas da oposição angolana. Asseveraram conquistar o planalto na década de 1770 e penetraram o Bailundu.

Retiraram-se depois por não conseguir sustentar a ocupação. Estabeleceram o tráfico com os povos Ovimbundu. Mas o planalto continuaria livre, sem ser dominado militarmente. A região preservou-se praticamente intacta, por quase meio século, sem deixar-se abater com a penetração portuguesa.

A Conferência de Berlin estabeleceu a divisão da África pelos critérios das potências mundiais. Inglaterra, França, Estados Unidos, Portugal, Holanda, Alemanha, Áustria, Hungria, Dinamarca, Bélgica, Suécia, Noruega, Turquia, Itália e Espanha demarcaram o continente a partir dos interesses das relações internacionais da época. As fronteiras geográficas africanas começaram a se delinear sob a pressão de fortes conflitos. E as ações militares no interior de Angola aumentaram a partir da Conferência. Uma onda de contestação ao poder de Portugal ganhou expressão no final dos 1800. Nascia a consciência nacional no pensamento da intelectualidade angolana que expressava os ideais revolucionários de independência através de uma imprensa alternativa e polêmica, formadora de opinião, com grande penetração no interior, e cada vez mais contagiante e unida ao sentimento de luta dos focos de resistência das populações nativas.

Essa imprensa não só possuía o dom de influir na opinião popular, como também, difundia a ambição de se constituir uma ampla frente de luta em todos os territórios de domínio português no continente africano. A imprensa alternativa em Angola assumiria o caráter universal e histórico que modulou os movimentos pan-africanistas do início do século XX. Já se falava em luta armada àquela altura e da clandestinidade se difundiam as ideias independentistas para driblar a repressão do sistema colonial.

Remontando a história dos antepassados, a conservação da cultura aborígine tornar-se-ia uma bandeira de exaltação dos intelectuais africanos. Estavam lançadas as raízes dos movimentos de libertação. Miravam os focos da resistência dos comandos indígenas que travavam com os portugueses uma guerra violenta no sentido de preservarem a autonomia dos seus territórios. O planalto angolano era objeto das pretensões portuguesas. Porém, o rei Ekwikwi do Bailundu garantiu a independência da região, até as últimas consequências, articulando uma aliança entre vários povos, missionários, comerciantes e alguns militares. Em 1893, foi morto o rei do Bailundu. Ainda sim, no Bié, o rei Ndunduma sustentava a liberdade a qualquer preço, até ser preso e exilado na ilha de Santiago de Cabo Verde.

Mas a grande personalidade histórica de Angola é, sem dúvida, a rainha Njinga. Mulher extraordinária, fantástica e quase sobrenatural. A soberana de Angola é o grande símbolo da resistência à dominação portuguesa. Inspirou as forças de oposição e o espírito de luta na Matamba e Kasange, nos Dembos e no planalto, durante 40 anos, mantendo intacto o modo africano de ser, de agir, de pensar, de negação sólida, obstinada e contumaz. Comprometeu-se, total e absolutamente, com a liberdade de seu povo, estruturando alianças nacionais e estrangeiras nas frentes de guerrilha em oposição ao exército português. Sua importância chega aos dias atuais. Influencia o movimento de libertação nacional, a guerra de independência e as fases dolorosas de sustentação contra o capitalismo internacional.

Remonta à lógica da reconstrução do país, após a guerra, o resgate da autoestima do povo angolano, o conceito de unidade cultural e a materialização de um projeto nacional, incluindo as diversidades. Com o fim da guerra em Angola, o conceito de unidade nacional vem definir a estabilização política e cultural do país. O processo de reconstrução nacional consistirá em compreender a nação angolana em sua totalidade, partilhada por todos os povos. Uma reflexão contínua deve erigir-se dessa diversidade complexa. Certamente, este é um fenômeno difícil de ser entendido. Mas isso é Angola. Este é o projeto da nação angolana. O da construção de uma cultura e de uma educação voltadas para a apreensão da variedade de etnias, de gêneros culturais e de classes sociais com o objetivo de valorizar o desmantelamento dos preconceitos existentes.

Njinga a Mbande foi a bandeira do nacionalismo angolano, a grande inspiração que buscou a unidade na diversidade e, espontaneamente, ficará para sempre sua marca na memória e determinação do povo angolano, sua influência para lutar por um país forte e independente. Arquitetou uma resistência recorrendo ao somatório dos grupos étnicos representativos da cultura africana, que muito embora fosse compreendido por unidades heterogêneas e múltiplas, consolidou uma força de guerrilha praticamente imbatível.

Porém, uma geografia social monstruosa se delineou em toda Angola, desde os tempos remotos da escravidão, e veio se afirmar, bem mais adiante, na luta pela independência sobre o cenário da Guerra Fria. A crise generalizada que assolou o país, no momento tão difícil de sua reconstrução após a guerra civil, é mundialmente conhecida. Angola sempre exerceu uma atração irresistível pelas potências mundiais por causa da possibilidade de pilhá-la e de saqueá-la inescrupulosamente. A ideologia mistificadora da colonização portuguesa fundamentava-se na manipulação das massas com o sentimento de contê-las à viabilidade da afirmação de um sistema meramente idealista. Esse sistema servia à criação de uma sociedade, cujos conceitos eram puramente subjetivos, mas que possuíam, no entanto, uma base econômica e militar sólida. O romantismo idealizava tudo, através da onisciência do Império Cristão. O colonizador manteve-se em Angola, durante séculos, explorando-a, desbaratando-a, exaurindo-a. O caráter ideológico da colonização europeia, na África, fez com que a escravidão permanecesse incólume e moralmente justificada por 300 anos seguidos, em todo continente, e só veio a terminar na segunda metade do século XIX. O tráfico de escravos submeteu uma influência inescrupulosa nas bases das relações entre europeus e africanos. Suas marcas estão visíveis na sociedade africana atual, em todos os aspectos, sem que ela consiga desvencilhar-se dos traumas psicológicos herdados com a escravidão. Constatamos esse fenômeno nas estruturas atuais e no exercício do poder em Angola.

A escravidão disseminou o ódio e as diferenças entre as várias etnias africanas, resultando em guerras inaceitáveis, desde o início da época moderna, até a contemporaneidade. Esse tráfico monumental de pessoas, organizado de uma forma meramente mercantilista, originou uma diáspora de 30 milhões de africanos. Esse número é, por si só, assustador e se torna ainda mais dramático se pensarmos que só o reino do Ndongo, no interior de Angola, no século XVI, era habitado por cerca de 30 milhões de pessoas, e que toda a Angola não ultrapassava a marca de 14 milhões de habitantes, em 2001, da primeira vez que visitei o país.

O colonialismo clássico praticado por Portugal, na região austral do continente, foi utilizado como meio de penetração do colonialismo moderno, impingido violentamente pelas potências capitalistas. Os Estados Unidos, a Inglaterra, Israel e a França, representando a OTAN, foram os principais atores da trama que engendrou o caos e as condições mal criadas para a independência do país, levando Angola à barbárie, ao abandono, ao caminho da desestruturação total com a guerra e a miséria.

Para se ter ideia do clima de submissão e inferioridade que angustiava o povo angolano, vou descrever uma cena da qual participei involuntariamente, em Luanda, cuja presença do Senhor Presidente da República José Eduardo dos Santos teve uma conotação de perplexidade quase imperial.

Fui convidado para uma cerimônia de assunção dos cargos da diretoria da Fundação que leva o nome do Presidente da República. A Fundação Eduardo dos Santos exerce um papel isolado na vida social em Angola, por interferir em vários assuntos de interesse da população, como a construção de casas populares, reformas de escolas, construção de postos de saúde e hospitais, estradas, pontes, intercâmbio entre as províncias, etc.

Ainda da primeira vez em que estive lá, participei da cerimônia de assunção da diretoria. Na verdade, foi uma cerimônia até mesmo muito simples, apesar de exaustiva, com o discurso central do presidente José Eduardo e algumas intervenções dos seus curadores, representando a participação das multinacionais nas ações sociais promovidas pela Fundação.

Todas as atenções estavam evidentemente voltadas para o presidente José Eduardo. No entanto, o fato que quero ressaltar é a participação do Coral da Igreja Batista no evento e as presenças das Mães Senhoras da comunidade da Ilha de Luanda. O Coral fez uma apresentação impecável e emocionante. Foi uma das coisas mais bonitas que já assisti, interpretando canções nas línguas kimbundu, kicongo e outras do interior de Angola. A apresentação do Coral Batista emocionou-me sobremaneira. E as presenças das Mães Senhoras também me deixaram bastante gratificado.

Assim que a cerimônia se encerrou, toda a plateia, automaticamente, sem exceção, e de uma maneira muito artificial, formou uma fila para cumprimentar o Presidente da República. Eu, de forma muito natural, e até mesmo para esperar que a fila se dissipasse, burlei o protocolo e caminhei na direção das Mães Senhoras para beijar-lhes as mãos, solicitando a bênção de cada uma delas, curvando-me de maneira respeitosa e carinhosa, além de abraçar, meticulosamente, cada integrante do Coral, apertando-lhes as mãos, demonstrando todo o meu apreço. Foi engraçado, e um tanto constrangedor, porque fui o único convidado a ficar isolado num canto, com as pessoas mais humildes: as Mães Senhoras e os integrantes do Coral.

Este ato simples e sem maiores reflexões causou um pequeno mal estar entre todos os outros que participavam da cerimônia, principalmente seus organizadores. Só muito tempo depois, quando a fila havia se dissipado, eu me atrevi, de maneira muito espontânea e respeitosa, a cumprimentar o presidente José Eduardo dos Santos, que me deu um sorriso harmonioso e lacônico.

As próprias Mães Senhoras e os integrantes do Coral ficaram constrangidos. No outro dia, é que fui perceber a relevância daquele ato impensado.

Em um país em que todo e qualquer cerimonial montado para a presença do senhor Presidente da República deve ter um caráter imperioso, soberbo e altivo, que demonstre sua autoridade, comando, domínio e capacidade de diluir sua influência de continuidade sobre a opinião e as pessoas, é impossível pensá-lo sem o efeito de que um fato dessa natureza denota. Em um país em que o comunismo acabara por destruir com todas as manifestações religiosas e populares, ao ponto das senhoras mais velhas terem vergonha de ser cumprimentadas em público por um estrangeiro e de não assumir suas raízes, por medo ou suspeição de que não possam manifestar sua identidade com orgulho, muito há de se fazer para reconstruir a autoestima de seu povo. Enfim, só no outro dia, pude compreender o significado de uma atitude tão simples de amor e carinho que expressei por todas aquelas pessoas.

Por volta das onze horas da manhã do sábado após a tal cerimônia, interfonou-me para o quarto no Hotel Méridien onde eu estava hospedado, um senhor que se dizia líder da comunidade da Ilha de Luanda. O sujeito era baixo e tinha olhos grandes. Vestia uma bata africana de um colorido suntuoso e emborcava um sorriso alegre e jovial no canto esquerdo da boca. Era um sorriso constante do meu mais novo anfitrião angolano. Viera me convidar para uma visita à comunidade da ilha.

– A comunidade o espera.

Por timidez, deixei de expressar minha gratidão e quase recusei o convite. Meu anfitrião logo percebeu meu pudor e não me permitiu a recusa, sem sequer deixar-me tempo para pensar em não aceitar o passeio.

– Por favor, esteja pronto às quinze horas, eu mandarei buscá-lo.

– Pois bem! Será um prazer.

– Para nós, principalmente – despediu-se ele, ainda com o sorriso emborcado no canto da boca.

****

A cidade de Luanda formou-se sobre um grande planalto e abaixo dele ficam a ilha e a baía. A ilha é o centro de uma comunidade de pescadores. Os mais velhos têm o hábito de se reunir para a rebita, dança tradicional da ilha, uma espécie de umbigada parecida com o jongo brasileiro.

Os axiluandas, como eram chamados seus antepassados, foram excelentes marinheiros e pescadores, cujas mulheres tratavam da cata aos zimbos na areia das praias. Os zimbos ou os búzios, como são conhecidas no Brasil as conchinhas que servem ao orixá Ifá, que orienta as adivinhações nos cultos do candomblé, eram utilizados como moedas entre os congoleses no século XVI. Brasil, Benin e a Índia tinham também nos zimbos uma representação de troca por panos, tecidos, cachaça, fumo e outras mercadorias, até o período que demarcou o restabelecimento da soberania portuguesa sobre Luanda, com a expulsão dos holandeses em 1648.

Grande foi a importância da cata dos zimbos para o reino do Congo em Angola antes desse período. A Ilha de Luanda era um feudo do Manicongo e os axiluandas que a habitavam foram governados por um mercado estabelecido pelo Congo de óleo de baleia, pesca de lagostas, ostras e peixes variados. Com a restauração do domínio português, os negros da ilha passaram a exercer um papel fundamental no abastecimento da pesca para os moradores europeus da cidade. E, mais tarde, a interferência em suas vidas foi ainda maior, pois passaram a servir na construção de obras públicas e privadas, em atividades de distribuição de água potável e fabricação de cal.

No início do século XVII, o tráfico de escravos era a única atividade econômica da capital. Luanda tornara-se uma cidade fétida, luxuriosa, caótica e vazia, condenada à "miséria perpétua", por ter-se tornado uma cidade submetida à abnegação e à decadência de todas as ordens. Seus habitantes naturais não desfrutavam de liberdade alguma ou de qualquer *status* moral ou social. Eram considerados animais e força bruta de trabalho para serem simplesmente usados, humilhados, explorados e desgastados. Tudo isso em consequência do trato imoral do comércio de escravos.

No final do século, um quadro ainda mais desolador: uma cidade montada para a desova. Lotes e lotes de gentes aglomeradas em grandes armazéns de exportação. O lixo humano amontoado, abandonado, acossado, preterido, despojado por uma violência devastadora. A ilha teve uma grande importância estratégica para os portugueses em todos os momentos da construção de Luanda e do seu crescimento.

****

Assim que cheguei à ilha naquele sábado ensolarado, levei um susto com a dimensão da recepção que haviam me reservado. Mal atinava para o que ia acontecer. Pensei que iríamos apenas fazer um simples passeio, sem maiores repercussões. Porém, ao chegar no lugar do encontro com a comunidade, percebi que organizaram uma festa em minha intenção. Um grande almoço comunitário estava posto sobre duas longas mesas de madeira, com cerca de 100 travessas de inúmeras receitas da culinária angolana: funji de bombo, pirão de milho, fubua, kizaka, mandioca, batata doce, feijão, jinguba, jimbuia, bananas, quiabos, peixes, carnes e galinhas. Os senhores e as senhoras mais velhas estavam todos bem vestidos. As mulheres contaram-me histórias sobre a ilha. Os homens recitaram provérbios. Cantaram antigas canções. Falaram-me de coisas comuns ao Brasil e Angola, identidades esquecidas, porém reverenciadas, e que nos garantem um intercâmbio positivo para o futuro. Há muito que fazer em relação ao estreitamento das relações culturais entre o Brasil e Angola. Senti-me extremamente gratificado com tamanha atenção. Após o almoço, ouvi comentários sobre a época colonial que relatavam como eram os aldeamentos, antes e depois do contato com a civilização, destacando a vida das populações nativas, a fartura alimentar e a alegria de viver de que gozavam os antepassados, permitindo-me uma montagem paralela entre o passado e o presente.

Os mais velhos disseram-me que minha preocupação em tê-los cumprimentado, tão afetuosamente, na cerimônia da Fundação, havia sensibilizado a todos e que todo esse meu carinho deveria ser recompensado, já que a comunidade inteira da ilha sentia sua autoestima em baixa por causa da deteriorização dos seus valores mais importantes com a penetração do comunismo no país.

— E vindo de um senhor tão alvo a ideia de cumprimentar-nos com tamanha sinceridade, esse ato para nós teve um significado extraordinário, e por isso o convidamos para esta recepção.

— Agradeço de coração. Só não sei se sou merecedor. Foi simplesmente uma atitude espontânea.

— Por isso, estamos aqui. Justamente, por isso.

Saí de lá recompensado e imensamente feliz. Como obter uma compreensão do passado? Saí perguntando-me várias coisas. Qual o golpe que o comércio de escravos provocou naquela sociedade? Uma corrente de racismo se formara entre as próprias elites angolanas? Pensava sobre as oligarquias negras e suas famílias resultantes de pessoas nascidas de cada geração de mãe africana e pai europeu. Em menos de um século, uma pequena elite negra, governada por uma rede de oligarquias feudais, transformara-se numa elite de subalternos, sem expressão alguma e limites mínimos de influência sobre a cidade. Luanda era administrada por uma elite tão branca e racista, como em toda a África Central. Aplicara-me uma série de perguntas para polir minha sensibilidade em relação àquela realidade assustadora e sorver o passado para que ele pormenorizasse a visão do caos que eu tinha da Luanda de 2001.

****

A Luanda de 2001 era uma cidade decorrente de uma crise tão estabelecida e fundamentada em um ambiente de tão profunda insuficiência, que se percebia nitidamente o clima de apreensão, de usurpação e de demonstração extrema de uma autoridade dominadora e imperiosa. Quem a testemunhasse seria acometido por um constrangimento moral imediato. Um movimento pavoroso de esquecimento, de decadência e de exploração sem lei, sem respeito, cabia dentro da precariedade e da oclusão que a cidade transmitia, difundido até pelos contornos menos visíveis de toda a sua carência e pelos aspectos do exercício do poder.

Na cidade alta, as ruas eram largas e não havia calçadas, os prédios em péssimas condições de conservação guardavam o aspecto dos anos 50. Do Largo do Kinaxixi, próximo ao mercado, e das ruas adjacentes, as mulheres perambulavam por todo lado, tendo o largo como ponto de encontro e partida, carregando nas costas, as crianças recém-nascidas, amarradas por um tecido fino de algodão estampado, e na cabeça, uma bacia com inúmeros objetos para vender: pastas de dentes, sabonetes, copos plásticos, canetas, pentes, maços de cigarros vagabundos e outras quinquilharias. Em cada esquina de Luanda, avistávamos os ambulantes, fossem homens ou mulheres, um vaivém de pessoas de todas as faixas etárias, muitos jovens e idosos, a maioria de migrantes. E este é um aspecto comum em Angola e em toda a África, a impermanência das pessoas num só lugar, e de famílias e grupos inteiros.

São vários os motivos para esse deslocamento desenfreado. Durante muitos séculos, isso aconteceu em todo o continente africano. O principal motivo, na Angola de 2001, era a devastação dos campos e a desestruturação das infraestruturas no interior do país por causa da guerra.

A evidência da crise era resultante de um contexto instaurado desde 1992, com a guerra civil, e desde os meados dos anos 70, com a guerra de independência. Qual era o verdadeiro sentido da guerra de Angola? Quais as forças que se apropriaram e se aproveitaram dela? Em qual direção se deveria marchar para o estabelecimento da paz e da reconstrução do país? Quem ganhava e quem perdia com tanta violência? As contradições eram sempre as mesmas. E não havia mais justificativas para a continuidade daquela situação. O grande derrotado, certamente, era o povo angolano.

****

Apesar do ambiente propício para a conquista da liberdade, desencadeado com o final da Segunda Guerra Mundial e da irreversibilidade do colonialismo, os processos de descolonização, em várias regiões do mundo, não ocorreram sem violência, de um modo geral. Em muitos dos seus exemplos, a violência viria se dar de uma forma bastante traumática. São os casos da Índia, da Indonésia, da Indochina, da Argélia e de Angola. A liberdade só foi alcançada nesses países através de uma guerra longa e cruenta.

Outro exemplo bastante significativo é o caso da África do Sul, onde a própria comunidade branca proclamou a independência para se manter no poder e montar um sistema de exploração das riquezas de seu território, consagrando o mais tenebroso e despudorado regime segregacionista que a História já conheceu. O caso da Argélia é bastante representativo, porque se ligava constitucionalmente à França, o que levou Portugal a se inspirar em aplicar em Angola, na Guiné, Moçambique e Cabo Verde um sistema semelhante, com uma revisão constitucional realizada em 1951, que conseguia transformar suas colônias em Províncias Ultramarinas, ferindo amplamente a ordem do direito internacional e protelando, até as últimas consequências, a independência desses países.

Em meados do século XX, havia um movimento conceitual fortíssimo a favor do direito intransferível dos povos colonizados de conquistarem sua independência. Esse movimento era diplomaticamente apoiado por ambas as potências mundiais: Estados Unidos e União Soviética. Entretanto, uma estruturação sistemática, covarde e anônima foi engendrada no âmago do poder das duas potências para que se sustentassem as mesmas bases de exploração, de dominação e de controle, nas chamadas regiões periféricas. Conspirações, tramas, conluios e inúmeros crimes foram cometidos em nome da preservação da antiga ordem mundial.

Diluído o resultado assombroso, o que entender de tudo isso? O que mudou e o que está por mudar? Mesmo com a crise de agora tendo contornos aparentemente localizados, a clareza da violência incitada durante todo esse tempo confirma que a situação é tão absurda e obtusa quanto anteriormente. Não dá para sustentar qualquer pensamento a respeito de Angola, ou outro país periférico, sem antes contextualizar suas realidades locais, como resultantes de uma ordem global de interesses econômicos fortíssimos, incluindo-se o Brasil e toda a América Latina.

Nessa transição de um século para o outro, nos confrontamos ainda com a mesma índole pilhosa de antes do imperialismo capitalista. E a opinião pública assiste perplexa aos mesmos embates de 50 anos atrás. Isto é, reconhecemos, de um lado, povos e países com desenvolvimento científico e meios de produção industrial, e do outro, povos e países fornecedores de matérias-primas, sem conhecimento tecnológico e nem meios para o seu desenvolvimento.

Através dessa demência assustadora, monstruosa e insistente, cada vez mais caracterizada, o imperialismo capitalista se perpetua rejuvenescido e impalpável. Em primeiro lugar, por causa de uma parafernália de ideias, de modismos e de comportamentos que interfere na opinião pública, consagrada econômica e culturalmente, e que sustenta uma pequena elite que se renova dentro da conservação do poder da democracia representativa imposta aos povos no mundo. E também, por causa de um aparato técnico e militar composto para conduzir a empresa imperialista aos mais recônditos lugares da Terra.

No reformismo e na restauração constante do capitalismo imperialista, o aspecto atual da mistificação que o justifica, na continuidade da sua missão civilizadora é, sem dúvida, o comportamento totalizador que os governos do planeta apresentam, em sua grande maioria.

****

Ainda sobre Angola, e para terminar, o fato é que, infelizmente, depois de terem investido cerca de 50 mil dólares na elaboração do projeto cinematográfico sobre a história do país, que foi apresentado por mim à Fundação Eduardo dos Santos, através da pessoa do seu presidente, o ex-cônsul de Angola no Rio de Janeiro, Sr. Ismael Diogo da Silva, parece que o projeto estancou e sequer saiu da gaveta do presidente da Fundação.

Os 50 mil dólares foram investidos na pesquisa histórica e cultural que realizei, nas várias viagens que fiz ao país, inclusive, em algumas cidades do interior, na elaboração do projeto propriamente dita, incluindo o pagamento dos profissionais brasileiros envolvidos (análise técnica e orçamentária, contratos, reconhecimento de locações, construção de elenco, roteiro, enquadramento nas leis brasileiras de incentivo à cultura... enfim, todos os procedimentos competentes para a apresentação final do projeto, pronto para se realizarem as filmagens).

Fizemos o que tinha que ser feito, rigorosamente, e em parceria com a principal empresa de produção do país, a quase estatal Orion, indicada pelo presidente da Fundação. Em verdade, o projeto original organizado por mim e apresentado pela equipe brasileira visava uma parceria entre o Brasil e Angola. Esta era a maior pretensão, propulsionar o aprofundamento das relações culturais entre os nossos países. Por isso, enquadramos nas leis brasileiras com o objetivo de também se captarem parte dos recursos no Brasil.

Angola inteira tomou conhecimento do projeto, praticamente toda a sociedade civil representativa, os melhores grupos de teatro, os grandes artistas da música popular angolana, o Balé Kilandukilu, algumas instituições oficiais, a exemplo do Arquivo Histórico Nacional, os principais intelectuais... Todos tomaram conhecimento e foram envolvidos por mim para participar dele. A inteligência de Angola toda, sem exceção, foi consultada e esteve comprometida com o argumento e o roteiro do filme, de algum modo.

O roteiro se tornou um mosaico do que havia de melhor na arte e na cultura angolanas. E, mesmo assim, o projeto foi engavetado. Ficou tudo na superfície. É triste e decepcionante, mas é a verdade.

O que aconteceu foi o seguinte: um rapaz americano chamado O'Neill realizou uma entrevista com o presidente da Fundação, logo no início da criação do meu projeto. Ambos intumesceram-se em torno da elaboração de um filme de média-metragem, com características institucionais. E, logo de cara, sorveram cerca de 800 mil dólares da Fundação para a realização desse filme, que se baseava na demonstração da produção de petróleo e diamantes. O resultado foi ridículo que o camarada nem conseguiu concluir o trabalho, porque todos o acharam muitíssimo fraco. Para defender o investimento inicial, gastaram-se ainda mais alguns milhares de dólares na tentativa de finalizar o filme na Espanha, com as modificações determinadas, dizem, pelo próprio Presidente da República. O caos. Com a quantia total deste empreendimento, teríamos realizado toda a captação das imagens do nosso projeto, que era uma obra de arte e não um filmezinho institucional qualquer. Quer dizer, os percalços da incompetência e da traição. Perdeu o Brasil e perdeu Angola.

O fenômeno das descolonizações ininterruptas que aconteceram na segunda metade do século passado presumia o estabelecimento de novas relações sociais favoráveis ao progresso e ao desenvolvimento da África. Imaginava-se a criação de novos parâmetros para a exploração das riquezas antes exploradas somente sob a tutela dos países desenvolvidos. Esperava-se a estruturação de novos paradigmas no campo econômico, o intercâmbio de novas formulações que devessem criar uma base de preservação conjunta da exploração autossustentável dos recursos naturais, resolvendo-se os problemas, inclusive, de soberania dos povos africanos. Cogitava-se uma revolução educacional direcionada às populações que se tornaram ainda mais pobres com o agravamento de uma guerra fria sem pudor, cujos interesses econômicos espúrios foram a sua única razão de existir. Imaginava-se o despontar de novos conceitos em defesa do patrimônio cultural de uma civilização milenar, oprimida há séculos pelas minorias privilegiadas da Europa e das Américas, no sentido da superação de um dos maiores absurdos compreendidos na História da Humanidade: o esquecimento das matrizes africanas diante da exploração do continente em todas as suas superfaces.

Tudo isso ficou no plano da utopia? Qual o legado que fica para a História de um conflito tão monstruoso que foi a guerra de Angola? O que esta geração deixa para as gerações futuras? Qual o conteúdo que caracterizou a assinatura do acordo de paz, em 2003, com a consolidação da independência do país?

A essência desse conteúdo não é outra senão a conjuntura política, econômica e social no exercício de como acontecem às relações de permanência do poder no continente.

A natureza mistificadora do colonialismo português não se desfez em Angola. Portugal foi um dos últimos países a assinar a convenção internacional para a abolição da escravatura. E só o fez sob forte pressão. Portugal foi ainda um dos últimos países a se desvencilhar de suas colônias, também sob a intervenção internacional. A realidade atual encontra sua âncora na natureza histórica do colonialismo português. O capitalismo monopolista sob a sua forma mais clássica está conservado na atualidade. E, ao que parece, a democratização política e institucional do país não virá sem a aclamação da sociedade civil.

Na verdade, durante todo o período colonial, Portugal nunca desenvolveu relações econômicas e sociais de transformação. A natureza exploratória tornara o sistema escravagista português o mais bárbaro e selvagem de todos, o que reflete no conteúdo do subdesenvolvimento do sistema atual.

Estamos falando é da formação de fortunas incomensuráveis. E só isso já espanta, fere a compreensão moral e atravessa o desenvolvimento e a democratização da sociedade, impossibilitando a redistribuição de tarefas e de renda. Estamos falando é da preservação do poder a qualquer custo e da reestruturação da sua continuidade. Estamos falando do apoio e do financiamento de um país fechado como a China, que tem dado sustentabilidade econômica a um presidencialismo em Angola, também fechado, imperioso e silencioso, que, por trás dos panos, se omite da obrigação de investir na democratização do país. Estamos falando é da emblematização de um nacionalismo exagerado, cujo chavão principal é o modelo-padrão estabelecido e que não pode ser transformado. São as lideranças dos partidos nacionais que se denominaram no passado como Movimentos de Libertação e que se locupletaram no poder sempre acima dos ideais da revolução social.

Jonas Savimbi era um psicopata, financiado pelos Estados Unidos e por Israel, apoiado pela OTAN. Mas isso não redime o sentido despótico do sistema político atual. Os caudilhos, mesmos os civis, sempre foram a razão impulsora do ditatorialismo reinante nos países africanos, vitimados pelo imperialismo capitalista que os levaram às grandes crises e aos conflitos armados. A ditadura é o produto fortuito dessa razão ou dessa impunidade, não sei. Ela está espalhada em todo o continente. O resultado é a corrupção, a miséria, a fome e o abandono de populações inteiras.

O caudilho é o chefe, como lá se diz: o mandachuva. O chefiado é o povo, ou aqueles que estão próximo ao poder: os camarilhas. A conivência e a subordinação ao chefe estão acima até do partido. O dirigente é o chefão, o principal entre todos, o chefe de governo. O que governa de um lugar inacessível o sistema que se funda e se estrutura no poder da dominação sem freios.

A obsessão da ditadura portuguesa em manter-se no poder e em dar sustentação ao sistema de exploração colonial fez com que se criassem condições psicológicas e materiais favoráveis para propiciarem-se, mais amplamente, alianças de manutenção das antigas estruturas. O mais curioso e irracional é que este fenômeno atualmente se inverteu.

O projeto cinematográfico *Angolando – Renascimento de uma Nação* – seria um documentário-ficcional, um longa-metragem, em 35 mm, para salas de cinema e festivais, filmado em Angola, Lisboa, Rio de Janeiro, Nova York, Havana e Johanesburgo. O filme teria duas sequências ficcionais, entremeadas pelo documental montado a partir do diálogo entre as entrevistas e imagens da Angola atual, com material de arquivo. A pretensão do filme era perseguir a *angolanidade* a começar por uma sequência de função mítica: a entronização da rainha Njinga Mbandi, em 1624, que é o símbolo da resistência ao colonialismo na Angola do século XVII. Essa incursão ao passado viria explicar a natureza do processo histórico em Angola. A sequência foi adaptada da obra de Manuel Pedro Pacavira, *"Nzinga Mbandi"*. E para filmá-la seria necessária a mobilização de quase todo o conjunto representativo da arte angolana atual. (Grupos de teatro, mestres das artes plásticas para trabalhar na reconstituição da época com a construção de uma cidade cenográfica, historiadores, o Balé Kilandukilu, ceramistas e escultores). Seria um exercício coletivo de identidade cultural e uma imersão na história do país.

Toda a ambientação da sequência foi criada para se obter características cinematográficas e não teatrais ou simplesmente literárias. A orientação da professora Rosa Cruz e Silva, na época responsável pelo Arquivo Histórico Nacional, e atualmente Ministra da Cultura, foi fundamental. De vários textos apresentados por ela, foram compostos os diálogos, e a direção de arte ficaria a cargo do artista plástico Etona. Do livro *Misoso*, do escritor angolano já falecido Oscar Ribas, foi retirado um conto muitíssimo peculiar – *A Pessoa Não Tem Coração* – que, na minha percepção, traduz a síntese do espírito do povo angolano. O conto é um relato simples e não contém diálogos, forma cênica ou teatral. Para lhe dar vida, tive o prazer de utilizar a parte dos provérbios do livro, e através deles montar os diálogos que não existiam entre as personagens. Assim as cenas se desenvolvem com a montagem do diálogo entre dois nativos que se aproximam numa estrada deserta para observar o canto de um pássaro escondido em uma árvore. O primeiro convida o segundo para ir até sua choupana. Eles acocoram-se na varandinha do casebre e conversam sobre o trabalho e o plantio. O proprietário desconhece o que é alimento. Sustenta-se apenas de fumar cachimbo (mutopa) e alimenta seus filhos com a fumaça que o cachimbo produz. As crianças almoçam e jantam "só o cheiro". O segundo apresenta ao parceiro a arte do plantio e da colheita. E traz a novidade da comida para a sua casa. O dono do casebre mata o amigo empregando-lhe a sucata na falta de uma faca. Surpreendido, o amigo lhe diz antes de morrer:

– Como anda a cobra só Deus o sabe.

O outro, sem piedade nenhuma, argumenta que em sua casa quem manda é ele:

– A sorte nasce com o próprio, não se procura.

O filho flagra o pai cometendo o crime e o denuncia aos mais velhos da aldeia, sem compreender por que o pai mata o amigo que lhe fizera um bem.

Escolhi e adaptei este conto por reconhecer-me nele, por reencontrar-me dentro dele, depois de tantos anos, com o efeito das imperfeições de um primitivismo que deu um sentido real à minha vida.

Mas, o mais curioso é que comentei com Paulo Flores, o maior artista da música angolana da atualidade, a respeito do conto de Oscar Ribas, e Paulo me disse que havia feito uma canção parecida com o conteúdo do conto, sem conhecê-lo.

A primeira parte da canção diz assim:

Fumo na minha cabeça
Gente que passa
Bué de fumo nas vistas
Fumo naquela barriga vazia
Caté que arrepia
Fumo naquela dikota
Porque ela sabe
Porque ela suporta

> *Fumo da cor da vergonha*
> *Fumo na fronha*
> *Dessa gente que sonha*
> *Fumo da cor da bandeira*
> *Fumo na esteira*
> *Que nos faz acreditar*

Na segunda parte, diz:

> *O rei da fumarada*
> *Ganzou a bicharada toda do seu reino*
> *E é tanta fumarada*
> *Caté a criançada almoçou só cheiro*

E ele, então, gravou a música, depois da nossa conversa, em 2004, no seu disco *Xé Povo*. Disse-me Paulo Flores, mais tarde, que houve um comentário vindo direto da Presidência da República de que a gravação dessa canção no mínimo era "uma insubordinação".

Quer dizer, Angola está longe de se tornar um país que incentive o desenvolvimento de uma sociedade livre, aberta e democrática, consciente de suas raízes e de sua identidade cultural.

Acredito que o projeto *Angolando – Renascimento de uma Nação –* fosse muito ousado para essa sociedade, fundamentada em princípios morais vindos, exclusivamente, da ação partidária. Isto é, uma sociedade que vive à mercê da cúpula de um partido reacionário, colonizado e ultraconservador, sem representação mundial alguma, traficante de ideias retóricas e sem o entendimento da crise moral mundial, ou por interesses particulares, ou por desprezar, por falta de capacidade intelectual, a dimensão da história contemporânea.

Lembro-me que vários intelectuais angolanos, e dispenso mencionar seus nomes, interrogaram-me sobre as minhas verdadeiras intenções em relação ao projeto. E, praticamente, todos me interpelaram quanto à minha aproximação com a Fundação Eduardo dos Santos, desconfiados do comprometimento necessário da Fundação para a realização de um projeto como eu estava propondo.

Eu lhes dizia simplesmente:

– É uma tentativa. Se eles abrirem um centímetro que seja, transformarei este centímetro em um quilômetro.

Dizia-lhes, também, que o Cinema Novo no Brasil havia sido financiado justamente pela ditadura militar. Inspirado nesse fato é que eu estava naquela missão. Dizia-lhes que o projeto desse filme seria uma chance para que o governo angolano aprofundasse as questões estruturais e culturais em direção ao futuro, investindo em fundamentos concretos para a construção de uma solidariedade orgânica na recuperação e na integração da África Austral ao mundo moderno e globalizado, sob sua própria ótica.

Era essa a temática central do filme. O que despertava meu interesse era levar ao público a generalidade da crise instaurada na periferia mundial, que não se resumia apenas a si mesma. Ela envolve todo o centro das decisões mundiais, se pensarmos na crise conjuntural do planeta. O que eu pretendia levar para as salas de cinema, através da História de Angola, era o que a crise do Terceiro Mundo poderia revelar como lição para todos os povos e governos. Ou, pelo menos, o que essa discussão sobre a crise poderia acrescentar como lição global. Era isso o que eu queria mostrar. Mostrar o que não pode ser visto sem o auxílio do cinema. O que está oculto. O que é invisível e deve ser mostrado.

O Terceiro Mundo é reconhecido como uma representação folclórica e grotesca da realidade, uma reprodução ridícula e corriqueira do mundo desenvolvido, apontada pelas características mais retóricas da sua colonização e pelas deformações geradas e generalizadas das suas descolonizações. É uma região marcada pela dependência do capital internacional e, portanto, pressionada pela crise da conjuntura mundial.

Era a partir desse contexto que o documentário do filme iria se posicionar, observando os preconceitos de todas as ordens em relação à África. A partir desse posicionamento é que o filme iria fundamentar um novo conjunto de exigências para influir na alteração das relações entre os países africanos, principalmente, os de Língua Portuguesa, criando um paralelo entre todos os países da Comunidade de Língua Portuguesa numa perspectiva de aproximação, cada vez mais ampla, através da cultura e do nosso passado histórico comum.

Mas o retrocesso venceu a boa intenção, a pesquisa histórica e a reflexão sobre a criação de novas estratégias e novos paradigmas. Os interesses unilaterais e até mesmo pessoais de uma aristocracia levada ao poder de uma maneira circunstancial demoliram a ideia da realização do projeto.

A situação é tão absurda em Angola, na África em sua totalidade, na Índia, no Paquistão, no Iraque, no Afeganistão, no Irã, no Oriente Médio, no Brasil, na Colômbia, na Venezuela, na Bolívia, na Argentina e em toda a América Latina, que, então, o que pensar?

Uma crise tão violenta, tão conhecida, tão generalizada e tão instalada como a que se vê em todo o Terceiro Mundo e, porque não dizer, no mundo inteiro, conhecido o caráter sistêmico dessa crise, ela obtém as marcas de uma normalidade que assusta e assombra, o que se pode levar a uma total desesperança.

A vigilância constante dos parâmetros filosóficos e ideológicos venceu a possibilidade de se criar uma imagem positiva que ficaria estabelecida pelo gesto social de patrocinar um filme com a relevância de contribuir para que a Comunidade dos Países de Língua Portuguesa reforçasse sua dimensão cultural, ao mobilizar a opinião pública para as questões africanas, a partir de Angola, e estabelecer, ao mesmo tempo, a valorização das matrizes africanas.

****

Celinho Cotó era um sujeito ambíguo. Às vezes, muito afável. Outras, capaz de destituir de uma pessoa seu amor próprio com palavras bruscas e humilhações desprovidas de qualquer espécie de respeito ao próximo. Esquelético, tipo raquítico, preso a vaidades injustificáveis, escondia os ossos do corpo vestindo-se com um terno preto alinhavado e uma camisa xadrez amarrotada, deixando de marcar, na maioria das vezes em que usava o traje a rigor, o vinco da calça sobre os sapatos mal engraxados. O cotoco do braço esquerdo, decepado por uma lâmina da serraria na qual trabalhou até se aposentar, ia sempre à mostra. Ele não o escondia. Mas, aprisionava-se ao vestuário cerimonioso, completado por uma gravata escarlate, e fixava os olhos acima do nariz, junto aos olhares dos outros, para obter, com esse gesto, um aspecto nobre e equilibrado. Dizia-se desiludido com os rumos da humanidade. Amaldiçoava a raça humana. Discutia a política do Brasil, não com o Zé Vicente, muito menos com o velho Ribeiro, pertencia à outra classe e a eles não tinha acesso, mas, para lá do meio da estrada da Igrejinha, na venda de Seu Malaquias, Celinho Cotó fazia sucesso e formava plateia.

Sentia-se importante. Traficava informações. Lá na venda de Seu Malaquias, as pessoas mal sabiam escrever, quando não eram analfabetas de pai e mãe. Desconheciam as vedetes da política: Jango, Lacerda, Castelo. Eram incapazes de contradizer, portanto, os comentários filosóficos de Celinho Cotó. Ao contrário, bajulavam-no e admiravam-no. Juntavam-se em torno dele e instruíam-se através de seu falatório. Dispensavam rodeios. Davam-lhe crédito e atenção. Aplaudiam-no.

Zombeteiro e insolente, em dias de inspiração, discursava abalizado nas análises maliciosas que escutava na barbearia.

– Os jornais estão censurados – gritava para os seus ouvintes.

Em contrapartida, Seu Malaquias era um negro gordo, feio, pançudo, meio doido, meio inepto. Não conseguia organizar os pensamentos. Mal falava. Não formava opinião. Mas permitia que Celinho Cotó explorasse todo o seu potencial para a oratória em seu humilde estabelecimento. Os discursos de Cotó davam-lhe lucro e notoriedade. A venda de cachaça aumentava nos dias em que Cotó reunia o povo para ouvi-lo falar. O quilo da mortadela baixava de preço por causa do grande consumo. E todos lhe agradeciam por permitir que o bem intencionado orador fizesse da sua venda o palco de suas interlocuções.

Celinho Cotó inspirava-se em críticas obstinadas ao golpe militar. Desavergonhado e excessivo, descontava toda sua inquietação nas censuras que fazia ao governo revolucionário. Quase sempre transformava seus arroubos numa cena grotesca. Possuía a capacidade de exprimir-se com facilidade. E, justamente por causa da sua eloquência, eu também ia assisti-lo, incógnito e quieto, num canto da birosca. Tomava uma Coca-Cola e ficava tranqüilo, esperando-o, para vê-lo representar seu papel de orador ferrenho, dividido entre a realidade e a filosofia. Penso que me considerava seu maior admirador. O ar faminto de criança inacessível ocupava o vazio intelectual dos outros ouvintes.

Seu Malaquias, como eu ia dizendo, ria-se de qualquer besteira. Era ingênuo e tolo. Com a boca cheia de dentes amarelos, por causa da nicotina do cigarro, cantarolava um samba quando se sentia deslocado:

Alegria de pobre
É ganhar Neném
Televisão de pobre
É janela de trem

Era casado com Dona Maria, uma paraibana baixinha, de cabelos ralos, olhos negros e grandes, peitos magros e envelhecidos. Dava para notar os seios murchos, já que não fazia a menor questão de escondê-los dentro da camisa de malha gasta pela ação do tempo. Impulsionava a energia que lhe restava para controlar as contas da venda, mal organizadas por Malaquias, que arregalava os olhos assim que Dona Maria entrava na varandinha da birosca para avaliar o efeito das delongas de Celinho Cotó, quando este endurecia as palavras com vaidade. Demasiado, Celinho Cotó fazia de suas audiências quase uma forma de sobrevivência. Seu Malaquias, a contragosto de Dona Maria, permitia que almoçasse de graça e sorvesse quatro doses de Praianinha, a cada dia da sessão instrutiva. E Celinho Cotó não perdoava, raspava o prato. Com a intimidade, foi pedindo para repetir. E degustava a Praianinha com prazer. Na hora marcada do evento, lá estava ele: firme e de pés juntos para a formação ideológica de todos os que frequentavam a birosca. O foco principal das suas preleções era sempre a política. Instruía-se. Lia os jornais. Levantava cedo. Ia ao armazém do Joaquim para escutar a Rádio Nacional e inteirar-se das últimas notícias. Especializara-se no assunto. E ai de quem lhe tirasse a razão. Maculava, inflamava, ensimesmava, malfadava a vida do desgraçado.

– Criatura maniqueísta, estúpido, covarde, dividido, burro.

Nutria-se inviolavelmente de suas afirmações. Alimentava a plateia com elas: Murilo Pezinho, Seu Fabrício, Zé Cavalo, Coisa Morta, Chávez e Augusto dos Anjos, na verdade, Chico Beto, apelidado por Cotó com o nome do poeta, porque arriscava uns versos do seu agrado particular.

Cotó sustentava seu posicionamento com firmeza. Constituía crítica, mesmo percebendo que os rumos da História iam em direção contrária às suas teorias. Fornecia elementos novos à conversa. Educava o público ao seu modo. Alertava. Protegia os amigos e os favorecia.

Eu gostava da exaltação provocada por Celinho Cotó quando um ou outro manifestava qualquer tipo de hesitação.

Era tudo muito engraçado. Áspero, não chegava a ser autoritário. Era gentil e dócil com quem prestava atenção e compreendia suas considerações. Dizia-se completamente avesso às ingenuidades tolas. Contraíra uma forte xenofobia. Tinha consciência de que havia uma política em curso no país, cujo objetivo era isolar a povo das decisões do centro do poder. Vivia esse sentimento, e seu papel de oposição a tudo isso, com tamanha intensidade.

Murilo Pezinho boquejava interjeiçõezinhas insidiosas, como quem duvidasse da sabedoria de Celinho Cotó. Coçava a cabeça, piscava os olhos, fungava o nariz e emitia, logo após todos esses movimentos dissimulados, uns gritinhos exclamativos e guturais de inquietação, arguindo-se sobre a veracidade das afirmações do severo professor de política. Possuía pés minúsculos, guardados nas havaianas gastas. Quase não tomava banho. Talvez, uma vez por mês. E um pretume de sujeira marcava a tira das havaianas nos pés quase invisíveis. Uma pocinha de suor enegrecida fazia os pés de Murilo Pezinho patinar sobre as sandálias. Ele andava escorregando num ritmo lento e sincopado, quase parando. Precipitado, permitia que os gestos primorosos que contraía na face fossem alvos das interpelações de Celinho Cotó.

– Digno de compaixão, lastimável, deplorável. Você sabe o que é estratificação? Não? Pois, então, preste atenção no que eu digo.

Murilo Pezinho se recompunha. Mostrava-se atento e crédulo, logo após a manobra de Celinho Cotó.

– Estratificação é o sistema que cristaliza as classes e não experimenta nenhum tipo de inovação.

Murilo Pezinho se imobilizava. Não arriscava mais qualquer movimento. Permitia-se a ser miscível. Sem provocações gestuais, conseguia distanciar-se, consentindo ao progressista causar notáveis transformações no comportamento de seus seguidores.

Seu Fabrício era o ouvinte mais assíduo das palestras do nosso anfitrião provocador. Baixo, gordo e careca, impunha respeito aos companheiros de plateia, por mostrar-se sério, carrancudo e irredutível, quanto à possibilidade de tomar conhecimento a respeito da política do Brasil. Se Seu Fabrício concordasse com as bandeiras deflagradas por Celinho Cotó, todos o acatavam e formavam opinião, balançando a cabeça afirmativamente.

Zé Cavalo possuía mesmo uma cara igual à de um cavalo, o que não permitia desmentir o apelido. Olhos imensos, comportados, mansos, domesticados, quase tristes. A testa alongava-se à parte superior do nariz enorme, que descansava seu peso sobre os lábios espessos. Os dentes graves e acessíveis à primeira vista postavam-se escandalosamente para fora da boca. De semblante torpe e descomunal, acometido por uma fisionomia depreciável, na verdade, era uma criatura agradável e infantil, que, interiormente, não se assemelhava à sua aparência desumana. No fundo, era uma pessoa boa e alegre, sem qualquer tipo de repugnância primordial. Gotejava as palavras, sem expressões sintomáticas, e gaguejava algumas sílabas. Com argúcia e inteligência, esquivava-se das conversas estruturadas, ou as quais, simplesmente, não lhe convinham. Habituara-se a só responder com frases curtas as indagações que lhe faziam. Transparecia sua insegurança muito facilmente. Vivia rindo, sem emitir ruído. E escondia-se das relações humanas. Sendo assim, nas reuniões de Celinho Cotó, não se manifestava e ficava sempre em silêncio.

Permanentemente, Coisa Morta retinha um aspecto fúnebre na face. Os olhos de sangue, turvos, fundos, com manchas roxas e acentuadas nas pálpebras, imprimiam-lhe o ar penoso que fazia jus ao apelido. Possuía o vício de mascar folha de laranjeira, e um cigarro de palha ia sempre aceso e pendurado no canto direito do beiço. Permitia criar uma nódoa de fumo e saliva que escorria lentamente sobre o queixo. Eu tinha um nojo danado de Coisa Morta e não me aproximava dele, porque o homem fedia. Murilo Pezinho também fedia. Ambos sentavam juntos, afastados, para evitar reclamações. Insinuavam ser amigos. Celinho Cotó gostava da dupla, apesar de se mostrar desiludido com a falta de capacidade de conseguirem entender o que queria transmitir. Murilo Pezinho e Coisa Morta eram almas perdidas, frequentavam as sessões cívicas de Cotó só para se sentirem menos descartáveis.

Chávez mantinha irredutível o bigode que jamais aparava. Os cabelos fazia questão de cortar semanalmente na barbearia. A barba também. Mas os bigodes, não! Esses eram intocáveis. Amarrava as pontas dos bigodes com um barbante. Desse modo, eles não lhe causavam movimentos desagradáveis.

– Por bem fazer, o agradecimento é um peido.

Repetia esse ditado a todo instante. Acho que essa foi a única frase que Chávez permitira-me escutar durante toda a minha infância. Não me lembro de outra qualquer. Sujeito estranho. Os gestos persuasivos eram-lhe o único meio de expressão que conseguia passar adiante. Suspirava, suava, resmungava, sempre aflito.

O fazedor de versos sobre temas os quais ele mesmo desconhecia, Chico Beto, associara-se voluntariamente às angústias de Celinho Cotó. Um cheiro de peixe exalava dos cabelos de Chico Beto. Era um cheiro insubstituível e permanente. Vivia da xepa que os pescadores deixavam todos os dias no cais na lagoa. O poeta preparava uma sopa de peixe nas latas que frequentemente recolhia pela vizinhança a fora. Sempre flagrávamos Chico Beto a juntar latas e a versar sobre assuntos difíceis de serem compreendidos. A molecada mangava dele.

– Remexe a sopa, Chico Beto! Bota a lata na brasa!

E perguntavam:

– Isso é sopa de quê?

E Chico Beto respondia:

– É sopa de caraúna.

****

Um silêncio uniforme ocupava a extensão do pátio da escola. A agitação das crianças dissipara-se logo após a chamada para o posicionamento obrigatório. Colocavam-nos em ordem por altura, rentes e em filas paralelas para cantar o Hino do Brasil. A insistência dessa disciplina aporrinhava-me. Que eu me lembre, as crianças fizeram caras e bocas de aborrecimento naquela tarde. E o silêncio tomou conta do pátio quando elas entraram para as salas de aula. Era um dia muito especial para mim. Eu completava sete anos. Sonhava em ter essa idade, porque representava mais autonomia e maior proximidade da adolescência.

Os ruídos bruscos de meu pai despertaram-me cedo. As perguntas na cozinha chegaram aos meus ouvidos no quarto. Acordei espantado, abrindo os olhos ainda perdidos. Levei alguns instantes para perceber onde estava. Ao escutar o barulho do automóvel, levantei apressadamente, peguei a bicicleta e pedalei rápido até a lagoa, sem que ninguém me visse sair.

Os pescadores se esfalfavam na construção de um cais. Batiam estacas para fincar as toras de madeira na lagoa. Alguns barcos miúdos voltavam da pesca da madrugada. Outros, compridos e estreitos, estavam ancorados. As mandioqueiras raspavam aipim. Os caboclos capinavam o roçado, passavam o ancinho para limpar o terreno, de modo que as galinhas e os patos pudessem ciscar. Eu os observava, oculto, espreitando-os à distância. Procurava agir de maneira natural, mas com bastante precaução. Não desejava que eles notassem minha presença. Gostava de vê-los sem que eles me percebessem. Acautelava-me acima da margem da lagoa, local onde o terreno abrigava as grandes árvores. Aquela vigília custava-me trabalho e astúcia. Causava-me aflição. Astúcia, por manter a posição adequada para não ser visto. E a aflição era ruidosa. Meu coração batia num ritmo quente e acelerado. Escutava dentro de mim um barulho rigoroso produzido por uma tensão aguda.

Naquela manhã de outubro, pedalei pela planície inteira, livre das grandes aspirações. Percorri a campina sem sobrepor as mãos sobre o guidom da bicicleta. Equilibrava-me solto no ar, de olhos cheios, preenchidos de tudo ao mesmo tempo. Uma grande desatenção conduzia-me sem maiores responsabilidades. A liberdade valorizava a manhã e substituía o ar apreensivo que a falta de riqueza proporcionava à minha família.

Ao realizar todo o percurso da campina, do cais da aldeia aos limites do terreno na escola, onde a lagoa recebia a foz do rio e fazia fronteira com a propriedade do antigo canavial, retornei pelo asfalto, entrando em seguida na estrada de areia que ia em direção à Igrejinha, passando pelo largo da vila, até alcançar a venda de Seu Malaquias. As casinhas de sapê, ali, eram quase idênticas, dispostas em círculos a formar pequenas trilhas em seus arredores. Uma dessas trilhas dava acesso ao mangueiral que se unia ao loteamento do sítio o qual eu morava... lá do outro lado de tudo. O caminho que ligava o mangueiral ao loteamento era mágico. O sol quase não o penetrava. Todo o caminho era coberto pelas copas das grandes árvores: os ipês, os cedros, as copaíbas, entre as tantas outras que lá se preservavam. A trilha era traçada por uma adutora destinada a conduzir a água do reservatório que vinha do manancial da lagoa que ficava em cima da serra na reserva florestal. Abriam-se alguns furinhos nessa adutora e os filamentos de água dobravam-se sobre as plantas rasteiras que davam flores pequenas, causando uma concentração permanente de borboletas e de várias espécies de insetos, os mais estranhos possíveis. Os fiozinhos de água misturavam-se a pouca luz do sol, no ar, originando assim a produção de minúsculos arco-íris, que se iam formando conforme a claridade da luz, e coloriam o ambiente, tornando-o brilhante e imaginoso. Este era o lugar no qual eu me reconhecia inteiro e completo.

Sim! Um silêncio uniforme ocupara toda a extensão da escola. E eu saí sem ser visto da sala de aula.

O prédio da antiga fazenda de açúcar andava meio surrado. O velho telhado alinhava-se na altura dos galhos das árvores enfileiradas na margem do rio. O silêncio invadiu o lugar. Eu estava escondido atrás das árvores, porque desejava transcender o limite da monotonia. O pátio da escola, a estrada de asfalto, o largo da vila, a venda de Seu Malaquias e a trilha que dava acesso ao mangueiral passaram de fora para dentro de mim. Penetraram-me fundo, sem que eu conseguisse conter essa estranha sensação. Uma inquietação esquisita aflorou-me os pensamentos. Tentei, em vão, conduzi-los, mas fui invadido por uma inconformidade sem explicação. A sensação se afirmava, causava-me uma embriaguez sem palavras. O entorpecimento ia aumentando enquanto eu me detinha no canto inferior do terreno sentado em cima das raízes das árvores na beira do rio. Observava o curso das águas, sinuoso e desajustado, resultante de uma eternidade que não tinha princípio nem fim. Uma eternidade estúpida que não possuía qualquer sentido para uma criança de sete anos. Quis permanecer ali, desmedidamente, com a minha eternidade de mentira à disposição. A sensação de angústia se conservou com uma duração renitente. Se ao menos a água do rio parasse de aflorar, se o movimento do rio estancasse, responsabilizaria a Deus por tamanha impropriedade. Tentei enganar-me com esse pensamento. Mas o fiz sem a menor convicção. Flagraram-me, sozinho, sobre as raízes das árvores. Os meus olhos estufaram-se. Uma voz rouca e inconsequente invadiu meus tímpanos.

– Chispa daí, moleque chinfrim. Quem pensa que é? Vem para escola pra quê? Pra gazetear? Suba imediatamente.

O susto caiu-me como uma chuva. Voltei à realidade sem fazer juízo. Dei pouca importância à gravidade daquela voz sem expressão. Não me comprometi com sua superioridade, nem reservei qualquer reação à sua advertência. Subi ao topo do terreno no passado, indiferente e calado. Ao perceber minha apatia, quase criminosa, a professora foi-se constituindo de uma incitação momentânea para submeter-me a severas repreensões. Nesse momento, deu-se o inesperado. Vi adentrando o pátio da escola, com passos largos e firmes, meu pai, incontornável e sólido, com a cara redonda presa ao pescoço.

 Jamais poderia imaginar que meu pai aparecesse naquele instante. Nunca havia ido me buscar na escola. Nunca, em tempo algum, sequer uma só vez, havia mencionado qualquer coisa a respeito da minha educação. Os assuntos de formação intelectual pertenciam à minha mãe. Meu pai vivia amplamente preenchido pelo pensamento de vencer a falência que havia nos levado a morar naquela região da cidade. Os problemas financeiros, as datas de pagamento das promissórias, provocavam-lhe um estado de constante apreensão. Desse modo, viveu o resto de sua vida. Enfim, em situação alguma poderia imaginar a possibilidade, mesmo remota que fosse, de vê-lo adentrar o pátio da escola. Enchi-me de medo e de pânico. Acentuou-se em meu peito uma insuficiência respiratória. Logo, logo, minha indiferença desabaria por terra e a voz autoritária da professora tomaria a forma expressiva que eu não havia notado antes. Mas não foi nada disso o que aconteceu. Meu pai abriu um leve sorriso e pediu, gentilmente, à professora que me liberasse das atividades da escola, pois era o dia do meu aniversário e ele queria fazer-me uma surpresa. A professora calou-se e concordou em me liberar. Deu-me os parabéns com cerimônia e despediu-se. Estava a alguns passos do maior presente que eu já havia ganhado na vida: uma cadela pastora alemã. Dei-lhe imediatamente o nome de Princesa. E a partir daquela tarde, conheci melhor o sentido da palavra amizade.

****

Considerava-me uma criança solitária. Não possuía amigos, nem animais de estimação. Havia dois gatos em casa que pertenciam à minha mãe. Mas os gatos não alimentavam minha estima. Todos os passarinhos tinham penas e eu não me relacionava direito com os seres dessa espécie, apesar de cultivar o hábito de ficar sentado no pomar aos pés das laranjeiras ouvindo o canto dos canários, dos coleiros e dos sabiás. A cachorra Princesa foi o primeiro ser vivo com o qual mantive os diálogos mais íntimos, as confissões inesperadas, as representações sem formalidades e alguma espécie de aflição. Exigia segredo da cadela e ela jamais me traiu. Escutou as maiores revelações nunca expostas a outros seres vivos. Lá, na remota Zona Oeste do Rio de Janeiro, cercado por uma língua branca de areia, e no meio, uma imensa lagoa escura, e por picos florestais repletos de cores, ao fundo, eu possuía uma vida rigorosamente imersa na solidão. Brincava sozinho. Falava com as bananeiras. Sentia uma sensação de quem vive isolado numa comunidade imaginária. Aos poucos, fui-me adaptando, fui-me incorporando a essa comunidade e a cachorra Princesa teve um papel de suma importância para que isso acontecesse. Majestosa, impunha respeito aos negrinhos mais petulantes. Quando os aborrecimentos de meu pai suplantavam a lógica humana e sua irritação superava todas as expectativas... quando dizia palavras irascíveis pelo sumiço de uma ferramenta... ou por um motivo desses inexplicáveis... eu desaparecia junto com a cadela. Escondíamo-nos pelos matos e nos apartávamos do mundo. Representávamos as mais lendárias fantasias. Inventávamos brincadeiras absurdas. Idealizávamos as coisas que queríamos que acontecesse. A cadela latia feliz e imprimia uma dinâmica teatral à sua voz de animal. Destruíamos todo o lugarejo. Matávamos todos. Não poupávamos ninguém, principalmente Seu Malaquias. Aliás, Seu Malaquias era o primeiro a morrer por ser tolo e burro. Reconstruíamos o lugar, logo após a devastação imposta pela nossa imaginação. Achávamos a metáfora da guerra muito banal e por isso não brincávamos de guerra. As devastações que representávamos estavam sempre ligadas a uma ação violenta do universo, uma tempestade cósmica contra a raça humana, ou alguma inundação descomunal. Iria me conservar com o espírito contemplativo em relação a essas devastações. Acabada a brincadeira, exausto, deitava-me no colo da cadela e repassava detalhe por detalhe o que havíamos representado juntos, e dormia.

****

Normalmente e, em consonância com a realidade, o poder público inexistia naquele lugar. A escola era o seu único instrumento. E diga-se, sempre em péssimas condições. Era uma escola muito humilde que, em dias de chuva, aglomeravam as crianças no canto da sala para se esquivar das goteiras. Também não existia o poder religioso. A Igrejinha era só um monumento. Vivia abandonada às traças e sua única utilidade era servir de domicílio às aranhas. Conservavam-na sempre fechada. Por isso, não havia vida social. Os homens que lá viviam eram tímidos roceiros. Continham na pele negra, alguns, um tom ferruginoso, quase escarlate. Outros, os mulatos, amarelavam-se na cor da pele, empalideciam-se perdendo o viço. Tinham a aparência de estarem sempre febris. Tratava-se de pessoas despossuídas de formação, mas que sabiam, no entanto, demonstrar uma educação própria e compreendiam uma delicadeza que eu não conhecia.

Em noites de tempestade, geralmente, apagavam-se as luzes, faltava energia elétrica, sempre. Uma escuridão assombrosa ganhava o tamanho de uma grandeza expropriadora de toda a imensidão do lugar. Após a chuva, a lua exígua quase sempre se arqueava sob a forma de uma figura imaterial, desfeita de sua presença extravagante. Só os morcegos davam sinal de movimentação às coisas. O céu ficava escuro, sem estrelas, parecia que todo o lugarejo estava morto.

    Essas noites impunham-me uma enorme inquietação. Acostumara-me a perceber a dimensão da escuridão, através da longevidade dos sons que a noite emitia com o coaxo dos sapos e das rãs. Pela manhã, cresciam as conversas de que um ente extraordinário, na madrugada, havia revirado os barcos e assombrado os barracos dos pescadores. Essas imagens medonhas supunham-me um mundo singular, raro e especial, do qual a inexistência para uma explicação confiável resumia-se na inviolabilidade daquela gente.

    Desprendido, permitia-me ir à distância, até a exaustão. Caminhava horas seguidas por vários pontos da planície ou da mata. Perdia-me na imensidão. Às vezes, subia até o alto do morro do capim-gordura, onde o Zé Vicente ia colher o mato para alimentar a criação de coelhos e porquinhos-da-índia. Esparramava-me, deitado entre as folhas pilosas, provocando um buraco fundo na vegetação, do qual se abria uma brecha em que cabia só o meu corpo. Lá do alto, contemplava o céu azul, largado no capim, na tentativa de fazer com que minha cabeça não pensasse mais em nada, além de ficar paralisado de braços abertos, olhando a campina ao longe próxima à praia.

    Minha mãe, Zé Vicente, Conceição e os moleques da rua simularam-se empenhadamente em se tornarem meus cúmplices. Conceição, além de muito delicada, possuía dentro de si uma vontade de que eu incorporasse hábitos menos normais, esvaziados das regras sólidas de organização.

Dizia:

– Deixe o menino brincar. Ora, onde já se viu? Num mundaréu desses, prender o menino é pecado.

    Dizia isso a Antônio, com convicção e bem baixinho, sem deixar transparecer a mim sua opinião. Mas eu a escutava, atrás das árvores, no quintal de sua maloca, conversando com Antônio a meu respeito e sobre a personalidade abrupta de meu pai.

Todos nós gostávamos deles, inclusive meu pai e minha mãe, as pessoas do vilarejo com os quais mais conversavam.

– Não se deve levar muito a vida dentro dos critérios da sociedade – Conceição sempre dizia, filosofando.

Nos crepúsculos das tardes, ambos se alinhavam em frente à varandinha da choupana que lhes pertencia, no tronco cortado de uma árvore que ficava exposto como uma cadeira. Esta era a hora do descanso de Antônio. Ele fumava um tipo de cachimbo composto de um fornilho bem pequeno, no qual se punha o fumo, quase a toda baforada, conservando o gosto sempre estimulante.

Zé Vicente, não sei de onde, mandava comprar uma seda bruta que lhe vinha sempre muito crua, ou apenas fiada e torcida, em fase de preparação para manufaturá-la. Uma vez preparada, as mãos habilidosas teciam lindos panos que expunha nas paredes da casa do sítio onde morava. Aos poucos, conquistara o hábito do artesanato para ajudar-lhe a passar as noites de insônia que dizia ter. Acostumara-se à tecelagem como um recurso para estancar o volume das imagens que afloravam de sua cabeça, lembranças vivas dos rancores e das amarguras da infância flagelada no interior do Espírito Santo.

Mesmo muito depois de proclamada a Abolição, sofrera torturas terríveis, açoites e chicotadas de um velho senhor fazendeiro, que possuíra seu avô e sua avó, e que jamais lhe permitira dizer seu nome. Obrigava-o sempre a chamá-lo de "Sinhô". Lembrava-se desse senhor, já bem caduco, descontando nele toda a sua raiva por ter envelhecido, aplicando-lhe surras incomensuráveis, até perder suas forças. Fatigado, sentava-se na cadeira de balanço na varanda da fazenda, assoberbava-se e cochilava.

Zé era um negro dócil e generoso. Permitia-me explorar cada palmo de seu sítio. Eu desaparecia no córrego próximo à plantação de inhame e viciara-me a ser puxado por suas cabras em uma carriola ordinária. Excelente pescador de muçuns, enfiava os dedos enormes no interior das locas dos rios e extraía o corpo serpentiginoso do peixe que lhe mordia os dedos. Aquilo me provocava arrepios. Zé aparvalhava-se. Enchia a cara de felicidade ao perceber o efeito estranho que a cena me causava. Em ocasiões mais solenes, era de uma polidez absoluta e quando conversava com minha mãe, demonstrava ser extremamente dócil e gentil.

Minha mãe bem que contribuiu para que eu me tornasse um pouco amolecado. O fato é que transigia aos meus pedidos voluntariamente. Só hoje percebo tal coisa. Mostrava-se severa comigo, mas um pouco mais maleável do que com os meus irmãos. Isto, talvez, porque achava que devesse ser menos exigente com seu filho mais novo. Possuía um beliscão digno de não se querer pensar em tomá-lo pela segunda vez. Era mais sensato procurar evitá-lo, pois roxeava a bunda por dias, e a dor era tão grande... tão grande... que não se conseguia sentar. Era uma dor tão aguda que o corpo todo se acorcundava e produzia uma sensação de deformidade desagradável.

Mas o fato é que, como estou tentando descrever, minha mãe, apesar de severa, cedia aos meus apelos com carinho, pedindo-me só que eu tivesse responsabilidade. Afirmava não desejar possuir o comando sobre meu destino... fosse ele qual fosse... e incentivava que eu seguisse meu caminho com liberdade. Foi-se, aos poucos, eximindo-se com evasivas. E, aos poucos, também, fui-me colocando para fora de casa. Eu agradeço à minha mãe por isso.

****

Manhã livre de maio, livre das nuvens, livre dos ventos, livre das chuvas e do sol intenso de verão. O céu estava azulado.

A velha Dona Dulce, crismada de Tia Zonza pelos moleques da rua, ia para os seus oitenta e três anos. Mas não havia perdido o hábito de caminhar, logo cedo, todos os dias, apesar da idade. Só sossegava depois de percorrer a vizinhança e ter conversa com o velho Zé Maurício.

– Bom dia, Seu Zé! – foi dizendo Dona Dulce, cerimoniosamente, com os dedos apontados para o velho e o xale de seda bordado cobrindo-lhe os ombros e o dorso.

– Passeando a essa hora, Dona Dulce? Não passa das sete.

– Vou a Covanca esticar as pernas.

O velho Zé Maurício talhava o tronco de um pau. Há dias laborava na madeira. O que se reconhecia da escultura era a imagem de São Jerônimo.

– Talha bonita, Seu Zé!

– É de Xangô-Alafim, quer comprar?

– Ora, não se faça de rogado. O senhor bem sabe que eu não tenho dinheiro para tanto.

– É barato. Fica mais pela lembrança.

– Tá brincando, Seu Zé?

– Qual nada... Preciso do dinheiro e rápido.

– Pois do meu não vai obter.

Da gentileza do velho Zé Maurício não crescia bondade nem, tão pouco, não se colhiam generosidades financeiras da avareza de Dona Dulce. Resumiam-se, às conversas de cunho subjetivo.

O velho trabalhava com a porta do seu barraco sempre aberta. Do lado de fora, dava para notar a mobília modesta: o fogão, a geladeira, três cadeiras, uma mesa, um sofá insignificante e o quadro melancólico que exibia bem seu rosto sério. Ah, sim... Havia um altar com as representações de Xangô, sincretizadas na umbanda: Xangô-Aganju, Xangô-Agodô, Xangô-Aquiçá e, agora, ele talhava a imagem de Xangô-Alafim. São Jorge, São Pedro, São Raimundo e São Jerônimo, seguidamente.

– De tanto talhar santo, vai acabar virando um.

– Não diga bobagem, Dona Dulce. Não diga isso, não! Nem de brincadeira. Não sou digno da comparação.

— Ué! Por que não? No fundo o senhor é quase um santo e é considerado aqui no morro como um. Há anos vive uma vida reclusa, dentro do seu barraco, talhando santos de todas as formas e tamanhos. Quem talha santo e pensa em santo, há tanto tempo assim, para mim, é quase um santo.

— Blasfêmia! Eu já fiz misérias nessa vida. A senhora não tem ideia.

— Que nada, Seu Zé! A gente é o que é. E não o que foi no passado. Os homens não se medem aos palmos.

— Mas o passado pesa, Dona Dulce.

— Pesa para quem não se redimiu.

— Depende dos seus pecados...

— E quais foram os seus, Seu Zé... para tanta descompostura?

— A senhora sabe que eu já fui um vigarista, batedor de carteiras, bêbado e charlatão. Já lhe contei algumas. Mas o dia em que eu lhe contar toda a minha vida, a senhora não vai ficar assim de conversa comigo.

— Deixe de lesco-lesco, homem! O senhor foi, Seu Zé... Foi. O dia de hoje é o que importa.

— Como se fosse. Não passo de um filho de Xangô. Somente isso. Um humilde filho de Xangô. Oxalá é quem sabe.

— O senhor pensa muito, Seu Zé!

— Qual nada... o impulsivo depressa se arrepende. Se acha modéstia da minha parte, é por bondade sua. O fato é que eu fui um escroque, um ladrão covarde e sem piedade. Quase matei um.

— Quase! Mas não matou.

— Quase...

— Foram as circunstâncias, Seu Zé... Meça bem as palavras antes de dizê-las. A história é uma locomotiva perversa, que passa por cima dos homens e vai destruindo as pessoas. Quando nós pensamos em nos esquivar dela, é ela que se esquiva da gente e acaba com a gente. A história é que nos destrói.

– Pode ser, Dona Dulce. Pode ser. Mas um vagabundo como eu sempre leva uma vida errante. O ócio é uma faca no pescoço.

– O senhor tem seu ofício, Seu Zé! É escultor e dos bons. Quanto mais tempo, maior a experiência. Só tem é que expor suas peças por aí.

– Estou velho pra isso.

– Velho é trapo.

– Então, eu sou um trapo.

Triste ironia. A História faz mesmo enlouquecer um homem. Não havia futuro que reconstituísse a vida do velho Zé Maurício. Era esse o juízo que ele próprio fazia do seu destino. Órfão desde o primeiro ano de nascimento, foi criado até os seis anos por Dona Tiquinha, quando ela morreu atropelada por uma carroça. Viveu nas ruas do Largo do Tanque, na Covanca, no Pechincha e na Freguesia, mendigando, pedindo, sem criar vergonha para procurar serviço. Isso ainda no tempo em que os caminhos eram de terra.

Desde os tempos dos burros, mendigava com humildade e servilmente. Vasculhava as lixeiras da Vila Mendes. O trabalho causava-lhe pânico, sobretudo após os dias que se sucediam ao Carnaval. Já na adolescência, aproveitava-se da anarquia para encher a cara de cachaça e perder-se nas maiores chafurdices com as prostitutas do Campinho.

Tornara-se um mundeiro conhecido. Daí... foi só um passo para se assumir chincheiro e ladrão. Começou aplicando pequenos furtos. Um dia, foi até o Méier de bonde, percebendo a largueza da cidade. Jurou nunca mais passar fome ou qualquer tipo de humilhação e necessidade moral e física. Decidiu-se, então, pela vadiagem. Roubar dava posição ao malandro. Isso no tempo do Seu Caixa-Puxa. O crioulo gastava uma fortuna nas rodas de baralho na venda do português.

Vestia-se com os devidos requintes da moda. Terno de linho branco, tipo S 120, o mais fino possível, para amarrotarem-se a calça e o paletó. A calça boca 18, uma boca bem fina. Sapatos de bico fino de duas cores. Os bolsos fundos da calça para portarem-se navalhas, balas de revólver e outros apetrechos. Chapéu Panamá e corte de cabelo de vagabundo: a costeleta no estilo "asa de pompo". Em dias de calor, vestia uma camisa listrada dentro do paletó. Na maioria dos dias, engravatava-se com um blusão de linho apertando-lhe o pescoço. No tempo em que os delegados prendiam qualquer malandro que não possuísse calos nas mãos. No tempo de um delegado tinhoso que adquirira o hábito de jogar uma laranja dentro das calças dos malandros. Se a laranja não passasse na boca, embaixo, o malandro entrava em cana na hora.

– Hoje, acordei cedo para assistir ao crepúsculo da manhã – disse Dona Dulce.

– Às cinco e meia, eu já estava lascando o pau.

– Quem dera eu tivesse uma habilidade como a sua, Seu Zé! É uma arte.

– Mas não enche barriga.

– Meça as palavras, Seu Zé! Conheça a si mesmo.

– É o que eu faço, Dona Dulce. É o que eu faço.

– Pois bem! Já me vou indo. Nós nos vemos daqui a pouco, se o senhor ainda estiver no portão.

Dona Dulce se foi descendo a ladeira da rua que dava no meio do largo da Covanca. O pensamento cismático incitava a curiosidade dos moleques que, na medida em que a velha passava e dava-lhes as costas, gritavam:

– Tia Zonza, Tia Zura, Tia Chula.

Com certeza a velha ressentia-se dessas ofensas. Curvava-se. Mas não dava a reconhecer. Compunha-se, não permitindo notarem-se nela os brios abalados. "Tanto tempo nesse lugar para isso", pensou silenciosamente.

– Tia Zonza, Tia Zura, Tia Chula.

A coitada ardia-se pelos cotovelos.

****

– Falo o que eu quero e com quem eu quero – disse Chico Gordo aos berros.

– Fodam-se eles todos – repetiu.

Chico Gordo não podia tomar cachaça, porque perdia a linha com facilidade. Só falava bobagens. Gritava verdades do morro. Não aceitava o domínio da corriola.

Um dia Beto mandou acordá-lo, antes que bebesse a aguardente.

– Não bato em bêbado. De maneira que vai levar só uma surra, agora mesmo, de manhã cedo.

Beto aplicou em Chico Gordo uma surra de palmatória nas mãos, nos pés e na bunda, de modo que ele não pudesse mais sentar, ficar de pé, nem se apoiar, durante quase uma semana.

– Não queria. Conheço o senhor há muitos anos. Se ficasse calado não apanhava feito cachorro.

Chico Gordo saiu ganindo com o rabo entre as pernas, carregado pelos moradores.

****

Dona Vitória Corrêa de Sá doara aquelas terras que iam, do Campinho ao mar, curvarem-se na costa, com todos os seus montes, campos, restingas, rios e lagoas, até junto à Guaratiba.

As terras foram doadas à Ordem dos Monges Beneditinos com a exigência de se fazer construir uma igrejinha em homenagem a São Gonçalo do Amarantes. Os monges as exploraram e as fizeram prosperar por exatos 224 anos. Foi durante esse período que floresceram as fazendas do Camorim, da Vargem Pequena e da Vargem Grande onde, além do açúcar e do gado, teve no plantio da mandioca tamanho florescimento.

Por lá, nasceram e cresceram Antônio e Conceição, e de lá nunca saíram. Diziam-se deles que, talvez, nunca tivessem ido ao Largo do Tanque sequer para conhecer os bondes. O caboclo veio ao mundo pelo signo da lua nova. Encarnara-se debaixo do signo da liberdade, o signo das águas, das plantas e dos peixes, do mês de janeiro, o signo de aquários, três anos antes, apenas, da decretação da abolição da escravatura. Os beneditinos haviam emancipado seus escravos antecipando-se em quase 17 anos a Lei Áurea. O pai de Antônio, Francisco Galvão da Silva, constava ter 26 anos nessa época. Nascido de pai negro e mãe índia, sem nomes declarados, continuou vivendo na fazenda do Camorim, até quando a propriedade foi vendida para a Companhia do Engenho Central. Foi ter moradia em liberdade, onde se encontrava o primeiro dos três principais engenhos da região, no Camorim. Erguera um casebre de taipa e sapê para a família na beira da lagoa, muito próximo da sede da fazenda. A casa grande teria sido desenhada a bico de pena pelo seu então proprietário. Mais tarde, muito tempo depois, viria abrigar as dependências da escola municipal.

****

Estava agitado quando recebi a notícia da morte de minha mãe. Mal havia chegado do hospital e a chefe de enfermagem telefonara-me para dar-me a informação do seu falecimento.

Minutos antes, eu havia estado com ela. O corpo reduzido ao tronco, um metro e meio de curvatura, desgastado, afinal, acabara-se. Perdera a frescura, a cor, a beleza. Esvaziou-se-lhe a energia. Não suportou a bateria de medicamentos utilizados para combater a infecção generalizada. A internação durou três meses no Hospital Gafrée Guinle. Lembro-me que lhe dissera que não precisava mais lutar, que havia lutado bravamente, e que fizesse a passagem com felicidade. Disse-lhe isso, repetidas vezes, aos ouvidos, baixinho, carinhosamente, afagando-lhe os cabelos brancos, as mãos e os braços pesados por causa do coma. Os olhos fundos. O rosto menor, empalidecido. O queixo retraíra-se da face.

Cheguei em casa e a notícia de sua morte chegara comigo. Passei em revista os bons e os maus momentos. Quisera atribuir-lhe uma felicidade a qual eu não possuía. Veio-me toda a vida à tona. Estava atarraxado no tempo, infectado pela doença indissolúvel de ler poemas e romances, sem ter encontrado uma ordem prática na vida, locupletado por uma subjetividade ardilosa.

Apesar da estranheza provocada pela notícia de sua morte, suportei bem a sensação do seu desaparecimento. A mulher do beliscão humilhante retirara-se, convenientemente, desse mundo. Acatara-me a sugestão de ir-se embora sem maiores magnetismos. A partir do dia seguinte, sabia que não poderia mais vê-la, que não poderia mais desfrutar de sua presença. Não falaria mais com ela ao telefone. Não mais lhe diria as coisas que gostava de ouvir. Não insuflaria mais seu conservadorismo imobilizador. A mulher que em paralelo levara duas vidas despedira-se em silêncio. Com certeza, a vida entre os filhos fora a mais feliz. A outra, com o marido turrão, teria sido uma vida repleta de compromissos morais e mesquinharias sem sentido. Nem durante o velório, o marido desassombrou-se, empurrou-lhe para dentro do túmulo todas as suas caturradas.

Dois dias depois de sua morte, embarquei para Luanda, pela primeira vez. No voo de volta ao Brasil, após três meses de envolvimento com a cultura africana, eu vinha pensando em como a guerra continuava matando milhares de pessoas, como os novos conceitos mal amadurecidos de independência política e integração multirracial vinham sustentando um conjunto de particularidades que ainda restringiam determinantemente a diversidade cultural.

Sentia-me isolado desse lugar de violência e preconceito. Vinha pensando em como começar uma vida nova a partir da oportunidade de escrever um roteiro sobre Angola, ou mesmo de escrever este livro. Meu problema era o da adaptação à minha própria realidade, carregada das porcarias todas sem função financeira. Afinal, não era isso o que eu havia escolhido? O caminho sem volta? Pois bem, tinha que adquirir uma energia completamente favorável e revolucionária, ao mesmo tempo, vencer os vícios, a apatia e as suposições acadêmicas, além de desligar-me das frivolidades do Rio de Janeiro. Qualquer pessoa mais simples ter-me-ia entendido. Qualquer uma que facilmente acreditasse em milagres. Mas, não! Colocava-me, sem querer, diante das confusões mais absurdas e com as pessoas mais improcedentes. Teria que possuir uma máscara para não perder a originalidade? Nunca! Por isso dava preferência ao relacionamento com as gentes do povo. A classe média, em geral, sempre foi chata e trivial.

– O que você faz? É jornalista? Escreve em que jornal?

"Puta que o pariu... Sou marginal... Mas não se sinta mal com isso... Não é contagioso...", dizia-me por dentro esse tipo resposta às perguntas idiotas.

O aluguel estava pago. Foda-se o resto. E eu estava voltando para casa. Isso era o que importava. Morava num conjugado de trinta e cinco metros quadrados na Glória. O senhorio vivia desconfiado se eu iria ou não pagar o aluguel na data marcada. Alugara-me o imóvel sem quaisquer garantias. Acho que se arrependera disso, porque sofria de uma dúvida insuportável. Aturá-lo era uma penúria. De fato, havia deixado acumular três meses em apenas duas ocasiões, ao longo de cinco anos. Mas não lhe causara prejuízo algum. Sendo assim, para que tanta preocupação? Além do mais, aquilo não era um apartamento, porra! Era uma gaiola, uma cela, uma prisão. Sentia-me como um detento. Vivia recluso ali dentro, condenado aos meus projetos pessoais. Pois, era assim. Estava preso a outros compromissos, e daí? Ninguém tinha nada a ver com isso. Fiz funcionar, então, o milagre da vida. Comecei a escrever este livro. Impusera-me uma disciplina diária. Acordava às seis. Descia para tomar o café da manhã. Às sete, sentava-me à escrivaninha. Meus companheiros de trabalho eram sempre uma xícara de café e o maço de cigarros Parliament.

Trabalhava no livro até as duas. A essa hora, descia novamente para o almoço. Quinho vendia maconha na esquina da Rua Cândido Mendes. Logo em frente, ficava o bar do vascaíno. Almoçava ali todos os dias. O glorioso prato feito: arroz, feijão, salada, carne, e às sextas-feiras uma feijoada de misericórdia. Até hoje, não sei dizer o nome do vascaíno. Aliás, esse é verdadeiramente um esquecimento sem propósito, porque, afinal, o camarada me alimentou várias vezes quando estive completamente sem dinheiro e pendurava a conta da refeição.

O malandro inquiria-me sempre na hora do almoço. Sentava-se ao meu lado na mesa do bar. Balbuciava algumas palavras de respeito. Apertava os dedos longos até estalarem todos. A voz era rouca, proporcional ao corpo magro e alto, mas sem continuidade. Cadenciava as palavras, intercalando-as com as gírias da cidade.

– Já é! Não tem caô.

Havia um sujeito bisonho que diariamente decorava os jornais. O camarada tinha fome de informação. Quando o malandro não se aproximava, o sujeito sentava-se à minha mesa, com minha permissão, evidentemente. Seu nome era Serginho. Mas eu o chamava de Barriga, com a permissão dele, é claro. O sujeito não se importava com o apelido. E eu o cumprimentava com alegria. Ele me respondia com desconfiança.

– E aí? Como vai?

– Vou bem.

O proprietário da pança indignava-se com as notícias dos jornais. Adquirira um tique nervoso que contraía, involuntariamente, a face, desde quando eu lhe permitira comentar pela primeira vez as notícias do dia. Do futebol à política, da economia aos editoriais, inclusive as colunas sociais, o sujeito sabia tudo dos jornais, de cabo a rabo, e dizia sacudindo a cabeça umas coisas assim:

– Hein...? Hein...? Esses atos terroristas não são revolucionários, hein...? Hein...? Ora, onde já se viu...? Hein...? Matar pessoas inocentes? Os Estados Unidos, vão se tornar ainda mais reacionários, hein...? Hein...? Você não acha, hein...? Pode apostar (!?) – exclamava perguntando, com um tom impulsivo, esperando que eu fizesse alguma observação inteligente.

Ao contrário, eu soltava os bichos. Não falava nada com nexo. Relaxava do compromisso dos verbos e dos adjetivos.

– Cadê a boia, vascaíno?

Se eu não lhe desse atenção, o fulano conversava com o Seu Clementino para disfarçar. Seu Clementino usava uns óculos escuros enormes. As armações dos óculos ocupavam-lhe o rosto todo. Cabelos grisalhos, corpo fino, mantinha a cabeça erguida, com o pescoço suspenso. Clementino não possuía voz, vítima de um câncer no esôfago. Comunicava-se por gestos que lhe eram o único meio de expressão. Resumia-se nas sobrancelhas que ondulavam sobre as armações dos óculos. Sempre conversei com Seu Clementino sem entender nada do que dizia. Eu deixava transparecer uma alegria e um contentamento disfarçados. Uma coisa ridícula. Ria. Dissimulava. Mesmo assim, Seu Clementino considerava-me um amigo de prosa, tal a felicidade e a seriedade que se misturavam em seu semblante. Dava para perceber, por causa das feições de cumplicidade encenadas por ele.

Se eu não falasse com o sujeito dos jornais, se eu não lhe desse atenção, o indivíduo não desconfiava e não ia embora nunca.

– O PT foi o partido mais votado... Hein? Mas só tem 18% da representação na Câmara dos Deputados... Hein? Hein...?

E eu respondia:

– E daí?

– Hein...? Se analisarmos mais a fundo... Hein? Poderá ter problemas de governabilidade... Hein?

– Os políticos brasileiros desenvolveram uma capacidade impressionante de fazer coalizões, da eleição à formação dos ministérios. É assim que essa merda funciona. Não se iluda, Barriga!

Seu Clementino coçava a cabeça. Percebia que eu não pretendia ter assunto com o fulano. Mas o dono da barriga insistia. O vascaíno trazia-me o prato feito, salvando-me da impertinência. A barriga lembrava-se, então, que ela também tinha fome. Pedia uma cerveja e um pedaço de carne assada. E eu conseguia almoçar sossegado.

A essa altura, o entra e sai do botequim era um alvoroço. Todos os tipos se encontravam no bar: pedreiros, vendedores, o jornaleiro, advogados, funcionários da Comlurb, traficantes, transeuntes, comerciários, porteiros, gordos, magros, velhos, moços, espontâneos, sisudos e outros tipos sem expressão.

Terminado o almoço, voltava para casa me perguntando como eu podia viver em um ambiente tão pequeno. Havia famílias, com dois, três, quatro filhos instaladas naqueles apartamentos minúsculos, algumas, até, com cão e gato.

A vizinha do prédio da frente despia-se devagar, cheia de curvas, todas as noites, quando chegava do trabalho. E fazia isso de propósito. No início, tentei não me incomodar com a provocação. Depois, tornou-se insuportável. Ela se tocava no escuro à contraluz do abajur. Até que, uma noite, desci o elevador, atravessei a rua e bati a campainha do seu apartamento, sem o menor pudor de que ela viesse ou não abrir a porta.

– Quem é?

– O vizinho da frente.

Entrei feito um mendigo, sem aspecto algum, sórdido em meus pensamentos.

****

No voo de volta ao Brasil, eu vinha pensando principalmente na minha adaptação à superfície, no primitivismo e na precariedade da minha vida, e em como eu havia me deixado levar por um conjunto de relações capciosas, dispostas numa trama entre a realidade e a imaginação. Pensava na violência da colonização da América Latina, na pilhagem criminosa de ambos os continentes, a América e a África, e na cultura de resistência que desta exploração absurda provocou um fato inédito na História. Antes dos europeus não houvera na América o encontro de civilizações diferentes. O resultado foi desastroso. Milhões de nativos foram devastados.

As consequências das invasões são sempre as mesmas em todas as épocas e lugares. Mata-se, incendeia-se, destrói-se, pilha-se, saqueia-se, viola-se e, sobretudo, assalta-se os recursos das terras ocupadas e controlam-se os homens e os espaços geográficos. Pensava no fato de que a organização dos povos das Américas fora o modelo de representação social mais bem sucedido na História da Humanidade. E não era uma utopia. Era uma realidade em que todos trabalhavam para o bem-estar comum, sob a forma de um governo livre e de um poder soberano comandado pelos mais sábios, que proporcionava o equilíbrio na comunidade. Até que a barbárie estrangeira, a selvageria europeia, a crueldade da cultura civilizatória ocidental viessem assassinar milhões de índios. Pensava nos povos que não se deixaram escravizar, desmontando o pensamento de que os índios aceitaram passivamente a escravidão. Muitos se exilaram para os lugares mais inacessíveis da América, dos picos dos Andes aos meandros da Floresta Tropical. Conseguiram preservar os valores espirituais característicos da sociedade indígena, conservando o esforço coletivo desses valores, que não eram, não são e nunca serão compatíveis aos padrões da civilização moderna. Pensava que, ao longo da História mundial, os mecanismos de domínio sobre as culturas indígenas caracterizaram-se apenas pela prática de sua desestruturação compulsória. As comunidades aborígines não integradas foram e são, normalmente, consideradas incapazes, por isso vivem submetidas a um sistema de tutela, sem que esse conceito tenha evoluído, desde os tempos da escravidão. A integração dos índios à sociedade moderna nunca pretendeu outra coisa senão a sua incorporação à vida socioeconômica. Dada a inviolabilidade dessa conjuntura, vivemos uma ordem de conflito. O projeto das comunidades não integradas (e aí se inclui não só as comunidades aborígines, mas todas as comunidades não integradas à ordem mundial), certamente, não caminha para a integração prevista nos parâmetros institucionais. E esse não é um fenômeno apenas latino-americano.

Pensava em todas essas coisas, porque também não me sentia integrado aos padrões da sociedade contemporânea. Sempre existiu algo e, até hoje, não sei explicar bem o que é, que me levou a não aceitar viver uma vida de submissão. Por isso, este livro foi tomando uma forma de saudação à liberdade. Foi-se tornando um cântico de louvor à liberdade de expressão dos vagabundos, dos malandros, dos poetas, dos pescadores, dos acossados, dos tutelados, dos soterrados, dos caboclos, dos índios, dos primitivos, dos inquietos, dos analfabetos, enfim, de todos os infiéis e marginalizados por este sistema intangível.

Minha liberdade foi arrancada com violência desde o início. Tive uma sensação estranha de que a atmosfera havia assumido a solidez de uma muralha milenar. Sentia-me num estado de anarquia profundo. Desejava gritar e não conseguia.

Desejava vencer o obstáculo da falta do que fazer, mas a realidade não permitia. Uma força ríspida e irracional retinha-me à insuficiência. Havia sempre uma porta a mais para se abrir, até que eu conseguisse ultrapassar os escombros que me mantinham conservado em estado bruto.

Na verdade, este livro é uma conspiração interior. Preocupei-me apenas em ampliar insensivelmente a compreensão ao meu respeito. É uma conspiração espontânea de mim mesmo. Uma reflexão sobre a consciência, ora como causa, ora como efeito. Tornei-me o tema inevitável da consideração. Quando me dei conta de que o indivíduo – não como entulho social, nem como objeto de dominação pelo autoritarismo, mas como efeito do equilíbrio e da reconciliação da vida com a fraternidade – é apenas uma pequena partícula da engrenagem, tomei consciência de que esta globalização que aí está deflagrada, sem incluir a diversidade como algo essencial, como um princípio, como um fundamento básico e orgânico, ela é efêmera e não possui um futuro aferente à luta pela vida e para a afirmação da cultura nativa dentro do processo civilizatório.

Este livro é uma elegia à cultura aborígine, à cultura indígena, aos maias, aos tiahuanacenos dos Andes, aos índios tahltans do Canadá, aos apaches, aos navajos, aos *siouxs*, aos *cheyennes*, aos *kiowas*, aos comanches, aos yokuts, aos pawnees e outros tantos indígenas dos Estados Unidos devastados pela colonização branca. Aos principais povos do México antigo. Aos jincas da Guatemala, aos lencas, aos jicaques e aos payas de Honduras, aos subtiabas da Nicarágua e a todos os povos da América Central.

Pouco depois da chegada dos europeus, a população natural das Antilhas se extinguiu quase por completo constituindo-se em um dos casos mais incompreensíveis e rápidos de desaparecimento da História Universal, isto compreendendo toda a Guatemala, entrando por Honduras e toda a extensão da costa do México.

Este livro é uma elegia aos povos indígenas equatorianos, aos aruaques andinos, bolivianos e do norte do Amazonas, aos uripuquimes do Peru, aos tacanas da Bolívia, aos carajás, aos shirianaes e yanomamis do Parimã, aos bororós, aos tucanos, aos macuxis, aos uitotos, aos záparos do alto Amazonas.

Aos jivaros da Amazônia andina, aos chapacuras, aos iatonanas, aos mashubis do rio Guaporé. Aos huaris, aos nambicuaras, aos catuquinas, aos trumaís do Xingu. Aos cariris do São Francisco de Pernambuco. Aos xavantes, aos pataxós-hã-hã-hães da Bahia. Aos caiapós do Pará e aos crenaques de Minas Gerais. Aos caiowás do Mato Grosso, aos apinayés de Goiás, aos waimiris-atroaris, aos apurinãs, aos dessanas, aos tenharis, aos guatós, aos poyanawas, aos urus-eu-uau-uaus, aos zorós, aos cintas-largas, aos guajás e às famílias tupi e guarani.

Incluo esta elegia aos koisans dos povos kede, aos nkungs, aos bochimanes e aos kasamas, aos vâtwas dos cuissis e cuepes e aos bantus dos ambundus, aos ovimbundus, aos bakongos, aos tchokwes, aos ngangelas, aos ovambos, aos nyanekas, aos humbes, aos helelos, aos axindongas e lubas ainda existentes em Angola.

E a todos os povos primitivos da Terra.

Aos Beatles, Elvis Presley, Aretha Franklin, Janis Joplin, James Brown, Gilberto Gil, Caetano Veloso, Rogério Duprat, Maria Bethânia, Gal Costa, Os Mutantes, Os Novos Baianos, Tom Zé, Hélio Oiticica, Lygia Clark, Torquato Neto, José Carlos Capinam, Che Guevara, Geraldo Vandré, Rolling Stones, Bob Dylan, Joe Cocker, Charlie Parker, Ray Charles, Miles Davis, Dorival Caymmi, Luiz Gonzaga, Carmem Miranda, Ary Barroso, Noel Rosa, João Gilberto, Tom Jobim, Vinicius de Moraes, Nara Leão, Chico Buarque, Zé Kéti, Mário Faustino, Rimbaud, Carlos Drummond de Andrade, Haroldo e Augusto de Campos, Oswald de Andrade, Mário de Andrade, João Cabral de Melo Neto, Manuel Bandeira, Di Cavalcanti, Portinari, Oscar Niemeyer, Pablo Picasso, Pablo

Neruda, García Lorca, Julio Cortazar, Jorge Luis Borges, Van Gogh, Gabriel García Márquez, Glauber Rocha, Luis Buñuel, Salvador Dalí, Charles Chaplin, Brigitte Bardot, Catherine Deneuve, Jean-Luc Godard, Odette Lara, Marlon Brando, Sophia Loren, Cacá Diegues, Nelson Pereira dos Santos, Nelson Rodrigues, Samuel Wainer, Jorge Amado, Pierre Verger, Carybé, Mãe Menininha, Graciliano Ramos, Monteiro Lobato, Guimarães Rosa, Villa-Lobos, Ariano Suassuna, Fernando Pessoa, Machado de Assis, Castro Alves, Gregório de Matos, Augusto dos Anjos, Dostoievski, James Joyce, Jean-Paul Sartre, Jean Genet, William Faulkner, Nietzsche, Ezra Pound, Henry Miller, Eisenstein, Antonioni, Pasolini, Visconti, Fellini, René Clair, Rossellini, Truffaut, Resnais, Jean Renoir, John Huston, James Dean, Breton, Bernardo Bertolucci, Orson Wells, Grande Otelo, Sidney Poitier, Proust, Ernest Hemingway, Jung, Cecília Meireles, Guarnieri, Vianninha, Bibi Ferreira, Marlene Dietrich, Maria Callas, Nijinski, Elis Regina, Jair Rodrigues, Milton Nascimento, Jackson do Pandeiro, Luiz Gonzaga Júnior, Luiz Melodia, Jards Macalé, Waly Salomão, Sérgio Sampaio, João Nogueira, João Bosco, Aldir Blanc, Clara Nunes, Paulo César Pinheiro, Paulinho da Viola, Candeia, Geraldo Pereira, Cartola, Nelson Cavaquinho, Dalva de Oliveira, Herivelto Martins, Elizete Cardoso, Jacob do Bandolim, Moreira da Silva, Ângela Maria, Cauby Peixoto, Luís Carlos Maciel, Jorge Mautner, Mineirinho, Cara de Cavalo, Garrincha, Pelé, Zico e Jesus Cristo.

A Humanidade faliu. O descaso com a diversidade é a grande falência da Humanidade. Pensando em seu futuro, não podemos deixar de discutir que a destruição do planeta está intrinsecamente relacionada à exacerbação da cultura do consumo. A globalização que está em curso, essa planetarização dos costumes, colocada aos extremos, fundamenta-se em princípios sem ética e sem filosofia e, insuficientemente, baseados na exploração econômica, na dominação política e na exclusão social. A cultura predatória e desenvolvimentista está esgotada em seus fundamentos clássicos de uma visão meramente industrializada. Um movimento civilizatório, humanista, sem fundamentalismos inebriantes, completamente afastado dos princípios religiosos e consciente da transitoriedade e da insignificância humana, é preciso que aconteça no mundo, porque o cenário é dos mais pessimistas. A destruição do mundo poderá acontecer ainda neste século, caso não haja nenhuma reação à vista.

Apesar de tudo, a América Latina ainda conserva, dentro de si, muitas das referências do passado, que embora estejam impregnadas pela generalidade que reflete seu mísero estado de abandono atual, tiranizada e despossuída de seus valores culturais milenares, sempre haverá poetas e malucos capazes de sonhar certezas que valham a pena serem vividas, em torno das grandiosas realizações que ficaram esquecidas para trás.

Para ver a luz do sol e a chuva, basta olhar para o dia e, em meus olhos, as coisas mais simples acontecerão.

Rio de Janeiro, fevereiro de 2007